信息化背景下机车专业教学研究

郑寿纬　王玉琦　著

北京工业大学出版社

图书在版编目（CIP）数据

信息化背景下机车专业教学研究 / 郑寿纬，王玉琦著. — 北京 ：北京工业大学出版社，2021.4
ISBN 978-7-5639-7922-6

Ⅰ. ①信… Ⅱ. ①郑… ②王… Ⅲ. ①电力机车—教学研究 Ⅳ. ①U264

中国版本图书馆 CIP 数据核字（2021）第 081813 号

信息化背景下机车专业教学研究
XINXIHUA BEIJING XIA JICHE ZHUANYE JIAOXUE YANJIU

著　　者：郑寿纬　王玉琦
责任编辑：李俊焕
封面设计：知更壹点
出版发行：北京工业大学出版社
（北京市朝阳区平乐园 100 号　邮编：100124）
010-67391722（传真）　bgdcbs@sina.com
经销单位：全国各地新华书店
承印单位：天津和萱印刷有限公司
开　　本：710 毫米 ×1000 毫米　1/16
印　　张：12.25
字　　数：245 千字
版　　次：2022 年 5 月第 1 版
印　　次：2022 年 5 月第 1 次印刷
标准书号：ISBN 978-7-5639-7922-6
定　　价：78.00 元

前 言

铁路作为目前交通运输的主要形式之一，以运量大、运输成本低等优点而被广泛运用在各个领域。机车作为列车的动力来源，在铁路运输中具有重要作用。机车专业是为适应社会发展的需要，培养能从事电力机车检修、运用、维护、测试、实验及机务管理工作人才的技术专业。在信息化日益深入各个领域的今天，机车专业教学也应响应国家教育信息化 2.0 计划的号召，顺应时代发展的潮流，将信息化手段融入机车专业教学当中。

全书共七章，其中郑寿纬负责第一、三、五章内容的编写，计 12 万字；王玉琦负责其他章节的编写，计 12 万字。全书的统稿工作由王玉琦负责。全书的主要内容如下：第一章为教育信息化概述，主要阐述了教育信息化的概念与内容，教育信息化的标准与特征，教育信息化的方法、要求及关键等内容；第二章为机车专业教学，主要阐述了机车专业人才需求与培养状况、翻转课堂及微课对机车车辆专业教学的启示、机车专业实践教学等内容；第三章为教育信息化 2.0 与机车专业教学，主要阐述了教育信息化 2.0 概述、教育信息化 2.0 战略下的机车专业教学等内容；第四章为大数据背景下的机车专业教学，主要包括大数据概述、教育大数据、大数据在机车专业教学中的应用等内容；第五章为机车专业信息化教学模式——翻转课堂，主要包括翻转课堂概述、翻转课堂的教学模式与设计、翻转课堂在机车专业教学中的应用等内容；第六章为机车专业信息化教学模式——微课，主要包括微课概述、微课设计、微课在机车专业教学中的应用等内容；第七章为机车专业信息化教学模式——线上线下混合式教学，主要包括线上线下混合式教学模式概述、线上线下混合式教学模式在机车专业教学中的应用等内容。

作者在写作过程中参考了大量相关文献资料，在此向涉及的专家学者表示感谢。由于作者水平有限，加之时间仓促，书中难免存在不足之处，在此恳请各位读者批评指正。

目录

第一章　教育信息化概述

20 世纪，人类社会各项技术产生了巨大飞跃，其中信息技术无疑是各项技术之中最令人瞩目的。自 1946 年世界上第一台电子计算机在美国诞生以来，以计算机和信息通信为代表的信息技术已经深入人类生活的方方面面，使人类的生活发生了巨大的变化。这种变化不仅反映在人们处理信息的手段变得更丰富、更有效率，更为重要的是它使人们的思维方式和行为方式也发生了巨大变化。如今，日益广泛运用的信息技术正重构着人类社会的方方面面，教育领域也不例外。

教育作为社会延续、人类发展的重要方式和文明传承、科技创新的重要领域，在很大程度上决定了未来人口的知识、素质和能力的发展基础与前进方向。信息技术给教育注入了新的活力，但同时也对教育提出了更高的要求，我们几千年来习以为常的教育形态面临着空前的挑战。信息技术被应用于教育领域使以往的教育思想、教育理念、教育内容和教学方式等均发生了巨大变革，人们不得不重新审视教育的全部内涵。

在信息化大发展的背景下，一种新的教育形态——信息化教育以崭新的面貌先后在不同的国家出现，而后运用各种高新信息技术促进教育规模、方法、效率、效益的全方位提升已经不仅被国家当作提高教育水平、改进人口素质、促进社会发展的重要战略，也成为学术界的一个重要研究课题。

教育信息化始于美国，随后欧洲、美洲、亚洲等地区的多数国家都先后制定了促进教育信息化的很多具体政策，我国政府也在 21 世纪初就提出了我国教育信息化发展的具体目标和要求，并制定出一系列发展规划。

教育信息化是国民经济和社会信息化的重要组成部分，是教育发展中的关键环节；教育信息化是构建现代国民教育体系，形成全民学习、终身学习的学习型社会的内在要求；以教育信息化为龙头，带动教育现代化，实现教育全面发展是我国教育事业发展的战略选择。

然而，如何从理论上看待这种新的教育形态、如何全面准确概括教育信息化的概念和特征、如何考察这种教育观念和教育实践的真正内涵、如何全面把握教育信息化的基本要素、如何把握信息化教育整体存在和发展的脉络、如何解读教育信息化的相关政策对其发展有什么影响等方面的问题都迫切需要深入认识，因为它们是促进我国教育信息化建设的重要理论准备和实践支撑，需要我们全方位进行思考、分析和研究。

第一节 教育信息化的概念与内容

一、教育信息化的概念

（一）教育信息化的起源

1. 信息化与信息化社会

“信息化”是国内外专家对 20 世纪中叶信息科技发展的一种概括。国内外公认“信息化”的理论起源于 1948 年仙农的《通信的数学理论》和维纳的《控制论》等。20 世纪 60 年代末期，日本学者在探讨未来社会的发展趋势时从社会产业结构演进的角度率先提出“信息社会”和“信息化”的概念。其中“信息社会”指信息产业高度发达、在社会生活中处于支配地位；而“信息化”表示向信息社会发展的一种过程，是将信息作为构成某一系统、某一领域的基本要素，并对该系统和该领域中信息的生成、分析、处理、传递和利用所进行的有意义活动的总称。而我国学者把信息的生成、分析、处理、传递和利用的相关具体技术称为信息技术。

信息化包含着两层重要含义。

一层是对信息本身重要性的认识。信息是一种人类存在的基本构成要素，因此信息化的过程中，首先应对信息本身的重要性进行分析，把它作为信息化的基础。

另一层是信息技术的广泛应用。信息技术的广泛应用是在对信息本身进行分析的基础上进行的。

信息化意味着各种信息技术的大发展以及在各个领域的提升。信息是信息化的本体，而信息技术是信息化最重要的手段和目的。

信息化社会其实是人类社会发展历程的一个特定时期。人类社会的历史发展，从生产力的角度看，可分为狩猎社会、游牧社会、农业社会、工业社会、信息社会。

美国学者杰里米·加尔布雷斯曾简要地描述了人类社会发展的各时代的基本特点，如表 1-1 所示，信息时代的确已经来临，信息时代的知识爆炸日益影响着人类生活的方方面面。

表 1-1 人类社会的历史

农业时代（1880 前）	工业时代（1880—1985）	信息时代（1955—2000）	知识时代（1995—今）
自然资源 ——土地、树木	制造工具 ——机器、厂房	技术 ——计算机	智力资本 ——头脑

200 多年前的工业革命把人类社会从农业社会推进到工业社会之后，一场新的“信息革命”又把人们的社会生活推向信息社会。1946 年，美国宾斯法尼亚大学的莫希利与艾科特在费城领导制成了世界上第一台电子计算机，特别是 20 世纪 90 年代互联网的广泛应用，使得人类社会从工业社会向信息社会转变的进程逐渐提速。信息化社会的主要特征就在于：一方面随着信息技术发挥第一生产力的巨大推进作用，整个社会的物质生产能力得到高度增长；另一方面知识的生产、流通和积累也随之以指数速度增长。物质生产力和知识生产力相互促进、日益高度发达的局面形成了一种以信息资源为社会发展基本动力、信息技术为基本手段、信息经济为主导经济、信息产业为支撑产业的新的社会形态——信息化社会。

信息化社会至今的发展历程如下。

20 世纪中叶，充分利用信息技术，开发利用信息资源，促进信息交流、知识共享，提高经济增长效率，推进社会发展转型的进程日益加速。

20 世纪 90 年代，信息知识爆炸式增长，信息技术日益创新，信息产业高速发展，信息网络广泛普及，信息化已经成为全球经济社会发展的最显著特征，并逐步向一场全方位的社会变革演进。

进入 21 世纪，信息化对经济社会发展的影响更加深刻。广泛应用、高度渗透到各个方面和行业的信息技术正孕育着新的重大突破。信息技术和信息资源日益成为最重要的生产要素、无形资产和社会财富。信息网络普及速度指数上升并且在全球范围的应用日趋广泛。全球信息化与经济全球化相互促进、相互交融，共同推动全球产业分工深化和经济结构深刻调整，重塑全球经济竞争格局，并对人们现实生活的方方面面产生巨大影响和改变。

国家信息化就是将信息作为社会的一种基本要素，在国家的各个领域广泛应用信息技术，加速实现国家现代化的过程。在激烈的国际竞争中，一个国家和地区的信息化教育、信息技术应用水平直接关系到整个国家和民族的综合竞争力的高低，已成为衡量其发展水平的重要标志。世界各国在国家信息化方面都不遗余力，我国虽然发展起步较晚，但是上升速度很快。伴随着改革开放的逐步深入，自20世纪90年代末开始，我国计算机和网络技术迅速普及，整个社会的发展与信息技术的关系也越来越密切，各行各业的人们越来越关注信息技术对自身发展的重要影响。特别是进入21世纪以来，随着信息技术的飞速发展和全球经济一体化进程步伐的加快，我国社会生活和经济领域的诸多方面正在发生着深刻的历史性变革。

2. 教育信息化的起源

20世纪40年代末期至70年代前半期是世界教育信息化的萌芽时期，其开始的标志就是世界上第一台计算机的发明。随后设置在美国加州大学洛杉矶校区、斯坦福研究所、加州大学圣塔芭芭拉校区及犹他大学间的第一个电脑网络——奥普网络（ARPANET）也于1969年9月1日上线。计算机和网络被运用于教育领域首先促进了计算机辅助教育系统的发展。计算机辅助教学同样首创于美国。最早将计算机用于教学的是美国的IBM公司，它在1958年开发出教小学生算术用的计算机辅助教学（CAI）系统。1959年美国伊利诺斯大学进行计算机教学实验，首开美国大学计算机教育的先河。

在不少国家尚不知计算机为何物的20世纪60年代，美国的教育信息化进程已经拉开了帷幕，到1970年，美国初中拥有并使用计算机的比率就达到了34.4%，到1975年这个数字已变为58.2%。信息通信技术的发展和互联网的广泛应用，日益改变着教育领域的方方面面。社会经济的快速发展和信息技术的爆炸增长对人的素质提出了更高的要求，同时也对教育的发展产生了深远的影响。在信息化社会中，世界各国也越来越多地利用信息技术手段提高教育机构的运行效率、扩大受教育人群范围，探索新的教学模式，这些方面已经成为世界各国教育改革与教育发展的重要组成部分。

教育信息化的概念是在20世纪90年代伴随着“信息高速公路”的兴建而提出来的。1993年美国克林顿政府正式提出建设“信息高速公路”计划，其核心是发展以互联网为核心的综合化服务体系和推进信息技术（TT）在社会各领域的广泛应用，特别是把信息技术在教育中的应用作为实施面向21世纪教育改革的重要途径。美国的这一举动引起了世界各国的积极反应。在其带动下，许多国家相继出台了一系列国家信息基础设施建设规划，制订了推进本国信息技术在教育中应用的计划。这种自20世纪90年代以来国际教育界出现的、以信息技术的广泛应用为特征的发展趋势，被国内学者称为“教育信息化”。现在，政府的各种文件已经正式使用“教育信息化”这一概念，并高度重视教育信息化的实际工作。

不但教育信息化的实践始于美国，其研究也最早发源于美国。1990年美国克莱蒙特大学的肯尼思·格林教授首次提出了校园信息化的概念，并于同年开始了针对美国高校信息化的研究项目CCP。该项目已成为并至今仍是世界上最有代表性的高校信息化研究项目。我国教育信息化的研究也是从学习国外先进经验开始的，受CCP研究项目启发和影响，2002年北京大学与香港大学共同启动了亚洲地区第一个国际性的高等教育信息化研究项目——ACCS。

教育的信息化已成为世界范围内教育现代化建设的标志。今天，无论是发达国家，还是发展中国家，都竞相出台以教育信息化为特征的新世纪教育振新计划，希望以此抢占人才培养的制高点，加快教育现代化建设，为经济和社会迅速发展提供人才保障。一场全球性的教育信息化革命，已在教育领域的不同层面迅猛地展开。以多媒体计算机技术和网络通信技术为主要标志的信息技术，作为现代科技革命的基础和核心，已经渗透到教育领域的方方面面，对当代社会产生了重大的影响，大大改变着我们的工作方式、学习方式和生活方式乃至思维方式，必将进一步促进人类社会的巨大进步。

（二）教育信息化的定义

教育信息化就是在现代教育思想和理论的指导下，主要运用现代信息技术开发教育资源，优化教育过程，以培养和提高学生信息素养为重要目标的一种新的教育方式。

这个定义中涉及的几个术语，简释如下。

1. 现代教育思想和理论

（1）现代教育思想

对信息化教育影响较大、较直接的现代教育思想，主要包括以下六种现代教育观。

一是素质教育观。其基本观点是：教育的根本任务是促进学生的三个发展，即全面发展、全体发展和个性发展。人们应围绕“三个发展”来设计、实施、管理、评价教育和教学工作，以是否有利于“三个发展”作为衡量各项工作好坏的标准。

二是终身教育观。其基本观点是，教育是个人终身持续不断的过程，应该将一个人接受教育的机会和时间分散在整个一生，并且要使教育和劳动、学习和工作相互交替进行。唯有全面的终身教育，才能培养完善的人。

三是双主体教育观。其基本观点是，在教育教学中，教师和学生都是主体，只有充分发挥两个方面的主动性和创造性，才能取得良好的教育教学效果。

四是创新教育观。其基本观点是，教育的主要功能是培养和发展人的创新素质。创新素质主要体现在创新意识、创新精神、创新能力三个方面。创新素质是知识经济时代人才必须具备的基本素质。

五是情商为主教育观。其基本观点是，情商是教育成功的关键因素，在教育教学上，人们只有从重视智商转到既重视智商又重视情商上来，并大力提升年轻一代的情商，才能取得教育教学上的成功，培养出新时代所需要的新人。

六是四大支柱教育观。其基本观点是，教育要适应未来世界的发展，必须围绕4种基本学习来重新设计、重新组织。这4种基本学习是，学会认知、学会做事、学会做人、学会生存。

（2）现代教育理论

对信息化教育影响较大、较直接的现代教育理论主要是4种学习理论和4种教学理论，这也是信息化教育的重要理论基础。

（3）现代教育思想和理论的基本精神

现代教育思想和理论是与传统教育思想和理论相对而言的。传统教育思想和理论一般是指以德国教育家赫尔巴特和苏联教育家凯洛夫等为代表的教育理论及其所表现的教育思想。这种教育思想和理论对我国教育影响很大，特别是它的一些弊端，今天已成为深化教育改革的严重障碍。现代教育思想和理论一般是指第二次世界大战以后的当代教育思想和理论，赞可夫、布鲁纳等是其主要代表。它的基本精神如下。①革除传统教育的6个弊端（忘了学生；忘了能力的培养；忽视现代教育媒体的应用；忽视教学中的非智力因素；上课与谋生不搭界；教学上的注入灌输死记硬背法）。②实现教学上的4个重心转移和4个最佳结合（从以教为重心逐渐转移到以学为重心，力求做到教与学的最佳结合；从以知识为重心逐渐转移到以能力为重心，力求做到知识与能力的最佳结合；从以传统教学媒体为重心逐渐转移到以现代教学媒体为重心，力求做到传统教学媒体与现代教学媒体的最佳结合；从以接受学习为重心逐渐转移到以发现学习为重心，力求做到接受学习与发现学习的最佳结合）。

2. 现代信息技术

技术，就是把理论应用于实践的手段和方法的体系，可分为物化形态的和智能形态的两类，前者叫硬技术，后者叫软技术。

在教育中应用的现代信息技术，主要是三种技术。

①现代媒体技术，即教育教学中应用的现代技术手段，也就是现代教育媒体，是一种物化形态的技术。

②现代媒传技术，即运用现代教育媒体进行教育教学活动的方法，也就是媒传教学法，是一种智能形态的技术。

③教学系统设计技术，即优化教学过程的系统方法，也就是教学设计，是一种应用广泛的智能形态的技术。

3. 开发教育资源

教育资源包括教育信息、教育媒体、教育人员、教育环境等。在信息化教育中，需要积极开发、充分利用的教育资源最主要的是现代信息技术环境资源和现代教学资源，也就是硬件环境建设和软件资源开发。

4. 优化教育过程

优化教育过程就是使教育者和学习者，以及教育任务、内容、手段、方法、效果及其相互关系等，都处在良好的状态，做到整体优化。

5. 信息素养

培养和提高学生的信息素养，特别是信息能力，是信息化教育的重要目标。信息素养包括信息意识、信息知识、信息能力、信息道德等。信息能力主要是 8 种能力：运用信息工具的能力、获取信息的能力、处理信息的能力、生成信息的能力、创造信息的能力、发挥信息效益的能力、信息协作的能力和信息免疫的能力。

信息能力是当今社会人类生存的最基本能力，它深深地影响着人们的生活、工作、学习的方方面面，是个人融入社会的一个决定性因素。

6. 教育方式

教育信息化是属于现代教育范畴的一种新的教育方式。它不只是一种新的教育工具，一种新的教育方法，一种新的教育内容传递形态，或一种新的教育组织形式，还是所有这些的综合，是一种新的教育方式。它是一种人机协作，人为主、机为辅的，信息时代特有的教育方式。

教育信息化是信息化社会中的教育变革，是信息时代背景下人们对教育领域的改造；教育信息化不仅是一个社会发展的目标，也是一个动态的发展过程。教育信息化的领域及范围主要包括利用信息技术、开发信息资源、推进信息基础的教育教学、促进新的教学模式演进、优化教育教学过程、提高教育效率、信息化评价、信息化法规，等等。

我们认为，教育信息化是信息时代对教育领域的必然要求，是在教育的各个领域全面运用现代信息技术的动态发展过程。这里强调“过程”的主要原因在于以下两个方面。

第一，教育本身的发展就是一个动态的过程。信息技术的进入以及信息资源信息系统的建设也是不可能一蹴而就的任务，在教育的过程之中全面运用现代信息技术也必然是一个长期的过程。

第二，信息技术在教育领域的运用是一个动态的过程。信息技术在教育领域的运用是一个从低级向高级演变和整合的过程。

这种整合过程会导致教育理念、教育目标、教育形式、教育内容、教育模式、教育手段、教育评价、教育环境和教育管理等方面产生一系列的改革和变化，这必将是一个长期的过程。

综上所述，我们认为：教育信息化是将信息作为教育系统的一种基本构成要素，在教育的各方面，以先进教育思想为指导，辅以现代信息技术手段，广泛利用信息资源，培养适应信息社会要求的创新型人才，加速实现教育现代化的历史过程。

二、教育信息化的要素及内容

（一）教育信息化的要素

目前，科教兴国思想不断深入人心，信息技术在教育领域中的作用也日益凸显，教育信息化的发展程度关乎一国教育的成败。作为一个行业的信息化，教育信息化包含教育信息化的技术基础（信息网络建设、信息技术应用）、数字化教育资源、信息化人才培养、信息技术和产业、信息化法规和标准五个主要方面。它们构成了教育信息化的五大要素，是一个有机的整体，共同构成符合我国国情的、完整的教育信息化体系。当前我国教育信息化所面临的绝大部分问题都与这五大要素密切相关。我们认为：教育信息化技术的硬件建设是基础，数字化教育资源是核心，信息化人才培养是关键，信息化法规和标准是保障，信息技术和产业的发展是目的。

下面就这五大个要素分别进行阐述。

1. 教育信息化技术基础

教育信息化技术基础主要包含两大方面的内容：信息网络建设和信息技术应用。信息网络是教育信息化建设的主体，也是实现教育信息化的物质基础和先决条件。目前我国已经建成并启用的中国教育与科研网（CERNET）、中国卫星宽带远程教育网络、中小学“校校通”工程、高校“数字校园”建设工程、中小学远程教育建设工程，以及应用于学校教学的普通电教室、多媒体综合电教室、计算机室、微型电教室、CAI 教室、网络教室、语言实验室、电子阅览室、闭路电视系统等，都是教育信息化中信息网络基础设施建设的重要内容。这一系列基础设施的建设既是我国教育信息化建设的重大成就，也为我国教育信息化的迅速发展奠定了坚实的基础，同时也为信息化教育的实施创造了必要的条件。

信息技术的教育应用是教育信息化建设的根本出发点。有了信息网络和信息资源这些基础条件之后，信息技术的教育应用便成为教育信息化的主角，教育信息化建设的水平和效益都主要体现在应用这一环节。教育信息化所依赖的信息技术在飞速地发展，其技术能力更是日新月异，应对教育信息化建设已绰绰有余，也就是说信息技术本身的问题已不存在或是不重要了，关键在于信息技术在教育信息化过程中的应用问题。具体来说就是要做到三个结合，即信息技术与教学手段的结合、信息技术与教学内容的结合、信息技术与教学管理的结合。所以，人们在信息技术应用方面主要应做好三件事：一是做好与教学手段密切相关的硬件以及软件建设，它决定着信息技术教育应用的方向，直接关系到信息技术教育应用的效率和效果；二是建立因地制宜的教育信息化建设环境、教育对象以及与教育内容相适应的信息化教育模式；三是在不同层次上开展教学管理的理论研究与实践，并将其作为教育领域信息技术教育应用的主要任务。

2. 数字化教育资源

数字化教育资源是用于教育和教学过程的各种信息资源，它的开发和利用是教育信息化建设成败的关键。教育资源建设是实施教育信息化建设的核心内容，只有努力丰富教育资源，才能使教育信息化建设落到实处。教育资源可以是和教学内容密切相关的文字、图片、声音、视频等。教育资源要用先进的数字化视音频技术，实现文字、图形、图像和声音的同步传输，并要符合网络标准、有较好的交互控制。

数字化教育资源可分为以教育信息为主要内容的教育软件资源和以管理信息系统的基础数据为主要内容的教育管理信息资源两大类。其中，教育软件资源主要包括各种网络数字课程、多媒体素材、CAI 课件等资源，以文献资料查阅和检索服务为主的图书情报信息资源，以教育信息资源的生成、分析、处理、传递和利用为主的各种软件工具类资源，以及能被教育应用的、浩如烟海的互联网资源等。教育管理信息资源主要是指为实施现代教育管理而建立的各类数据库资源，以及为方便和支撑教育者、教育内容、教育对象、教育资源及其支持服务体系为主要内容的相关软件资源等。数字化教育资源在教育中的应用最为直接，教育过程就是通过各种教育资源的应用予以展开和控制的。对各种教育信息资源的生成、整理、分析处理、传递和应用，应根据教育信息的特点、教育过程的要求展开。

3. 信息化人才培养

若将教育看作“产业”，那么其可以被称为超知识密集型产业。教育和教育信息化主要取决于教育人员的知识结构、创新精神和开拓能力，毫不夸张地说，人才是教育的生命，也是教育信息化的生命。然而，相关人才缺乏是信息科技时代一个普遍性的问题，在教育信息化过程中，这一问题显得特别突出。

为了实现教育信息化，人才要先行，我国现在需要培养大量掌握信息技术知识、具备信息技术应用能力的教育信息化人才。人才培养作为教育信息化的关键，其主要指的是培养两种类型的人才。

一种是专业型的教育信息化人才，主要是指专门从事教育信息技术和信息化资源的研究与开发、教育信息化硬件建设、教育信息化软件应用和维护的专门人才。教育信息化发展对专业的教育信息化人才的要求高、分工细，可以是电子技术专业人才、硬件工程师、高级软件编程人才、网络工程师或微电子技术专业人才等。

另一种是普通型的教育信息化人才，这相对于专业型的来说主要是指在教育领域从事具体教学、教育管理及其他教育服务的各类人员。信息化发展对该领域全体人员的信息技术知识、信息利用能力和信息素质都有共同的要求。特别是作为信息化人才培养重要基地的高等学校，既要关注教育行业的信息化，为教育信息化培养普通型的教育信息化人才和专业型教育信息化人才；也要担负起为整个社会培养信息化人才的任务。

教育信息化的根本目的是实现教育现代化，培养创新人才。面向信息社会的创新人才应具备的一项基本素质就是信息能力。它不仅是教育领域内的事情，也是信息社会中每一个人赖以生存、用于学习进步的一项基本能力。所以，教育信息化应将每一位学生的信息能力培养作为教育本身最重要的一项内容，大力推进。我国各级、各类学校中广泛开展的信息技术教育就是实现国家信息化、教育信息化的重要步骤和主要内容。

4. 信息技术和产业

信息技术就是由信息媒体本身和信息媒体应用的方法两个要素所组成的。信息技术的核心是信息的数字化、信息传输的网络化。信息技术是教育信息化的技术支柱，是教育信息化的驱动力。在教育信息化过程中开展信息技术研究不仅可以丰富教育信息化的研究内容，更重要的是可以将新的、更加有效的物态化技术和智能形态的技术应用于信息化教育中，提高信息化教育的质量和效果。

信息技术产业主要指信息技术设备制造业和信息技术服务业。由于信息技术设备制造业的发展需要强大的技术和资金优势作后盾，因此在我国的教育信息化过程中，信息技术产业的发展应由不同的社会部门分工协作来完成。其中，教育信息技术产品的制造业应动员教育系统、科研院所和相关企业等互补性较强的部门共同参与，以便将教育系统从教育信息技术产品的开发中解脱出来，集中精力做好以教育信息资源的开发和利用为主的服务业。

5. 信息化法规和标准

教育信息化是一项系统工程。为确保我国教育信息化工作的顺利进行，国家政府及相关部门必须针对教育信息资源开发、教育信息网络建设、教育信息技术应用、教育信息技术和产业等方面制定一系列政策法规和标准，建立完善的促进信息化建设的政策、法规环境和标准体系，以规范和协调各要素之间的关系，这既是教育信息化健康发展的重要条件和保障，也是开展教育信息化的依据和蓝图。只有这样，才能使各级政府、各个单位和部门的教育信息化规范化、秩序化，也才能推动教育信息化健康顺利地向前发展。

从上述讨论和分析来看，教育信息化的五大要素对教育信息化建设起了决定性的作用。人才培养是教育信息化的关键要素，教育信息化技术的硬件建设是基础要素，数字化教育资源是教育信息化的核心要素，信息化法规和标准是重要的保障。只有充分全面抓住这些要素，充分认识到它们之间的关系及存在的问题，并在实践中认真分析和努力解决这些问题，我们才能促进信息技术和教育信息产业更快、更好地发展。

（二）教育信息化的内容

明确教育信息化的概念，以及全面把握教育信息化的五大要素共同为教育信息化建设奠定了理论基础。但是开展教育信息化建设必须进一步明确教育信息化的基本内涵，力求使教育信息化建设步入一个科学规划、全面发展的良性轨道。

张光慧认为教育信息化建设的内涵一般包括三个大的方面：一是教育信息化环境建设，二是教育信息化资源建设，三是教育信息化组织建设。环境建设主要包括校园网、网络中心、多媒体教室、网络教室、电子阅览室、计算机终端等基础设施与硬件，以及办公自动化系统、教学管理自动化系统等应用软件系统的建设；资源建设主要包括多媒体素材（文字图片、图形、动画、音频、视频）、多媒体课件、电子教案、教学案例、题库、电子文献（包括图书、期刊、报纸）、网络课程以及电子文档的积累和建设；组织建设主要包括组织机构建设、管理队伍建设、技术队伍建设、教师队伍建设和教育信息化的制度建设。其中，环境建设是基础和前提，资源建设是核心和灵魂，组织建设是保障。

这种概括是从教育信息化广延的角度对其进行分析的。在纵深的角度，范以纲认为教育信息化的内涵可以从以下四个维度理解。

第一，从教育发展维度看，现代化教育旨在建立适应现代社会、经济、科技发展需要，以培养创新人才为目标的新型教育体系，并在这个以人为本的教育体系中，让每个学生都受到充分的教育，得到充分的发展，潜能得以开发，自由人格不断完善。显而易见，信息化是教育现代化的前提和必由之路。而现代教育学、心理学与信息科技的综合和相互渗透无疑将成为教育信息化的强大动力。

第二，从信息技术维度上看，由于通信技术和计算机网络技术不断突破，信息技术不仅已成为人类拓展能力的创造性工具，而且极大地拓展了教育的时空界限，提高了人们工作学习的效率和能动性。先进的技术极大地扩展了教育的广度和深度，使教育资源充分共享成了可能，学习的选择性和公平性大大提高。信息交互手段使教育越发成为个体化的学习过程，因需学习、因材施教的教育原则得以真正意义上的贯彻。由此可见，信息化为教育理念的实现提供了技术保障。随着知识信息的生产、传播和应用，远程教育、终生教育、学习化社会已成为教育信息化发展的方向。

第三，从人才培养维度上看，进入 21 世纪，教育的外部和内部环境都将发生深刻的变化。科学技术革命，社会技术化和信息化的发展；市场经济全面构建，全球经济一体化；信息技术渗透到每一个角落，知识更新和知识激增速度的加快；文化、思想、道德的发展和交流等，势必对学生的培养产生影响。因此，在逐步迈向信息化社会的今天，培养学生乐于不断获取新知识，主动迅速地获取、筛选信息，准确地鉴别信息的真伪，创造性地加工和处理信息的能力，已成为现代人越来越重要的基本素质。不难看出，学生信息素养已成为科学素养的重要基础，教育信息化不仅符合时代的要求，也加快了教育现代化的进程。

第四，从政府行政维度上看，教育信息化不再是一句动员的口号，而是21世纪中国利用后发优势、实现教育跨越式发展的行动纲领。信息化作为一个庞大的系统工程，其高科技、高投入、高风险的基本特征，不得不使政府和学校在操作时慎之又慎。从国情出发，根据社会经济发展需要，突出重点，统一规划，统一组织，已成为教育信息化建设的基本策略。

我们认为教育信息化的内容十分丰富，可以有多种理解。主要可以从三个方面解读。

第一，教育信息化是以现代信息化教育技术为主要推动力的。使用生产工具的水平是社会生产力发展水平的重要标志。这一点在教育发展的历史上同样如此。教育工具的创新总会引发教育各个方面的巨大进步和深刻变革。现代信息技术广泛应用于教育使教学工作迈入信息时代。这种技术上的突飞猛进，使得教育的时间和空间得到极大地拓展，使教育水平、方法、理念、体系、思想以及内涵等方面都产生了巨大变革，使教育规模和教学效率得到全方位提升。

第二，教育信息化的最主要目的是全面提升学生的信息素养以培养创新型人才。信息素养就是指学生能够认识到何时需要信息、何处检索信息、如何评估和有效地利用信息的综合能力。国外的实践证明：信息素养是终身学习的基础，加强学生的信息素养教育和培养，对于更好地实现终身教育具有重大意义。教育信息化将为全面提高学生的信息素质奠定基础，使教育打破传统的时空限制，突破学校的围墙，超越国界、区域的樊篱，为创建与信息社会和知识经济相适应的新型教育形态，构建全球化终身教育体系奠定基础。

第三，教育信息化是实现教育现代化的、一个渐进的复杂过程。任何技术的发明以及知识的应用和发展都是一个由浅入深、由简单到复杂的动态过程。教育信息化必将随着信息技术的进一步发展和应用而不断深化，也将随着人们对其知识的认识和接受程度而不断向前推进，其最重要的目标是建立与信息技术相适应的新型教育形态，实现教育现代化。教育现代化是一个有着丰富内容和深刻内涵的历史范畴，是整个社会现代化的一个重要有机组成部分。

综上所述，从教育与技术进步、经济和社会发展的密切关系来看，教育信息化其实就是指以现代信息技术为动力，以培养创新型人才为目的，以实现教育现代化为目标，全面推进教育领域的创新和发展，使之成为与信息社会相适应的新型教育形态的一个动态过程。

第二节　教育信息化的标准与特征

一、教育信息化的标准

标准主要涉及技术领域，具有共同和重复使用的特点，主要约束的对象包括“事”“物”“概念”几个方面。对“事”制定的标准有管理标准；对“物”制定的标准有产品、技术、方法等标准；对“概念”制定的标准有符号、术语等。

没有规矩，不成方圆。没有完善的教育信息化标准规范，信息就无法交流和共享。各类信息自成体系，形成一个个“信息孤岛”，不仅无法为科学的决策提供有力支持，甚至会造成大量资源的重复建设，并形成信息垃圾，这将直接影响到教育信息化建设的健康发展。

（一）制定标准的迫切性

自我国2001年发布《教育信息化“十五”发展纲要》以及全面实施“校校通”工程以来，全国上下掀起了一轮波澜壮阔、气势恢宏的教育信息化建设热潮，相关单位在经费投入、建设规模、软硬件平台、应用推进等方面都取得了实质性的进步。

刚开始，“校校通”做得很快，但是由于缺乏相配套的标准和规范，大家不知道它将来的发展方向以及发展程度是什么样子的，是否能够同国家将来出台的标准吻合，如果不符合的话那现有的东西会不会就浪费了。真可谓是“摸着石头过河”，后来大家都持谨慎的态度，这样工程的进展也就慢了下来。

目前，我国在为教育信息化搭建信息网络体系，人们期望通过应用现代信息技术手段，革新传统教育模式，为用户提供不受时间限制的学习环境，使终身学习成为可能。但由于具有地域差异性、技术复杂性、文化多样性等特点，大量的信息化学习资源难以实现共享，不同的教育信息化系统也难以互相沟通。

在信息产业基础方面，虽然现行的网络技术已经为学习资源在低水平上的共享以及学习活动的协调与合作提供了基本的技术条件，但由于缺乏允许信息化教育资源在教学管理平台上进行一致性管理和交换的统一标准或协议，这在一定程度上阻碍了资源的共享与交流。由于我国目前还没有成系列的关于教育信息化的各项标准，各教育信息系统资源自成体系，因此无法实现教育资源的有效交流和共享，造成大量低层次的重复性开发工作，这不但带来人力物力财力的浪费，而且也无法实现与国际教育信息体系接轨。

为了实现教育信息化的“资源共享化”和“管理自动化”这两大目标，制定适合教育信息化发展需求的各项标准，规范教育信息化领域，就显得十分迫切。

1991 年国家教委就开始组织教育信息化标准的研究，并颁布了一系列普通高等学校教育管理基本信息集，对普通高校的教育信息化工作起到了积极的推动作用。但相对整个国家的各级教育部门和各级各类学校来说，原有的这些标准远远不够，仍难以满足教育信息化建设的要求。

随着教育信息化事业发展的进一步深化，它的深层次矛盾也逐步显露并尖锐起来，而且已经开始影响到我国教育信息化工作的健康发展。

制定标准既是国家教育信息基础数据库建设的需要，又是信息交换与资源共享的需要；既是现实的需要，又是发展的需要。教育信息的标准化是整个国家教育信息化建设的基础，是将来实现全国范围内教育信息资源交流与共享的后勤保障。

综上所述，制定教育信息化标准的迫切性主要体现在以下五个方面。

①制定教育信息化标准是教育信息化发展的需求。目前，整个教育信息化发展进程取得了实质性的飞跃。校园网建设正在更多地方如火如荼地进行并完善着。现在，教育部更多的是希望推进省域网和城域网的建设，尽量做到区域内部资源的共享，同时还可以把一些资源进行合理配置，从而能够节约经费。目前，城域网将很快作为一个区域网进行建设，标准规范非常重要，如果没有标准化的规范，就没有办法实现跨校或者跨区的沟通。

②软件设计不规范，兼容性差。目前，我们所采用的软件，无外乎来自两个方面：一是学校自己开发的；二是学校委托别人开发的。各种软件的内容、开发平台等差异比较大，从而造成了不同软件之间的兼容性很差。

③缺乏对教育信息化工作的指导和管理。管理信息化是一项全新的事业，发展速度很快，对技术的依赖程度高。目前，由于缺乏对教育信息化工作的指导和管理，造成的人、财、物的浪费十分惊人。

④教育信息化标准不完备，缺少一套完整的教育信息化标准。在标准层面上，教育部曾经先后颁布了一系列适合高等学校使用的信息化标准。相对而言，这些标准还不能够完全满足学校的各方面要求，特别是在中小学领域，到目前为止也没有一套相对比较完整的教育信息化标准来指导其教育信息化发展的进程。

⑤缺乏一套完整的网上信息交换规范。通过网络实现不同教育活动相关部

门之间的信息交流需要一套完整的网上信息交换规范，由于缺乏这样一个规范，已经在一定程度上影响了教育活动相关部门的信息交流。

综上所述，当前制定一套完整的教育信息化标准迫在眉睫。为此，教育部正式委托发展规划司和教育部管理信息中心共同研制教育信息化的标准。

教育部对教育信息化标准的制定工作非常重视，并将其作为一个重点工作，力争在最短的时间内建立起中国教育信息化标准的基本体系，通过正式发布、示范工程等措施推广标准的应用，基本实现教育信息化服务标准化和教育政务信息系统标准化。教育部通过标准的建立，将来要逐步对各类教育软件资源进行认证，让一些真正优秀的软件和资源进入教育系统。

（二）教育信息化标准的内容

教育部对教育信息化标准的制定工作极为重视，曾于 2000 年 10 月指令科技司组织力量研制现代远程教育技术标准，并且于 2001 年年初成立了现代远程教育技术标准化委员会，其在 2002 年年初更名为教育部教育信息化技术标准委员会，并于同年经国家标准化管理委员会批准成为全国信息技术标准化技术委员会教育技术分技术委员会，承担教育技术相关标准的研制、认证和应用推广工作。

在充分调查国际相关领域研究现状的基础上，根据我国教育信息化的实际需求，该委员会于 2003 年提出了一个比较完整的网络教育技术标准体系（CELTS），它包含以下五类标准项目：指导性标准、学习环境相关标准、学习资源相关标准、学习者相关标准、教育管理相关标准。

CELTS 标准的提出填补了国内在教育信息化标准中的空白，对于教育信息化的发展起到了十分重要的推动作用。

我国的教育信息化标准体系包括 27 项子标准，分为总标准、教学资源相关标准、学习者相关标准、教学环境相关标准、教育服务质量相关标准五大类。

这些标准内容的形式化描述被称为规范，作为标准草案的规范经论证后可作为试用标准，试用标准经过国家信息技术标准化委员会批准后将成为国家标准。每一个子标准研究产生的结果由三部分组成。

第一，规范正文。以简洁的语言对相应的标准做形式化的描述，包括标准的目的、作用范畴、术语定义、系统要素和相互关系、原数据定义、数据交换格式等。

第二，实践指南。其包含对规范要点的详细解释，并提供如何应用标准的实践。

第三，测试规范。描述对用户开发的标准化产品进行测验验证的程序和方法。

规范根据各项子标准的作用范围又分为通用规范与专用规范两大类：通用类规范具有广泛的适用面，给标准用户留有较多的发展余地，允许他们在统一的基本框架下选择及改制一些数据项目；专用规范是针对某一特定领域的，具有更强的约束力。

（三）《教育管理信息化标准》简介

由教育部直接领导的教育信息化标准委员会成立以来，其一直致力于建立一套完整的教育信息化标准体系。

作为我国教育信息化标准的重要组成部分，教育管理信息化标准指教育管理部门和学校日常管理工作中涉及的管理信息标准，包括办公、档案、事物处理、人事、财务、设备、学生及其他业务管理信息等。

《教育管理信息化标准》共包括五部分：学校管理信息标准、教育行政部门管理信息标准、信息交换标准、中国教育卡标准、管理软件规范。

下面针对《教育管理信息化标准》的五个部分内容分别进行简要的介绍。

1. 学校管理信息标准

“学校管理信息标准”是指用于学校管理的信息标准，包括了我国四类学校的管理信息，即幼儿园、普通中小学校、中等职业学校和高等学校。本部分标准包括信息集和代码集两部分。每一类学校的信息包括学校基本情况信息子集、学生信息子集、教职工信息子集、教学管理信息子集、科研信息子集、体育卫生信息子集、办公管理信息子集、房产与设施信息子集、仪器设备与实验室信息子集、图书管理信息子集等。

这一部分涉及各类各级学校，从幼儿园到普通学校和高等学校，从人事管理、学生管理，到仪器设备管理、实验室管理和科研成果管理等，内容包括应该管什么、采用什么格式、应该采用什么分类方法等。

2. 教育行政部门管理信息标准

“教育行政部门管理信息标准”是指用于教育行政部门管理的标准，包括我国省、市、县三级教育行政部门的管理信息。本部分标准由信息集和代码集两部分组成，共包括16类信息：基本信息子集、计划与执行信息子集、教育信息化状况与建设信息子集、职工信息子集、科研信息子集、办学管理信息子集、职工卫生医疗保健信息子集、办公管理信息子集、房产与设施信息子集、仪器设备信息子集、图书管理信息子集、中考招生信息子集、继续教育信息子集、教育交流信息子集、信访信息子集、社会信息子集等。

本部分指出了除学校以外各级行政管理部门的信息化标准应该细化到什么程度，特别是教育部的信息需求包括哪些方面等。

3. 信息交换标准

“信息交换标准”，顾名思义，就是信息交换的规范以及规则，采用国际通用的技术标准。比如，信息交换应该采用什么样的格式等问题。

4. 中国教育卡标准

“中国教育卡”面向教育管理者、教职员工、学生等对象发放，具备身份认证、教育管理、金融消费、数据共享与服务等功能。它是利用IC卡技术实现教育领域内各类教育管理和校园管理的信息收集、识别、共享和交换的一种工具，也是持卡者与各类教育管理、校园管理和社会服务应用系统的一种交互接口。

①教育卡的提出。由教育部、国家密码管理局、中国银联共同提出，由三家单位合作组织制定。

②教育卡的功能。教育管理部门应用、学校内部应用、金融应用、社会应用。

③“中国教育卡标准”的内容。教育卡管理功能、卡内基本信息集及其卡表面信息、卡片物理特性、基本文件、命令与应用选择、教育应用、金融应用、终端、可信个人数据服务规范、安全管理机制。

④教育部根据国务院对行业性IC卡应用要统一规划的有关要求，为规划教育领域IC卡的应用，实现教育卡的一卡多用和全国通用，保证教育领域IC卡应用项目建设的安全、稳妥、有序地进行，组织制定了“中国教育集成电路(IC)卡规范”。

5. 管理软件规范

“管理软件规范”是指与教育管理软件有关的规范。人们要在充分考虑技术发展的基础上采用相对成熟的技术标准，包括软件设计平台和软件设计的规范要求等。

这一部分涉及管理性的软件应该有什么基本要求、应该满足什么指标，这样学校采用这些软件才能够放心，才能够真正满足学校管理的要求。

教育信息标准化是组织现代化教育管理的重要基础。加快教育管理信息标准化建设对发展教育事业，保障教育信息化健康有序发展，建立健全我国各级教育行政部门和学校的管理信息系统，提高管理水平，合理开发和使用教育管理信息化软件产品、保证产品质量，提高社会和经济效益具有重要意义。

二、教育信息化的特征

进入21世纪，信息化时代的主要特征便是数字化、网络化。关于教育信息化的基本特征，相关学者有多种不同的认识。

南国农教授认为大致可以归纳概括为“五化三性”。五化指，教育信息显示多媒化、教育信息处理数字化、教育信息存储光盘化、教育信息传输网络化、教育信息管理智能化。三性指，开放性，即它能超越时空，使教育向所有需要和愿意学习的人开放，并实现资源共享；非线性，即它的学习内容和方式，都打破了传统的线性框框，在电子课本和网上教材中，知识间的联结不再是线性的，而是网状的、发散的、板块的，可以有多种组合和检索方式，它是一个因人施教的系统，照顾着每一个学习者的需求；交互性，即它能实现人机之间的双向沟通和人与人的远距离交互学习，促进教师与学生、学生与学生、学生与其他人之间的多向交流。

祝智庭教授则认为：对于教育信息化的特征，可以从技术层面和教育层面加以考察。

信息时代的主要特征是数字化、网络化。教育作为社会系统的子系统，在信息化和网络技术高速发展的推动下，教育系统完全突破了国家的界限，实现了教育交流的无国界性，即教育资源全球化、网络化。与此同时，多样化、开放化也是教育信息化这一社会过程与生俱来的特征。我们认为，教育信息化究其本质就是在教育领域运用现代信息技术，所以人们可以从教育层面和技术层面两方面的特征来概括教育信息化的特征。从技术层面看，教育信息化的基本特征是数字化、共享化、网络化、多媒体化、智能化、虚拟化和自动化；从教育属性来看，教育信息化的基本特征是开放性、交互性、协作性、共享性、多样性和自主性。

（一）教育层面特征

教育信息化的教育层面特征主要有以下几个方面。

1. 数字化

数字化是指教学手段、教学内容和教学方法更多地采用数字化的方法和内容，更多地利用计算机媒介协助教学的各个方面。信息时代又被称为数字时代，各种传统信息传递方式及传统信息承载体已经越来越多地被数字信息方式和数字资源所替代，这在教育领域表现得越发明显。数字化使得教育信息技术系统的设备简单、性能可靠和标准统一，这些都为构建学习型社会奠定了良好的基础。数字化的电子教科书、参考书、图书馆数字电子资源和教育数据库等被广泛应用，使教育的内容日益丰富多彩。

2. 共享化

共享化是指随着信息技术的发展，各种技术和资源在教育领域被越来越多、越来越容易地分享和共享。利用已建成的各种通信基础设施，各种局域信息网络，特别是互联网，全世界的教育资源已经连成一个信息海洋，供广大教育者和学习者随时随地共享使用，打破了过去教育资源种种形式的封闭和垄断，使全球教育资源的共享化程度大大提高，从而大大有利于全球教育资源的充分利用与质量和效益的提高，大大有利于缩小国家和地区间教育发展的差距。

3. 网络化

网络化是指传统的面对面教学模式越来越多地被网络教学模式所替代，信息资源可共享，活动时空限制更少。信息网络是 21 世纪发展最为迅猛的信息技术，也是对教育领域改变和影响最大的信息技术。教育空间网络化的发展使全球通信在一瞬间完成，极大地拓展了教育的时间和空间，使“多媒体大学”“虚拟大学”迅速发展。

4. 多媒体化

多媒体化是指传统的教学手段日益被丰富多彩的多重感官共同刺激的新式教学手段所替代。目前，教学的各个环节已经越来越多媒体化，使教学内容表示更具动态化、形象化。已经有越来越多的教材和工具书变成多媒体化信息，它们不但包含文字和图形，还能呈现声音、动画、录像甚至模拟的三维立体景象。

5. 智能化

教育技术智能化是指为实现教育的功能和目标所采用的技能、手段和工具已经越来越发达，甚至接近人工智能。现代信息技术广泛应用于教育领域，工具的智能化能极大推进教育效率和效果的双重优化，是加速信息化、提高其智能化水平的直接动力。教育领域智能化，使得各种先进系统能帮助人们实现教学行为人性化、人机通信自然化、繁杂任务代理化等目标。

6. 虚拟化

教育环境虚拟化意味着教学活动可以在很大程度上脱离物理空间及时间的限制，这其实是网络化教育的重要特征。现代已经涌现出一系列虚拟化的教育环境，包括虚拟教室、虚拟实验室、虚拟校园、虚拟学社、虚拟图书馆等。虚拟教育可分为校内模式和校外模式。校内模式是利用局域网开展网上教育，校外模式是指利用广域网，特别是互联网进行远程教育。

7. 自动化

管理自动化就是利用计算机管理教学的过程，目前已经投入使用的包括计算机化测试与评分、学习问题诊断、学习任务分配等功能。通过为学生建立电子学档，其中包含学生身份信息、活动记录、评价信息、电子作品等，可以支持教学评价的改革，实现面向学习过程的评价。

（二）技术层面特征

教育信息化的教育层面特征主要有以下几个。

1. 开放性

现代信息技术引进打破了以学校教育为中心的教育体系，使得教育更具开放性。教育信息化的最重要手段是基于网络平台的，而计算机网络是当今最为开放的面向对象的系统，这主要体现为内容开放、结构开放、功能开放。

2. 交互性

教育系统具有交互性可以促进教师与学生、学生与学生、学生与其他人之间的多向交流。交互式教学软件的开发和应用，强调了师生之间思想、情感和文化的交流，学生独立思考和创造性学习得到鼓励和有力的技术支持，教学由单向灌输改为多向交流，师生间可以建立起更加民主平等的关系。

3. 协作性

教育系统具有协作性为教育者提供了更多的人与人、人与电脑协作完成任务的机会。通过相互协作的方式进行教学和学习活动也是当前教育的一个重要发展方向。

信息技术在支持协作学习方面可以起重要作用，其形式包括通过计算机进行合作（例如在网上合作进行学习）等。

4. 共享性

教育系统具有共享性使得大量丰富的教育资源和各种先进的教学手段能为

全体学习者共享，而且取之不尽；从信息社会的本质来看，共享性就是信息化的本质特征和最终目的。

5. 多样性

教育服务对象的多样性表现在允许和包容各种形式的教育，如学校教育、在职培训教育、社区教育及自学教育等，关键是受教育服务对象不再局限于在校学生，这些变化为形成终身学习、终身教育的学习型社会提供了技术支持、网络平台和信息基础。教育信息化的进程以及教育服务对象多样性的发展过程也就是教育全民化的历史进程。多样性既依赖于信息技术、教育思想观念乃至整个社会的发展进步，又对教育和社会进步形成了巨大的推动力。

6. 自主性

学生学习日益具有自主性，由于以学生为主体的教育思想日益得到认同，教育信息化使得学生学习的自主性、独立性以及个性大大增强。这些个性体现在通过计算机和网络，学生可以自主地选择教材和教师，自己安排课程和课时。例如，利用人工智能技术构建的智能教师系统能够根据学生的不同个性特点和需求进行教学和提供帮助。至此，学生才真正成为教学的中心，教育培养创新人才的目标得到更好的支持，学生将更具有自主性、个性和创造性。

第三节　教育信息化的方法、要求及关键

一、建设校园网是实现教育信息化的有效方法

（一）校园“信息化”为提高学生信息素质提供良好的环境

随着信息技术的迅速发展与广泛应用，校园网作为数字空间中学校与外界沟通的窗口，已逐步成为代表学校在虚拟电子世界中的地位和形象的一个重要表现形式。通过校园网，学校不仅能够及时地向社会展示教学、科研和社会服务等方面的最新成果，有利于增加外界对学校的了解，而且还可以促进教育信息化的实现。因此，学校是否建立了校园网，或校园网所提供的信息类型和服务项目，甚至校园网本身设计的技术是否适用、网页界面是否美观，已成为衡量一个学校校园信息化程度的重要标志。

信息技术的发展，使得知识的容量、知识的增长速度无法预测。身处不断变化的信息社会，学生的信息素质与能力的培养和获取知识的环境就显得非常

重要。良好的信息环境可以使学生在信息的海洋里遨游，帮助学生将信息转换成为有用的知识，再将知识转化为个人智慧。

校园信息化是指以校园网为背景的，集教学、管理、娱乐为一体的新型信息化工作、学习和生活环境。在校园中，无论教师还是学生，都可以很方便地使用网络，时时处处感受到信息社会带给他们的学习、生活的方便。校园信息化的突出特点体现在三个方面，即网络化、智能化以及个性化。网络化是指所有的工作、学习、生活均被赋予鲜明的网络特色；智能化是指通过一系列智能技术使设备或者系统部分地代替人的劳动；个性化则是指通过网络，人们可以将自己的需要发布出去，也可以通过网站和制定系统获得所有具有相同需求的资料。

进入 21 世纪以来，随着信息技术的不断发展与互联网的迅速普及，信息化工程已经被越来越多的人所了解。信息技术在现代教育中的作用越发凸显，如何运用好信息技术并把它作为现代教育的基本工具，来解决实际教育过程中的问题就成为摆在新一代教育工作者面前的一个难题。于是，校园信息化被提上了大多数学府的议事日程。

1. 校园信息化的初级阶段：校园网的建设

校园网作为学校的信息基础设施，可以激发师生的创新精神，强大的学校管理功能和信息交流共享可全面提高人们的工作效率。而和互联网连接后所形成的网络将成为整个社会的重要教育基础设施。电子商务、信息增值服务、互联网语言服务和视频服务技术的不断成熟与廉价优势，使现代教育能突破传统的教育模式进入全新的境界，使网上远程教育成为未来教育的制高点。

校园网系统应是一个模块化设计、分布式结构、集中式管理、灵活开放的管理平台，可外嵌各种应用模块，可方便地为校园信息化提供越来越丰富的信息服务，以此才能实现以信息化的教学管理手段实施学校日常教学管理的目标。而为了满足不断出现的新技术以及教育工作中出现的新要求，校园网系统应该具备很强的开放性、安全性、鲁棒性和扩展性。

①校园网的开放性。校园网的主要建设目的是方便师生共享教育资源，以使校园网上的教育信息可以最大限度地发挥自己的作用。因此，校园网系统除了应该具有良好的课件与信息上传功能，还应保证实时的动态交互功能。这样，师生在发布和浏览自己需要信息的同时，也可以针对自己的疑惑与在线的其他人员进行全面的、水乳交融式的交流。另外，校园网的开放性还应该体现在与外网的互联互通上。这里的“与外网互联互通”不光是指与互联网进行连接，

还特指可以有选择地与其他带有局域网络特质的信息源进行可人为控制的一点对一点、一点对多点、多点对多点的交互与信息共享。

②校园网的安全性。在保证校园网开放性的同时，我们也应该注意到校园网的安全性。由于现在公共网络的高度开放与在线人员的不可预见性，网络上的内容与人员良莠不齐。为了防止不良信息的流入以及别有用心人员的侵犯与破坏，校园网系统应该具有完备的保护与预警机制。具体来讲，校园网系统应该采用多级安全机制，以确保信息安全和个人隐私。另外，为了降低校园网系统管理员的工作量，而又可以保持网上管理与学校组织结构的一致性，系统应该可以提供方便的用户组管理和多级权限分配，还可设置区分每个用户与每个功能项的查看、添加、修改、删除和管理权限。

③校园网的鲁棒性。鲁棒性是指控制系统在其特性或参数发生变动时仍可使品质指标保持不变的性能。直白地说，就是校园网系统应该保证在因各种外力或内部操作失误造成系统异动时，系统可以保持除异动环节外绝大部分功能绝对稳定的特性以及将异动部分自我切断并有序地进行逐级恢复的功能。

④校园网的扩展性。众所周知，现在信息技术的发展一日千里，新功能、新应用层出不穷。而如何保证当有利于校园网系统的技术出现时，校园网可以及时地利用这种新技术并与之实现无缝融合，成了考验校园网扩展性的“试金石”。另外，与外部数据库进行数据的无障碍转换与无障碍共享也是校园网的扩展性应该注意的问题。因此，校园网系统应该支持程序的二次开发，并可外嵌各种应用程序接口与开放式的数据库连接（ODBC）程序模式。只有在保证了以上的四个特性后，校园网才可以在现在及以后的教育工作中发挥自己最大的潜能，也才能为建成校园信息化打下一个良好的基础。

2. 校园信息化的发展阶段：多元化的功能应用

在有了良好的校园网系统之后，如何利用好这个平台尽量多地实现教学功能就成为校园信息化发展的关键。

从理论角度看，现代校园信息化的多元化发展主要以校园网络信息管理系统（FRP）、课程管理软件（CMS）或学习管理软件（LMS）、校园网络门户技术和无线校园网络等管理系统为主线，结合将信息技术与教学有效结合、网络教学资源建设与课程网页建设等应用要求，全面搭建多元化发展基础平台。而从实际应用上看，在最近 2 ～ 3 年内，校园信息化的多元发展将以下面几点为主。

①通过网络提供在线 / 远程教育。学校是传播知识、提供教育服务的地方。

以前，由于空间、时间与教学资源方面的限制，学校只能为适龄的或有急切需求的人们提供相应的服务。但随着网络建设的逐步发展与完善，空间与时间不再成为人们进一步接受新知识的桎梏，而教学资源也由于网络的共享特性而得到了最大限度的辐射。这让人们通过网络进行更进一步的学习成为可能。而学校正可以利用自己教学方面的优势，结合校园信息化所提供的网络基础平台，将自己教学优势的受众群体延伸到网络所能及的各个地方。

②提供校园网络技术支持服务。另外，校园信息化的多元化功能还可以体现在为学校自己的师生提供生活与学习方面的便利上。数字图书馆、数字档案馆以及校园内部进行买卖交易的电子化（现在大多称为“一卡通”工程）等都是校园信息多元化的具体体现。

3. 校园信息化的终极阶段：信息大同，全民皆用

发展到最后阶段，校园信息化工程将成为全球信息化的一个结点。任何人均可通过信息化网络享受到学校的服务，而身处学校的师生也可以通过校园网访问与畅游世界。

（二）建设校园网是校园“信息化”的基础

所谓校园网就是利用先进的技术构建安全、可靠、便捷的信息传输线路，规划综合管理系统的网络应用环境；利用全面的校园网络管理软件和网络教学软件为学校提供教学、管理、决策三个不同层次所需求的数据、信息和知识，覆盖全校管理机构和教学机构，并且基于互联网与互联网技术的大型网络系统。建立适应多媒体教学所需要的宽带多媒体校园网。信息化校园可实现学校的现代化管理。通过校园教育信息管理系统可以实现信息资源的高度共享，实现校园管理现代化，实现全校的教学、财务、设备及学生的统一管理。我们常见的校园网硬环境如下：

①多媒体交互教室；

②多媒体课件制作室；

③多媒体演示教室；

④开放式电脑教室；

⑤现代化办公室和电子备课室；

⑥覆盖教师和学生宿舍的网络。

二、信息技术与课程的整合是教育信息化的要求

（一）信息技术与课程整合的必要性

随着信息技术的发展，教学形式正从黑板 + 粉笔向网络化、多媒体教学转变，教学模式正从全日制向多层次、多形式、多规格的教育转变，教学制度正从学年制、学分学年制向完全学分制和弹性学分制转变，教育思想正从一次性的学校教育向终身教育发展，教学内容正从使用统一教材向不断更新知识、追踪科技前沿发展。网络时代教育的特点是开放化、多元化学习以及教育内容、教育手段的现代化和终身教育。信息时代是科技日新月异和知识、信息呈爆炸式膨胀的时代，随着知识总量的迅速增长，知识更新速度加快，学生在校期间所学的知识仅占一生中所需知识的 10% 左右，其余 90% 的知识都要在工作中不断地学习和获取，因此，了解、学习、掌握、运用已有知识，进而创新知识将成为社会发展的重要动力，也将成为每个社会成员生存和发展的重要条件与手段，不断学习和接受教育已扩展到人的一生。

培养学生的适应能力、应变能力与解决实际问题的能力。随着信息时代的到来，知识的更新换代越来越快，新学科、新知识层出不穷，由于知识的高度综合性和各学科相互渗透，出现了更多的新兴学科、交叉学科，由此带来了社会生活、经济生活、政治生活和人类一切领域的深刻变革。在这种大背景下，人的适应能力、应变能力与解决实际问题的能力将至关重要。为此，陈至立同志在担任教育部部长时曾指出："在开好信息技术课程的同时，要努力推进信息技术和其他学科的教学整合，鼓励在其他学科的教学中广泛应用信息技术手段，并把信息技术教育融合到其他学科的学习中，各地要积极创造条件，逐步使多媒体教学进入每一间教室，积极探索信息技术教育与其他学科教育的整合。"可见，教育信息化并不是简单的技术问题，而是要在科学的教育观指导下，将信息技术的学习和应用与教育观念更新有机地结合起来，并且要应用信息技术对教育进行全面改革，进一步将信息技术与其他课程进行整合。

美国 CEO（首席执行官）教育技术论坛认为，通过把数字技术与课程整合的方式，将数字化内容有效地与课程整合，创造数字化的学习环境，把学习资源和学习方式纳入学生的学科课程学习过程中去，学生可以有效地运用信息技术的各种形式，实现对信息技术的充分应用，使学生能够使用合作、富有创新和生动的方式进行学习，从而达到培养学生创新精神和创造能力的教育目标。

信息技术与课程整合，不是被动地纳入，而是主动地适应和变革课程的过

程。信息技术与课程的整合，将对课程的各个组成部分产生变革、影响和作用。确切地说，信息技术本身不能自然地引发课程的变革，但是它却是课程改革不可缺少的条件，正是信息技术的快速发展，产生了学习革命，迫使人们变革传统的课程观、教育观、教学观以及学习观等，尊重人的独立性、主动性、首创性、反思性和合作性，使信息技术与课程整合有利于营造新型的学习型社会，营造全方位的学习环境。

信息技术与课程整合将促进课程内容的革新。人们不仅可以利用信息技术呈现学校课程内容，而且根据信息技术提供的资源，还可革新、充实原有课程的内容。同时为了适应信息化社会发展的要求，学校还必须增加与信息技术相关的课程，如开设信息技术课程等。

信息技术与课程整合将带来课程实施的变革，将带来传统教学策略和理念的革新。信息化教育环境中，教师作为知识传授者的地位正被削弱，学习者的主体地位被充分体现，信息技术作为教学辅助工具以及强大的认知工具正在革新传统的教育理念，研究性学习、探究性学习正在冲击传统的课堂教学模式。

信息技术与课程整合将带来课程资源的变化。信息技术的飞速发展，网络资源的丰富性和共享性，都冲击了传统课程资源观，课程资源的物化载体不再是单一的书籍等印刷制品，还包括网络以及音像制品等。生命载体形式的课程资源将更加丰富，学习者可以通过信息技术的通信功能与专家、教师等交流，扩大了课程资源范围。

信息技术与课程整合将有助于课程评价的变革和改善。信息技术与课程评价整合后，将带来评价观念和评价手段的革新，信息技术可以作为自测的工具，有利于学生自我反馈，也可以作为教师电子测评的手段，优化评价过程，革新传统的课程评价观与方法。

信息技术与课程整合最主要的是带来学习方式的革命。信息技术的飞速发展，网络信息的大量涌现，对于人类的学习方式产生了深刻的变革作用。学习者从传统的接受式学习转变为主动学习、探究学习和研究性学习。同时数字化学习也将成为学习者未来发展的方向。

（二）信息技术与课程整合的目标

信息技术与课程整合的目标：以计算机和网络技术为核心，充分发挥信息技术的特点和优势，使之融入各学科教学中，以交互式的方式给学生和教师创造进行探究式教学、主动学习、协作学习、研究性学习的环境，从而使教师由传统教学中的中心地位、知识权威转变成学习的设计者、指导者和学习伙伴；

使学生由原来接受知识的被动者，转变为学习的主体，转变为教学活动参与者和知识构建者，使学生具有获取信息、传输信息、处理信息和应用信息技术手段的能力，形成良好的文化素养，提高整体素质，这也是信息技术与课程整合所追求的目标。

北京师范大学现代教育技术研究所余胜泉认为，信息技术与课程整合的本质与内涵是要求在先进的教育思想、理论的指导下（尤其是主导－主体教学理论的指导下），把计算机及以网络为核心的信息技术作为促进学生自主学习的认知工具、情感激励工具与丰富教学环境的创设工具，并将这些工具全面应用到各学科教学过程中，使各种教学资源、各个教学要素和教学环节经过整理、组合，相互融合，在整体优化的基础上产生聚集效应，从而促进传统教学方式的根本变革（也就是促进以教师为中心的教学结构与教学模式的变革），从而达到培养学生创新精神与实践能力的目标。

从我们国家的宏观政策与各位学者的观点，我们可以概括出信息技术与课程整合的宏观目标：带动数字化教育环境建设，推进教育的信息化进程，促进教学方式的根本性变革，培养学生的创新精神和实践能力，实现信息技术环境下的素质教育与创新教育。其具体目标可以概述为以下几个方面。

①培养学生获取、分析、加工和利用信息的知识与能力，为学生打好全面、扎实的文化基础，培养学生的信息素养与文化素养。

信息获取包括信息发现、信息采集与信息优选。

信息分析包括信息分类、信息综合、信息查错与信息评价。

信息加工包括信息的排序与检索、信息的组织与表达、信息的存储与变换以及信息的控制与传输等。

信息利用则包括如何有效地利用信息来解决学习、工作和生活中的各种问题（如能不断地自我更新知识、能用新信息提出解决问题的新方案、能适应网络时代的新生活等）。

信息意识指人对信息的深度感知，如对信息内容的批判与理解能力、运用信息的能力，具有融入信息社会的态度和能力。

②培养学生终身学习的态度和能力。使学生具有主动吸取知识的愿望并能付之于日常生活的实际，要将学习视为享受，而不是负担；要能够独立自主地学习，能够自我组织、制订并执行学习计划，并能控制整个学习过程，对学习进行自我评估，学习过程受本人支配，对自己的学习全部负责。教师只是学习的指导者、建议者，而不是学习过程的主宰者。

③培养学生掌握信息时代的学习方式。使学生会利用资源进行学习，学会

在数字化情境中进行自主学习，学会利用网络通信工具进行协商交流并进行合作讨论式地学习，学会利用信息加工工具和创作平台进行创造性地学习。

④培养学生的适应能力、应变能力与解决实际问题的能力。在信息时代，知识量增多，知识成为社会生产力、经济竞争力的关键因素；知识的更新率加快，陈旧率加大，有效期缩短。另外，由于知识的高度综合性和各学科相互渗透，出现了更多的新兴学科知识、交叉学科知识，由此带来人们难以想象的社会生活、经济生活、政治生活和人类一切领域内深刻而广泛的变化。在这种科学技术、社会结构发生剧变的大背景下，人的适应能力、应变能力与解决实际问题的能力至关重要。信息技术与课程整合要求各学科教师都要广泛应用信息技术（以计算机为核心的信息技术）。这种应用不是简单地把信息技术仅仅作为辅助教师教课的演示工具，而是要实现信息技术与学科教学的“融合”；为了实现这种“融合”，要求各地的中小学不仅要积极建设硬件环境（实现多媒体教学进入每一间教室），还要积极探索如何实现“融合”。这就要求人们在先进的教育思想、理论的指导下（尤其是建构主义理论的指导下），把以计算机为核心的信息技术作为促进学生自主学习的认知工具与情感激励工具，来促进传统教学方式的根本变革，从而达到培养学生创新精神与实践能力的目的。

（三）信息技术与课程整合的方法

在数字化学习环境中，我们应采取数字学习资源与课程相结合的方法。数字化学习资源是指经过数字化处理，可以在计算机或网络环境下运行的多媒体教材，包括数字视频、数字音频、多媒体软件、网络、电子邮件、数据文件等。我们应以现有教材为基础，在教学过程中充分、有效地利用国际互联网上的丰富教学资源，这既有利于学生学科课程的学习，又可以提高学生的信息素养。同时要充分开发多媒体教材，多媒体教材与印刷品教材相比具有超媒体性、交互性、智能化等优势，它的容量非常大，可以将不同媒体所记载和表达的信息融合为一体，满足学生视觉、听觉等多种感官的需要。多媒体教材易分解、组合、检索、提取和利用，为知识的获取和保存提供了极大的便利。人们要注重对网络课程的开发，因为它可以为教师和学生提供一个跨越时空的学习环境，有利于学生的自主学习和合作学习。网络课程也为学生之间、师生之间的交流提供了多种途径，如通过电子邮件、电子论坛、BBS 等方式实现网上讨论、网上答疑、网上作业等学习形式。

这里应当注意的是，要想很好地实现各学科教学与信息技术的整合，就要求教师在以多媒体和网络为基础的信息环境中实施课程教学活动，并且在对课程教学内容进行信息化处理后，成为学习者的学习资源，并提供给学习者共享学习。教师要充分利用信息加工工具让学生进行知识重构，利用文字处理、图像处理、信息集成等数字化工具，对课程知识内容进行重组、创造。因此，整合的关键是教师，教师应该具有先进的教育理论，一定的信息技术能力，可以运用信息技术表达教学内容、教学方法，优化教学结构，能够很好地规划和设计自己的教学工作，了解信息化教学展开的具体进程和方式。

要想做好信息技术与课程整合，人们应从以下几方面入手。

1. 做好整合的基础——资源整合

资源整合应该是一种以优化教育资源为目标的组织形式，是教育者特别是管理者通过对硬件资源的合理配置，网络资源的充分利用，人力资源的培养开发以及课程资源的有机再构来实现组织形式的“优化整合”，这是课程整合的保障与基础。

2. 理顺整合的途径——过程整合

过程整合是指教育者与学习者以教与学为目的的具体操作形式，即将信息技术的学习运用与学科课程的学习探究有机地融合在同一活动过程中，并在这一过程中达到建构主义所倡导的“同化”与“顺应”的目的。这是课程整合的主体，也是实现课程整合的途径。这一过程整合包括三个基本阶段：课前准备阶段、课堂实施阶段及课后拓展阶段。这三个阶段的主要任务分别包含以下几个方面。

①课前准备阶段，以教师活动为主。针对教学内容精心设计教学方案，寻找切入点；浏览相关网站主页搜寻信息，捕捉结合点；整理主要信息，建立链接，搭建教学平台；检测网络安全性、交互性，进行网络文明公德教育。

②课堂实施阶段，强调师生互动。依据教学方案，进行学习，教师提出学习任务目标（包括必要的网络知识学习）及相应的学习方式（个别学习或小组学习）；学生依据教师的导入题，相对自主地决定学习方式，尝试性地解决教师提出的问题，利用各种手段开展学生与学生讨论、教师与学生讨论的活动；教师对学习过程进行讲评，对共性认识予以总结，对个别问题给予关注。

③课后拓展阶段，以学生活动为主。该阶段大体可以分为四种类型，对网络知识的巩固应用；通过专题学习网站加深对课程知识的学习；通过应用网站等对课程知识进行拓宽；利用电子邮件等方式与教师、同学甚至其他网上学习者展开讨论。教师要做的主要是给学生提供必要的网站、网址、自己的电子邮件地址，并对学生进行网络文明、网络安全及学习目的的教育。

3. 明确整合的目的——能力整合

教育的终极目的是培养学生能力，现代教育的目的是培养终身学习的能力。能力整合指的是通过研究资源整合和过程整合的这种课程整合形式，更有效地借助日益发达的教育技术，培养既具有较高信息素养又能运用现代信息技术进行不断学习的、新世纪的学习者。

三、多媒体课件教学是教育信息化的关键

（一）多媒体课件的定义

近年来，随着多媒体计算机技术及网络技术的迅猛发展，多媒体教学广泛应用于课堂教学中，使教育的思想和教学的内容、方法、策略、组织形式等都发生了重大变化，同时也促使现代教育向着现代化的方向不断发展，使其可以更为有效地应对经济、信息时代对教育提出的挑战。

多媒体课件就是利用计算机将教学所需要的文本、图像、动画、声音、视频等多媒体信息按照一定的教学策略、教学方式组合而成的教学程序，它是一项复杂的系统工程。运用计算机作为信息储存设备和课件制作平台，利用网络系统及计算机辅助设备（如扫描仪、数码照相机等）收集大量信息，可以帮助教师有意识地精选课堂内容，突出重点，节省学时。

多媒体课件教学是一种新型思维能力的训练，是一种先进、超前意识的强化，是一种探索和创新精神的培养。一个好的多媒体课件，能使学生的联想思维活跃起来，对于开阔思路、活跃思维，提高学生的锻炼分析能力和判断能力，提高教学效益、学习质量、智能发展、教与学的关系融洽等具有突出的优势。

多媒体计算机教学的开展必须有与教学目标、教学内容紧密相关的多媒体课件的支持。我们通常把在教学理论的指导下，根据教学目标，以特定教学策略用于执行教学任务而设计的计算机程序称为教学软件，简称为多媒体课件。多媒体课件具有处理文本、图形、图像、动画、音频、视频的综合能力，它集中了电影、电视、幻灯投影、录音录像等教学媒体的优点，而且具有人机交互的特性。我们知道，教学的实质是教师借助教学媒体向学生传播教学内容的过程。多媒体课件在教学中的使用，改善了教学媒体的表现力和交互性，使媒体展示的内容更具体、更有利于知识的传播。这样，在多媒体的帮助下，教师传授的知识更容易被学生所接受，而且能及时获得学生的反馈信息，并通过调整教学内容，因材施教，使教学有条不紊地进行。因此，多媒体课件对教学过程的优化起着重要作用。但从目前课件的具体情况来看，市面上供教师使用的多

媒体课件较少，而且成品化的课件在灵活性上也远远满足不了不同教学风格的教师在课堂上教学实践的需要。对特定教学对象、教学目标的某门课程的教学课件更是寥寥无几，这是因为一般情况下，课件脚本设计者是学科教师，课件制作者是计算机专业工作者，要双方都理解对方的设计思想和制作要点有很大困难。面对这种情况，教师应亲自制作和自己学科相关的多媒体课件，以解决多媒体课件缺乏的问题。学科教师如果亲自制作多媒体课件，不但能体现软件操作水平，同时也能体现教学水平。

由于现在大部分学校已经有了自己的网络（指硬件、线路），加之互联网在中国的迅猛发展，基于网络环境的课件开始被提到议事日程上，有很多人可能会认为网络多媒体课件的设计仅仅只是按照自己的设想做一个电子程序而已，这种想法是大错特错的。其实课件的设计包含很多方面，如课件的提出、课件的制作分析、课件流程的设计、课件的编码（具体制作）、课件的测试、课件的修改维护等。

一般的多媒体课件采用的交互形式属于人机交互，交互的内容以及交互中所产生的结果，都是课件的设计者在制作课件的时候已经考虑好的，可以说，这种交互是“机械式”的，仅仅是把教师所考虑到的、在上课中可能出现的问题答案罗列在计算机上，以多媒体的形式表达出来，以计算机来代替教师，从而使课堂教学效果达到一定的“分层”教学。而多媒体课件的真正意义应是通过课件把学生和教师之间的关系转化为学生和计算机之间的关系。这种课件可以说是属于人工智能的一种，其立足点应为多媒体的运用。

网络多媒体课件最突出的特点：信息量较大，可以进行点对点的人人交互或大众讨论一般的交互。一般在设计这类课件的时候，其中都设计了类似聊天室、网络论坛（BBS）的功能。网络多媒体课件的中心不再是多媒体的表现形式，而是网络的交互。聊天室的功能一般是提供一个虚拟的空间，让网络上的学生在这里自由地发表、讨论自己的问题，聊天室的反馈不再是课件中预先内置的，它所容纳的知识量不再是教师的知识量，而是全体在聊天室里用户的知识量。通过聊天室，学生可以将某知识点中的疑问或自己的心得提出来讨论，在整个讨论过程中，他们可能会遇到与自己完全不同的观点，从而进一步促使他们进行思考，至此，学生学习到的不再是单纯的知识点，而是获得该知识的过程。这样就可以达到“知其然，亦知其所以然”的目的。

（二）多媒体课件教学中应注意的问题其优势

1. 目前多媒体课件存在的一些问题

多媒体教学的关键是课件。没有课件，再好的硬件也只是花瓶。目前，多媒体课件的主要来源有以下几种。

一是计算机公司推向市场的素材库或教学软件光盘，这类课件种类繁多，在使用过程中人们一般根据教学需要从中选取适合教学使用的内容。

二是教育部门组织力量按我国现行教学大纲开发设计的、较为系统的多媒体课件。

三是由学校组织学科教师和计算机教师，根据实际教学需要开发的规模小、针对性强、非系统化的多媒体课件，这类多媒体课件多数是为解决教学中的重点和难点而设计的。

多媒体教学能否在课堂教学中得到普及并起到优化作用，在很大程度上取决于课件的质量，即课件的教育性、科学性、艺术性和技术性等。从课件的来源可看出，课件大部分是由专业人员编制好的，这样的课件一经完成，就具有特定的封闭性，教师在课堂教学活动中，难以对其重新编辑以适应当前的教学活动。课件的封闭性决定了其不能回答学生的自由提问，应变能力非常有限，对学生的体贴关心更是无从谈起。除此之外，多媒体课件是近几年来迅速发展起来的一种教学应用形式，它在教学中的应用还处于刚刚起步阶段，各种多媒体课件良莠不齐，多媒体课件教学策略的科学性与教学内容的适配性也存在着一定问题。目前，我国优秀的多媒体课件还不多，一些多媒体课件只是课本的翻版，即将文字教材盘片化。这样的课件由于有文字教材配套，比较容易流通、发行，但是往往无法体现教师的教学风格和特点，实际上只是一种电子读物。要想使教师进行有效教学，提高教学效果和学生的能力，就必须使教师课堂教学与计算机多媒体教学优势互补，进一步加强教师在教学活动中的主导作用，让广大教师积极参与到计算机多媒体教学中来。学科教师更应从单纯使用课件逐步过渡到自己亲手制作课件的行列中来。学科教师亲自制作的多媒体课件，能充分反映教师自己的教学风格，这样能更好地发挥多媒体教学的优势，达到课堂教学优化的目的。

2. 多媒体课件制作应该注意的问题

①多媒体课件的设计应以教学内容为依据，注意收集素材，建立各课程素材库。课件是根据一定的教学目标表现特定的教学内容、反映一定的教学策略的多媒体应用软件，它是利用计算机多媒体技术把文字、图形、声音、动画、

影片等综合起来而形成的。由此可见，多媒体技术在教学中的运用是一种教学方法和手段的变革，但不能代表全部，尤其是教学内容本身。内容决定形式，课件质量的好坏，本质上取决定于所呈现的知识技能、所引用的专业术语是否正确，所涵盖的深度与广度是否恰当，呈现顺序是否合乎逻辑，是否具有可读性，难易是否适中等，否则课件设计得再好看，教学效果也不会很好，因此我们在设计多媒体课件时，首先考虑的是教学内容，找准教学的重点和难点，然后才去考虑如何通过多媒体技术将教学过程设计在计算机上实现的问题。当然，人们也不能忽视课件设计的本身，如果照本宣科将课件设计成电子图书，那么就违背了设计多媒体课件的初衷。另外，素材是教学过程中为达到教学目的而需要的资料，既有普通素材，也有专业素材。教师在设计课件时，要避免由于资料缺乏而使用一些不相干的素材，平时就应该注意各类素材的收集，建立素材库，并认真维护更新。

②注意构图色彩搭配与动画、声音的使用。在具体课件制作过程中，人们要注意构图和色彩的搭配。在设计画面时，要把信息放在显眼位置，而其中更重要的内容，可通过色彩搭配、明暗对比等其他手段来进行强调，但颜色不宜太多。例如，讲解机车电路时，可用亮丽的色彩将电路的主要部件指示出来，使学生的注意力高度集中于此，思维处于兴奋状态，提高学习效率。另外，动画、声音的变化通常能吸引学生的注意力，利用这一点，在制作课件时可以使静止的画面动起来，例如在讲机械制图课时，如果能将一个零件以三维的形式动起来，展示其各个侧面、各个角度，要比只在屏幕上显示该部件的某一个侧面更易被学生接受。

③多媒体课件的应用应以学生为主体，以教师为主导，以网络为媒体。课件是科学、艺术、技术相结合的产物。从目前情形看，高质量的课件往往是由一只规模相当的队伍（如教育专家、音乐美术人员、程序设计人员等）协同完成的，教师在其中发挥着主导的作用。但在实际制作课件时，教师就要注意到课件的制作最终是要服务于学生的，因此一个好的课件应充分利用多媒体的文字、图形、动画、声音等内容，积极调动学生的学习兴趣，发挥他们的想象力，要教会学生怎样学习，充分发挥他们教学主体的作用。多媒体课件的设计应尽量应用在局域网上，原因有以下三个方面。

一是多媒体课件如果大量采用多媒体素材，如视频、三维动画、图形、图片、影片等，往往需要大量的磁盘空间，要求运行的计算机有较好的配置。如果将这种课件直接放在局域网上运行，不仅能提供图形界面的快速信息查询，还可以使用同样的图形界面与互联网上其他服务相连接。

二是多媒体课件最显著的特点是利用人与人之间的交互性，即师生之间的信息交流、学生之间的合作，突破了一般教学课件中人与软件系统之间交互的限制，更加接近面授的效果。

三是多媒体课件中大量使用超链接，更加符合人们联想学习的思维。通过精心组织，既可以考虑到各学科课件的整体，又能照顾到各课件之间的关系。比如进行专业课教学时，可能要涉及一些普通课程的知识，这时可以链接到普通课程的课件之中去，学习之后还能再回到专业课课程课件中继续学习。所以教师就应该培养强烈的教学课件入网意识，考虑所做课件在网上怎样使用。

④合理选择适合课件教学的课程。教师要选择适合发挥多媒体特性的课程内容来制作多媒体课件，如综合演示型、实验操作型、考试测验型、资料工具型、网络教学型等。根据不同的教学要求，教师要采取不同的多媒体教学手段，科学设计多媒体的系统功能，充分发挥各种功能的特长，做到媒体优势和效益的有机结合。如微观、宏观的教学内容，机理抽象复杂的教学内容，实习教学内容，实验技能训练课内容，等等，使有限的制作内容用在关键的地方。发挥多媒体人机交互性强的特性，这对于在教学改革中进行学生的素质教育、技能训练，乃至培养创造性思维能力具有积极意义。它的优越性与实用性体现在实验课、操作技能训练、教学实习等许多方面，在教学中大有用武之地，便于找到教学改革的突破口和创新点。在实验技能课教学实践中，一些微观、抽象机理复杂、难以重复、实验难度高、成本大的罕见个例，以及难以实地、实景、实体操作训练和无法示教的教学内容，都可以运用计算机多媒体来进行全新的教学。

⑤加强教师业务能力培养。任何一种新设备在引入时，人们必然对其有个从认识到掌握的过程。这个过程越短越好，这就要求要对教师进行信息技术的培训，使他们迅速掌握一些最为实用的课件编制软件。目前多媒体制作工具软件并不算少，如 Photoshop 等，但是这些软件作为多媒体课件制作平台，都有相当大的局限性。如 Authorware 具有丰富美观的图形及多媒体制作功能，但数学运算和数学处理能力较弱；MATLAB 具有较强的数学运算和绘图功能，但是又不宜作为多媒体网络教学的开发平台；Frontpage 功能虽强，但不能编辑数学公式，需要融入多种手段和软件。目前使用较多的多媒体制作工具软件是微软公司的 PowerPoint，这是因为 PowerPoint 作为 Office 家族成员，它的界面与大家所熟悉的 Word 界面很相似，因而它的最大特点就是简单、易学、易用，所见即所得，要实现每一个教师都能熟练掌握其操作技能是完全有可能的。同时，由于 PowerPoint 所具有的，对文字、表格、图形、图片、图表和组织结构等的处理功能，以及插入动画、影片的功能，使得 PowerPoint 可以基本满足多

媒体课堂教学的需要。所以，选择 PowerPoint 作为开发多媒体课件的平台，并以 Photoshop 等软件作为辅助软件制作教学课件，是一个非常好的选择。因此，在进行教师培训时，我们应以这种软件为主，对其进行强化训练，提高全体教师的学习积极性，尽快使教师掌握这种先进的教学方法，否则多媒体课件教学全面应用在课堂上只能是句空话。

3. 学科教师制作多媒体课件的优势

在学校教学中，多媒体教学应该采取什么样的教学模式呢?

是致力于发展一种完全取代课堂教学的新模式，还是利用多媒体技术改造课堂教学的模式? 1994 年美国斯坦福大学教育学教授哈里分析了美国近十年来计算机教学的现状，得出结论：计算机向课堂挑战，课堂胜了。日本在确定 21 世纪使用多媒体高等教育改革思路时，就提出校园内以面授为主要教学形式。看来，用多媒体技术改造传统的课堂教学，发展一种以网络教室为基本环境的多媒体课堂教学模式，应该说是一个符合实际的选择。这种教学模式既保留了传统课堂教学的优点，又发挥了多媒体教学的长处，二者优势互补，使课堂教学优化得以保证。

可以说，高水平实现现代教育技术，高层次地实现教育最优化，高质量地实施素质教育，学科教师在此过程中起着重要作用。对于多媒体课堂教学模式来说，学科教师多媒体教学的开展是以他们对计算机的学习、掌握和应用为前提的。学科教师懂教育，对教学实践的理解最为透彻，也最能深刻地评价和演绎现代教育思想，如果再掌握计算机多媒体课件的编辑与制作，学科教师必将成为多媒体教学的主力军。

学科教师在某门课程教学中大多教学目标明确。在目标导向的整个教学过程中，学科教师知道教学的重点和难点所在，再由于学科教师对学生特征（年龄、学龄、爱好）、学习能力（认知能力、阅读能力、计算机操作能力、艺术欣赏水平）、教学形式（全班、分组、学生个体）等各种因素都有所掌握，这样教师在课件的设计与制作过程中会以教学目标为导向，把课程中的重点、难点部分或传统教学不易讲清的教学内容制成多媒体课件。这样由学科教师自己制作的多媒体课件能充分反映教师自己的教学风格，针对性强，目标明确，教师在课堂教学使用这些包含其教学思想和教学素材的小型课件的过程中，可根据自己的情况和理解，进行选择和组合。这与其说是课件还不如说是为教师提供一个教学资源库，也可以说这就是一个备课系统。这样的教学资源比起单纯的一个课件来，更实用，也更具生命力。

多媒体课件的好坏直接影响到教学质量的好坏。为了使多媒体课件在教学中发挥更大的功效，教师还要懂得如何在课堂教学中应用多媒体课件。学科教师在课件的编制过程中，要设计思路清晰，要明确知道该课件在整个教学中的作用、使用时机以及怎样与课堂教学相吻合。由此可见，学科教师直接参与课件的制作减少了很多中间环节，提高了课件的准确性和实用性。

多媒体技术用于课堂教学，已是大势所趋，但多媒体技术优化课堂教学时还必须充分发挥教师的主导作用。学科教师在教学思想和方法等方面已经十分成熟，如果再掌握计算机多媒体的操作技术和课件的设计与制作，必将为多媒体教学注入更大的活力。因此，广大学科教师应转变传统教学观念，注入新的教学思想，尽快投身到多媒体课件制作中来，以研制出高质量的多媒体课件系统来优化课堂教学。

第二章　机车专业教学

第一节　机车专业人才需求与培养状况

一、机车专业人才需求

（一）高速铁路和城际轨道交通行业从业人员的基本情况

目前高速铁路和城际轨道交通的从业人员的基本来源主要有研究生、大学本科、专科、高职高专、中专、技校、复转军人、历史遗留的社会招工、顶职等，近年来主要以大学应届毕业生和经过岗前培训的复转军人为主。从2000年开始，铁路停止招收中专及以下学历的毕业生，从2005年开始，新招收的技术工人起点为大专。

1. 机车专业企业人才现状分析

根据相关研究者对一些机车企业专业人才的调查我们可知，机车专业人才在企业职工中的比例为88.6%～95.1%，其中大专以下学历平均占比为56.8%～68%。由此我们可以看出，目前大专学历的职工是铁道机车车辆专业的主力军，是适应铁路发展趋势的基础性人才。

2. 机车专业高技能人才需求量大

随着我国铁路的飞速发展，将有大量的乘务员、机车检修员等岗位等待机车专业高技能人才的填补。由于大功率机车的技术含量高，因此必须有高技能的驾驶和检修人才才能胜任机务工作岗位，而中职学生和复退军人中能满足机车驾驶和检修岗位要求的比例极低，在一段时期内必定形成岗位空缺无人就岗的现象。这样的人才缺口为机车专业培养机车驾驶和检修人才提供了源动力。

（二）机车专业人才的招聘渠道

机车专业主要是向各个铁路局机务段运用车间和检修车间、大功率机车检修段、动车组检修基地、车辆段动车组运用所、城市轨道交通公司、城际铁路投资有限公司等提供人才。这些组织机构主要是通过网上招聘、校内专场招聘、校外毕业生招聘会招聘、接收军队的复转军人等方式进行招聘，其中校内专场招聘已经成为铁道机车车辆专业人才招聘的主要渠道之一。

二、机车专业现状与人才培养情况分析

（一）机车专业招生与就业岗位分布情况

以某院校机车专业为例，其机车专业近三年来在校生人数为 825 人，这些人数中包括订单班。该专业毕业生主要就业单位为铁路局机务段运用车间和检修车间、车辆段动车组运用所、大功率机车检修段、城际铁路公司、动车组检修基地、城市轨道交通公司，涉及的岗位有动车组司机、机车司机、机车检修、地勤司机、地铁司机、动车组检修、地铁列车检修等。

（二）机车专业分布情况

机车专业是一个传统的专业，目前国内设置有该专业的院校较多，主要为含有铁路背景的学校，如郑州铁路职业技术学院、湖南铁道职业技术学院等十余所，近年来一些相关本科院校也开始开办类似的相关高职专业，而且这些毕业生的去向大致相同，所以各大院校铁道机车车辆专业存在着竞争关系。

（三）机车专业教学情况及存在的主要问题

目前机车专业教学过程中理论知识所占的比重较大，实际操作所占的比重较小，并且校内实训教学资源匮乏，校外实训又受到若干外部因素的影响，这就导致学生动手能力较差。铁路行业快速发展带来了装备、技术、工艺的大量更新，这就导致校内与之相适应的教学资源存在脱节问题。

在信息化背景下，相关研究人员针对这些问题开始探索新形式的教学方法对机车专业教学改革的影响，通过将不同的新型教学方式融合进来的方式解决目前机车专业教学当中存在的问题。

第二节　翻转课堂及微课对机车专业教学的启示

目前，翻转课堂、微课等新型教学方式正越来越被人们所接受，颠覆了传统的课堂教学模式。如今各种教学形式在国外呈指数级增长，其应用领域也逐渐由高等教育向基础教育拓展，这对我国的教育方式产生了一系列重大而深远的影响，也为我国教育的改革指明了一个方向。机车专业培养的人才的知识结构较为复杂、技能要求较高，但该专业本身的这些特点却影响了教学改革的步伐。机车专业学生实训、一体化教学所需设备要求较高而且设备的价值较高，人均台位也较少，这就给开展行动导向的一体化教学带来了困难。而翻转课堂、微课却有着自身的特点与优势，它们对该专业教学改革的开展有着借鉴性的意义。

一、翻转课堂为专业教学模式改革开辟了一个新的方向

翻转课堂是指学生通过网络教学手段或在家完成知识的学习的一种教学方式。此时，课堂变成了师生之间相互互动的场所，包括探究式学习、答疑解惑、知识的运用等，从而达到更好的教育效果。目前机车专业的教学根据教师能力不同多采用传统的讲授、项目引领、任务驱动等教学模式，翻转课堂教学模式与项目化教学模式及任务驱动教学模式有着一些共同之处，但翻转课堂教学模式更注重“翻转”，教师在课堂上可实现“时间”“地点”“角色”等多种形式的翻转，这样做的目的是使学生成为学习过程的中心，学生在实际的参与活动中通过完成真实的任务来建构知识形成固化的能力，这种教学模式比较注重课前视频学习、课中探究交流，注重师生的交流互动，教学转化成学生的主动学习。

二、微课可提高教师的教学能力

机车专业性较强，因此对教师的专业能力要求较高，教师需能够深入掌握机车专业的专项技能，但教师往往是强于理论，实践能力稍弱，而实践能力较强的人才从铁路企业引进较为困难，而从高等院校接收的毕业生本身教学经验与铁路工作经验为零，因此得重新培养，培养周期较长。如何能让这些年轻教师迅速成长起来呢？首先到铁路企业锻炼是必不可少的，其他方面的能力如教

学技能、专业知识完全可通过制作微课来锻炼。新教师可制作微课，通过微课的制作过程来提高自己对该节课重点、难点的把握，围绕知识与技能的核心来授课，简明扼要直点主题，这对新教师教学能力的提高、对课堂的整体把握有很大的帮助。有经验的教师可制作微课程，微课程由多个微课堂构成，通过微课程的制作可提高教师对这门课程的把握程度。

第三节　机车专业实践教学

目前国内许多院校都开设了机车专业，该专业下主要有两个专业方向，即内燃机车方向和电力机车方向，各院校根据社会需求及自身条件对专业方向的侧重也有所不同。机车专业是铁路运输行业的重要对口专业之一，其专业应用领域可以推广到国有铁路运输、地方铁路运输、大型厂矿集团自有铁路的运输及城市地下铁道与轻轨运输等方面。各院校主要培养的是面向用人单位、具有熟练职业技能、有系统扎实专业应用知识的高端技能型人才。随着铁路装备现代化程度不断提高，铁路机车和车辆部门对技能型人才的需求也在不断增加。

一、职业岗位技能需求

机车专业的就业方向主要分为两个方向，一是进行内燃机车、电力机车和动车组检修工作的机车钳工，二是进行机车或动车组乘务作业工作的机车乘务员。其需求的职业技能按此也可分为两大类，即乘务技能和检修技能。图 2-1 中详细列举了机车车辆职业技能群。

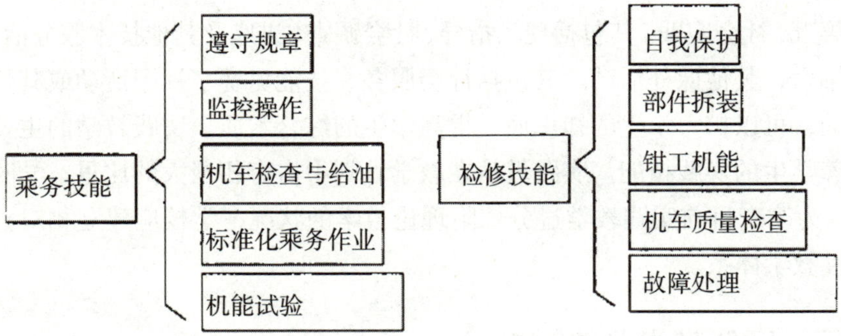

图 2-1　机车车辆职业技能

二、根据技能需求构建实践课程体系

机车专业毕业生要求熟练掌握专业知识的同时又具备相对熟练的职业技能，教师在进行课程设置时必须在讲授专业理论知识的基础上，建立完善的、与理论授课相辅相成的实践教学体系。在完成学习之后，学生要能够对整个职业体系初步了解；初步掌握检修和乘务两种职业技能；具备职业精神和职业道德；能够解决职业岗位上的实际问题；具有自我学习、持续发展的能力。

在构建实践教学体系的过程中，笔者不断总结之前实践教学过程中的得失，结合相关教学规律，通过调研铁路生产一线企业，掌握我国铁路相关企业对人才能力的需求，得出机车专业（内燃机车方向）的培养目标与具体规划，初步建立了一套完整的实践教学体系。

第一，课堂教学实验、实训，让学生熟悉各门课程的基本实践内容。其主要包括钳工技能实训、机车检查与给油作业实训、机车监控装置操作训练、电气动作试验实训、内燃机车故障处理实训、制动机检查及故障处理实训、内燃机车检修作业训练等。

第二，教学实习、课程设计。在课堂教学实验基础上，将学生所学知识综合应用，进一步强化学生的实践技能。

第三，岗位综合技能训练。在毕业和参加技能鉴定前，学校应根据企业对学生的专业技能要求，进行全方位的、系统的、综合的技能训练，并要求学生获得相应的职业技能证书。

第四，顶岗实习。学生要利用所学的知识和技能，在实习基地生产单位等进行顶岗实习，进一步培养学生的独立解决生产中出现问题的能力以及综合实践技能。

第五，社会实践。其包括现场指导、社会调查、讲座及其他技术服务活动等。

第六，其他课外活动。其包括社会服务、技能竞赛、社团活动或其他形式的活动，可以扩大学生的知识面，提高学生的综合素质。实践教学的主要目标是培养学生的实践技能。实践教学在教学计划中占有相当大的比重，学时超过50%。为改变目前实践教学过分依附理论教学的状况，学校应建立相对独立的实践性教学体系。

三、实践教学条件需求

在实际生产中，机车专业技术含量相对较高，因此在进行专业学习和技能训练时要求较高，进行实践教学时又对硬件依赖程度较大。两个专业方向（内燃机车方向和电力机车方向）对实践教学条件的需求有所不同，表 2-1 列举了机车专业（内燃机车方向）实践教学条件需求情况。

表 2-1　机车专业（内燃机车方向）实训条件一览表

序号	实践教学硬件需求	能完成的实践教学环节	备注
1	内燃机车检修实训室（也可分为电机电器检修实训室和柴油机检修实训室）	内燃机车检修作业训练；课内教、学、做一体化教学	包括机械钳工和电气钳工作业训练
2	内燃机车模拟驾驶实训室	电气动作试验实训、内燃机车故障处理实训、内燃机车一次乘务作业训练等	—
3	制动机实训室	制动机检查及故障处理实训、内燃机车故障处理实训	—
4	内燃机车整备作业演练场	内燃机车故障处理实训、机车检查与给油作业实训、内燃机车检修作业训练、内燃机车一次乘务作业训练等	内设内燃机车实物及整备作业设备
5	机车监控操作实训室	机车监控装置操作训练	—
6	钳工操作实训室	钳工技能实训	—

四、实践教学体系实施经验

在过去的教学工作中，人们通过对实践教学体系不断实践、总结和改进，从中得到了一些启示和经验。

第一，解决实训条件限制。受硬件条件限制，实践教学中往往会出现不能满足全班学生同时进行某项实训的问题，有很多时候是“一个学生练、多个学生看”。针对这种情况，解决的办法是分组训练，笔者经过几次实践，最后确认每组 20 人时实践教学比较顺利。分组训练基本解决了教学资源不足的问题，但这种方法也给师资提出了很大的考验，教师的授课量无形中增加了很多。

第二，提高教师指导水平。在实践教学体系中，实习实训是重点。在进行实习实训时，教师要进行全面指导。这对指导教师提出了较高的要求，要求指导教师熟练掌握相关的职业技能，并掌握行之有效的教学方法和教学手段。现实情况中，有很多教师对与专业相关的职业技能尚不能做到熟练掌握，更谈不上指导学生了。因此，很多学校在进行实习实训时，主要由外聘教师或企业兼职教师进行指导。外聘教师多为企业退休技师或工程师，他们往往职业技能掌握熟练、职业经验丰富，但其教学经验少，教学方法和教学手段相对匮乏。因此，在实施教学过程中，教师要制订完备的教学计划，将项目、任务全部设定完整后方可实施。

第三，校园活动和职业技能竞赛也是重要的实践教学环节。学生在校期间参加的校园活动和职业技能竞赛是培养学生团队精神和职业道德的重要环节。如果学校忽视了对学生思想修养的教育，学生在职业发展上将会走很多弯路，甚至会扼杀其职业生涯。团队精神和职业道德的培养光靠说教是不行的，要让学生在实践中逐步养成，这需要教师潜移默化的影响及学生亲身参与活动才能做到。

第三章　教育信息化 2.0 与机车专业教学

第一节　教育信息化 2.0 概述

一、教育信息化 2.0 战略的核心

我们正处在这样的新时代：既是经济社会对教育提出最全面最深刻需求的时代，也是教育发展需要解决的问题最集中最复杂的时代，同时也是信息技术为教育提供前所未有的巨大可能性的时代。在这个新时代，教育必将呈现出以下几个特点。

第一，线上线下结合的教与学成为主流。目前已经很少有在一间教室里教师只用黑板和粉笔进行教学的情况。无论是教师还是学生，都正在把网络和数字信息自觉或不自觉地应用于教与学之中。

第二，建立在数字化、网络化基础上的个性化和终身化学习将变得更加重要。如果说教育信息化 1.0 为教育打下了数字化、网络化的基础，那么面对未来教育现代化发展和教育支持创新的要求，更加需要信息化来提供支撑的是多样化教学、个性化学习和持续不断的终身学习。

第三，智能化将引发教与学发生更加深刻的变革。在向智能社会转变的过程中，教育会发生很大的变化：首先，获取知识的途径会发生变化，学生不再是只从教师和学习内容那里获取知识，而是在环境中学习，这个环境里有教师、学习内容、学习情境、学习伙伴、学习网络，甚至还有智能代理（如图 3-1 所示）；其次，人们的学习方式会发生变化，人们的学习方式主要有接受正规教育、接受非正规教育、进行非正式学习三类，目前人们的学习都以接受正规教育为主，非正规教育和非正式学习仅仅作为补充，未来随着终身学习理念的普及，学习将变得越来越普遍化，越来越经常化，非正式学习将成为人们最主要的学习方式；最后，教学分析方法会发生很大变化，未来无论是课堂学习反馈分析，还

是教学方法、教学策略分析，甚至是教育决策分析，都会从以因果关系分析为主转向以数据关系分析为主，通过大数据分析为教学和教育决策提供支持。对于这些新课题我们必须进行积极的研究和回应。智能时代教师应该教什么？怎么教？谁来教？学生应该学什么？怎么学？向谁学？等等。这些问题目前还没有答案，人们只能在推进实践的过程中逐步探索、总结。

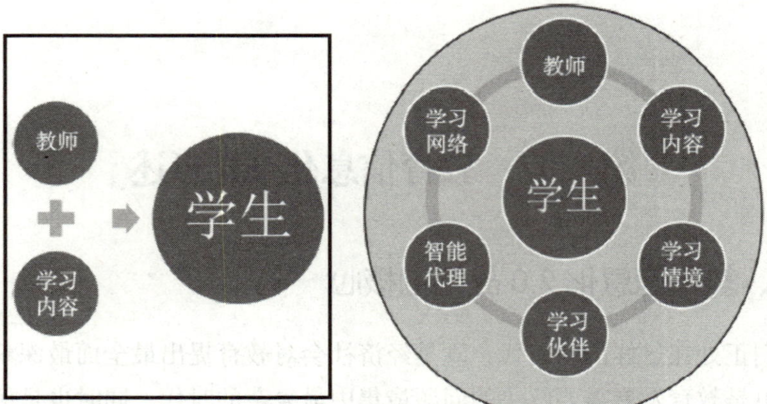

图 3-1　智能社会学生获取知识的途径发生变化

目前，国家出台了《教育信息化 2.0 行动计划》，相关部门希望通过这项计划实现“三全两高一大”的发展目标。“三全”是指教学应用覆盖全体教师，学习应用覆盖全体适龄学生，数字校园建设覆盖全体学校。“两高”是指着力提高教育信息化应用水平，着力提高广大师生信息素养。“一大”是指建成“互联网+教育”大平台。由此实现三个转变，即从教育专用资源向教育大资源转变，从提升师生信息技术应用能力向全面提升其信息素养转变，从融合应用向创新发展转变。进而形成三个新模式，即构建“互联网+”条件下的人才培养新模式，发展基于互联网的教育服务新模式，探索信息时代教育治理新模式（如图 3-2 所示）。从“三通两平台”建设与应用到“三全两高大”，不仅目标提升了，而且反映了教育以育人为本、追求人适应时代要求全面发展的本质特征，体现了教育信息化从建设信息化环境向促进人的发展转变和深化的历史进程。

2018 年教育部启动实施“八大行动”，迈出了教育信息化 2.0 建设坚实的第一步，写好教育信息化的“奋进之笔”。“八大行动”是指数字资源服务普及行动网络学习空间覆盖行动、网络扶智工程攻坚行动、教育治理能力优化行动、百区千校万课引领行动、数字校园规范建设行动、智慧教育创新发展行动和学生信息素养培育行动。

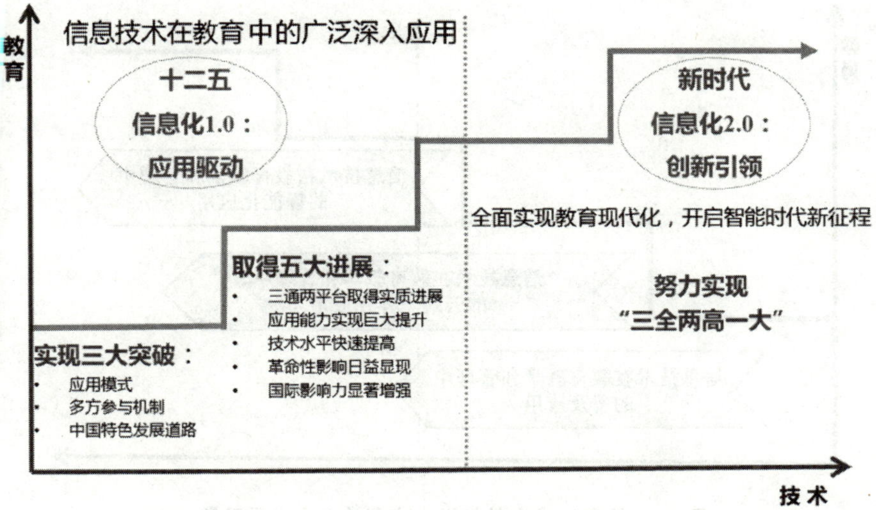

图 3-2　教育信息化 2.0 与教育信息化 1.0 的承继关系

要实现《教育信息化 2.0 行动计划》中“三全两高一大”的发展目标，必须要过好“三关”：第一关是信息技术在教育教学和管理中的普及应用，第二关是信息技术在教育教学和管理中的云端一体化应用，第三关是信息技术在教育教学和管理中的智能化应用。这三关也构成了信息技术在教与学中应用的三个发展阶段，它们彼此之间不是割裂的，而是相互联系的，如图 3-3 所示。已有的以局域网（包括教室网、校园网和区域网）为基础的数字化应用为教育信息化 1.0 奠定了非常重要的基础，农村远程教育工程、高校信息化建设以及职业教育和继续教育领域信息化的发展等都为下一步的工作提供了基础性的平台。在这个平台上，师生完成了应用入门，为进一步深化和发展奠定了基础。这三关或者说这三个阶段大多数地区和学校都经历过了，还有少部分地区和学校要在某个阶段“爬坡过坎”。

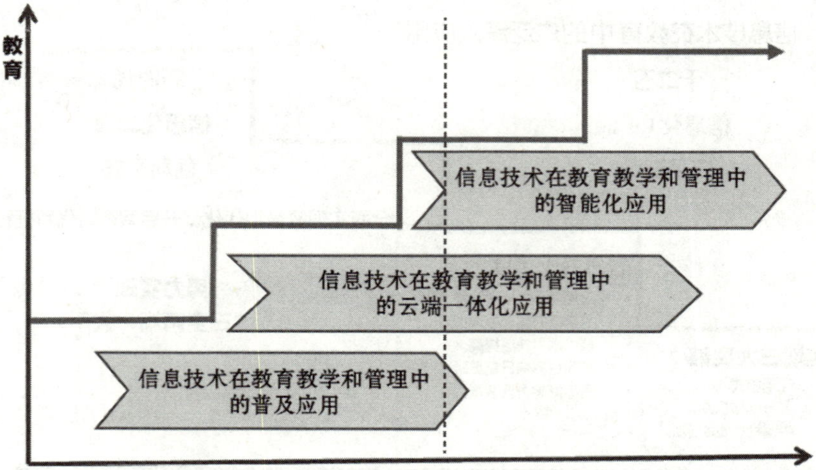

图 3-3　信息技术在教与学中应用的三个发展阶段

从全国范围看，当前教育信息化工作的重点是建立健全云端一体化环境系统，并尽快推动在此基础上的应用研发。线上线下结合的教育必须有稳定的信息化环境作为保证。没有云端一体化环境作为保证，实现《教育信息化 2.0 行动计划》不仅不经济，甚至是不可能的。中央电化教育馆在承担“十二五”国家科技支撑计划“教育云规模化应用示范”项目的过程中对云端一体化环境系统进行了调查分析，从而将教育云的建设过程分为起步阶段、深化应用阶段、融合发展阶段、创新发展阶段四个阶段，如图 3-4 所示。衡量不同阶段的指标有云应用基础能力、云应用工具软件、教育教学方式、云应用覆盖范围。目前，国内教育云规模化应用示范地区已经从起步阶段向深化应用阶段发展，其中东部、中部、西部不同地区之间存在一定差距。各地区共同的短板是云应用工具 / 软件，西部与东部、中部相比差距最大的方面是应用覆盖范围。当前，各地要按照《教育部关于数字教育资源公共服务体系建设与应用的指导意见》的要求，为教育云终端一体化应用谋好篇、布好局。未来，教育信息化在推动教育资源共享、促进教育公平、提高教育质量方面将发挥更大的作用，体现出更大的价值。

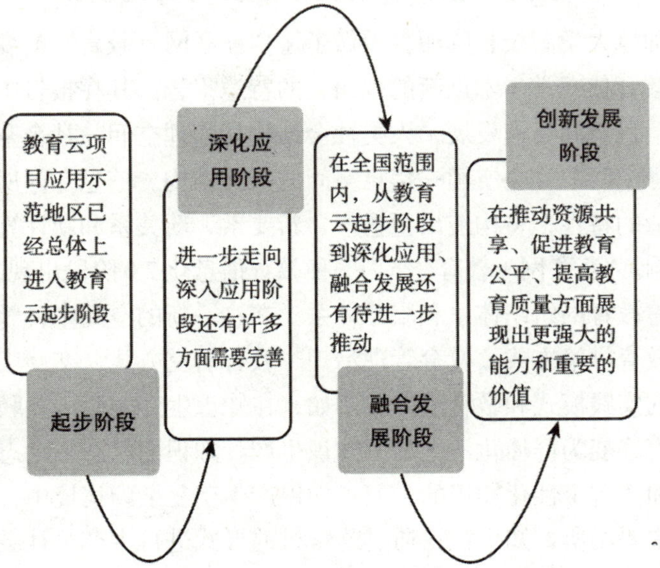

图 3-4　云端一体化环境建设与应用发展阶段

同时，我们还应该探索建立新的教与学关系，利用教育大资源进行基于情境的学习，研究教育科学的基本规律，保障网络和信息安全。人工智能之于教育，不仅是替代不替代、替代什么不替代什么的问题，比这更复杂的是在人机共生时代人的成长机制是如何建立的？如果需要重构，重构中人的异化将是怎样的？虽然我们今天不可能获得这些问题的答案，但我们还要前行。我们依然应该积极审慎地使用先进、成熟的技术，尤其是对于在学校中应用的技术更应谨慎；同时在战略上保持开发一代、试点一代、应用一代、推广一代的态势，这主要是对教育行政部门特别是宏观决策者而言的。这可以使我们在遇到任何问题的时候都有应对之策。

二、新时代教育的信息化变革

人工智能、大数据、区块链等技术迅猛发展将深刻改变人才需求和教育形态。以这些技术为支撑的“互联网 +”就成了推动教育改革与创新的核心动力。《教育信息化 2.0 行动计划》是对之前教育信息化 1.0 的升级与发展，是推进“互联网 + 教育”的具体实施计划。虽然在该行动计划中提出了八大行动计划，但是统领这八大计划的、更加上位的发展愿景和具体路径是什么，还需要相关学者做进一步的深入探讨与研究。有关专家报告对这个问题做出了回答。

（一）“互联网＋教育”的变革趋势与理论创新

北京师范大学副校长陈丽教授做了《“互联网＋教育”的变革趋势与理论创新——教育技术学学术创新的视角》的特邀报告。其在报告中指出网络技术的进步使信息空间迅速发展，人类社会结构从物理空间—社会空间的二元结构转变为物理空间—社会空间—信息空间的三元结构。信息空间所具备的学习、预测和创造的特性，将构造出新场景、新要素、新关系和新计算，对教育产生深刻的影响。“互联网＋教育”作为一种教育信息化 2.0 阶段出现的新实践形式，正在改变着教育的组织体系和服务体系。在这一新的空间中，教育的知识生产与传播、教育供给方式、教育管理治理、教育研究方式、交互工具与认知工具呈现出新的实践模式和教育规律。例如，在知识生产方面“互联网＋教育”的知识生产模式变为群体化汇聚型的知识生产。知识的状态是动态变化、相互连接的，更加注重个性化知识的学习，知识产生于复杂的情境中，网络环境是知识生产的主要场所，知识往往通过跨学科的形式进行生产，社会大众（草根）成为知识生产的主体，知识生产的目的变为情境性的应用，对知识生产的评价开始从同行评议到联盟评议转为人人参与评议，因此我们应该以应用为价值导向，探究学习资源之间的语义关联属性与演变规律。在教育供给方式方面，教育的服务模式、基础制度、服务主体都发生了重大变化。服务模式从标准化供给驱动向消费驱动转变，表现为碎片化、公共服务、互联共享等特征。基础制度方面，教师评价、共享机制和认证制度都在发生转变；服务主体方面，产业、草根和联盟都是重要的主体；教育研究范式方面，经历了从经验范式、实证范式、设计范式、系统范式到大数据范式的变迁。“互联网＋教育”给我们带来了教育理论创新的春天，我们应该重新确立系统的“互联网＋教育”的哲学观，建构符合时代特征的本体论、认识论和方法论。陈丽教授进一步指出，应将联通主义作为“互联网＋教育”的本体论，重构关于教育学习和管理的规律与理论。应将复杂系统作为“互联网＋教育”的认识论。应运用基于大数据的计算教育学来研究“互联网＋教育”的规律，用数据说话，精准发现问题，找出方法，即将计算教育学作为“互联网＋教育”的方法论。同时，她呼吁教育技术学要关注教育现代化与教育科学化，即在全新的教与学环境下的教育信息化研究应该同时关注由研究的新范式带来的教育科学化和由教育供给模式所带来的教育现代化。

（二）教育信息化 2.0 的背景、愿景与路径

上海师范大学董玉琦教授对教育信息化 2.0 产生的背景、教育信息化的现状与问题、教育信息化 2.0 的愿景与路径进行了分析。他从人才培养关注个性化、创造力和责任感的角度引出教育信息化 1.0 到 2.0 时代的转变。他指出，我国教育信息化同时面对着外部压力和内部困境。对教育信息化 2.0 未来的研究应该从三个方面展开，即技术促进学习的境界与特征、教育信息化发展的主要机制、教育信息化发展的基本策略。技术促进学习具有三重境界和三大特征，三重境界体现在改善综合素质、提升学业水平、改变学习方式三个方面；三大特征分别为系统生态化、发展社会化、设计个性化。教育信息化发展的主要机制包括三个方面：政府、产业、学校、研究四方协同工作，从研究到实验到普及要逐层递进，从规划到实施到评估每个阶段都需要督导。基本策略主要是三方面，即注重人文，从技术驱动转变为学生发展；注重有效，从融合创新发展到有效推进；使用系统视角，从侧重资源建设转变为关注促进学习。董教授从组织学角度提出了微观、中观、宏观层次的教育信息化 2.0 路径，即课堂改革是主战场和新常态，学校要重视利用技术促进整体变革，社会要把教育信息化作为共同的责任和使命。最后他呼吁，技术的根本特征体现在系统性上，教育的本质意义是要回归人文。

（三）教育信息化 2.0 背景下基于测评大数据的有效教学

教育的最终目标是培养人才，教育信息化 2.0 最终的落脚点是有效教学。教育大数据的生成是教育信息化 2.0 区别于 1.0 的重要特征，学习分析和教育数据挖掘，是教育大数据的两个主要应用领域，也是当前国内外研究的热点与前沿。江南大学陈明选教授作了《测评大数据支持下的有效教学》的报告。他指出，教育大数据能使学习分析更精准，但目前主要集中在在线学习领域，对课堂学习的分析显得较为薄弱。大数据要能落地应用，其重要途径就是对中小学常态化练习与阶段性测验的过程性学习数据进行收集分析，对教与学的问题进行精准诊断。他以极课大数据软件平台为例，介绍了如何在教学中进行常态化测评数据的采集，并基于此分别为学生的学习、教师的教学、学校的管理以及家长的监督提供支持。基于团队多年的研究成果，他提出了一个测评大数据支持下的有效教学框架。该框架包括基于测评大数据的学习内容分析、学习者分析、学习评价设计、教学策略制定、提供即时学习反馈和个性化学习资源推荐 6 个环节。他指出教育大数据支持下的有效教学具有迭代性、精准性、即时性和客观性四个特征。报告中，他结合基础教育领域的应用，对有效教学的每

个环节都进行了细致的分析，同时也表明基于该框架实施教学，不仅能够帮助学生掌握学习现状，帮助教师开展高效教学，更有助于教学管理者基于数据开展有效管理。由此说明，大数据让教学与管理从模糊走向精准，使学习分析从群体走向个体，使教学过程不断优化，使学与教的绩效获得提升。

三、教育信息化 2.0 的必然性

《教育信息化 2.0 行动计划》的出台具有其历史必然性和现实意义，必将进一步引领全国教育信息化工作深化应用，融合创新，以教育信息化支撑引领教育现代化。我们可以从以下方面理解《教育信息化 2.0 行动计划》出台的背景和意义。

（一）新时代我国教育改革发展的要求

党的十九大明确提出要实现教育现代化，建设人力资源强国，这标志着进入新时代我国教育改革发展进入了新征程。与历史上各个时期不同，新时代教育发展不仅要解决规模、质量、公平、效益和效率等共性关键问题，更要有所创新（见图 3-5）。教育创新在应对全球化激烈竞争的挑战、建设创新型国家中处于基础性、全局性和先导性地位，而教育信息化无疑是教育创新的重要基石和动力。伴随着信息技术对人类生产方式、生活方式甚至是思维方式的深刻改变，教育创新正在也必将进一步全方位展开，包括学习内容、学习方式、教育体系和教育制度等方面。教育创新的核心是人的发展，要提供公平和多样化的教育帮助人们实现个性化和终身化的学习，这既是教育现代化的目标，也应成为新时代加速教育信息化、促进教育现代化的具体实践。在这一过程中，教育信息化正在从教育变革的外生变量转化为内生变量。

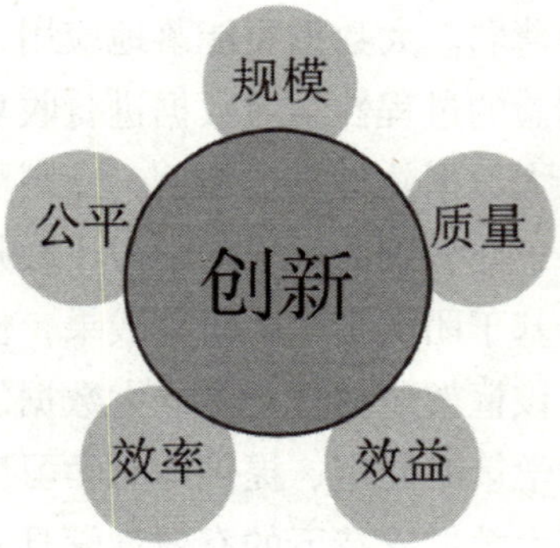

图 3-5　新时代教育改革发展的创新要求

（二）教育信息化超预期发展的要求

经过多年的不懈努力，我国教育信息化取得了超预期的发展。在基础设施、资源建设、关键应用、应用能力和机制建设五大方面都取得了较大进展。“三通两平台”建设与应用均取得重大进展；教师信息技术应用能力明显提升，信息技术应用水平显著提高；信息化对教育改革的推动作用大幅提升；教育信息化国际影响力不断增强；在教育信息化应用模式构建、全社会参与的推进机制、探索中国特色教育信息化道路等方面取得了重大突破。在这样超预期发展的情况下，推动教育信息化从 1.0 向 2.0 升级，不仅是现实需要，而且会产生更强大的带动作用。

（三）抓住信息技术发展新机遇的要求

近年来信息技术再次爆发式发展，最典型的就是人工智能。党和国家领导人对实施人工智能发展战略、进一步增强国家的创新能力和国际竞争力做出了重要指示，2017 年国家发布了《新一代人工智能发展规划》。人工智能的发展和向社会各领域的广泛渗透所带来的变化使我们看到人工智能已经不仅仅是一项技术。中国工程院潘云鹤院士讲道，自 20 世纪 70 年代以来，人工智能的主要研究集中于让计算机模拟人来完成一些具体任务，如机器定理证明、机器翻译、专家系统、博弈、模式识别、机器学习以及机器人和智能控制，但现在情况不一样了，人工智能要解决的是一些综合性、复杂性的系统问题。正是在这种情况下，我们的社会进入了智能时代。《智能时代》一书中提到，智能时代改变的不仅是技术，还有思维。人们对于规律的认识将由过去以因果关系为主发展为以数据关系为主。杜占元认为这是零点革命，信息技术可被看作工业技术的顶峰，是由机器革命延伸而来的，但人工智能技术有可能超越这个顶峰，成为新的革命的起点，而不是以往革命的延伸。潘云鹤院士特别提到三维空间，即自然空间、人类社会空间和网络信息空间。正是因为网络信息空间的存在使得今天的社会发生了深刻的变化，原来通过自然空间与人类社会空间的交互不能解决的一些问题，现在借助网络信息空间可以很好地得到解决，甚至可以扩展和再造一些流程。只有抓住这千载难逢的重大机遇，在教育环境深刻变化的同时推进教育思维方式和教育教学模式的更深刻变化，才能更好地回应“互联网 +”对教育的新要求，更好地完成新时代立德树人的根本任务。

（四）走中国特色教育信息化道路的要求

探索一条有中国特色的教育信息化发展道路是“十三五”时期我国教育信

息化工作的任务之一。回顾这些年来的实践探索，我们已经完成了不少积累。例如，我们的基础设施在很多方面已经接近国际先进水平，甚至有些地区和学校已经超过了国际先进水平；“人人通”的整个战略部署具有鲜明的中国特色。我们国家的体制使得我们可以以最快的速度动员各方力量，实现了教育信息化超预期的发展，初步形成了政府引导、社会参与、学校自主选择的机制。在这个机制下，政府、学校、企业、社会团体都做了非常重要的工作。下一步，我们如何全方位地构建具有中国特色的教育信息化发展道路？还有许多问题等待我们进一步去探索。信息技术对教育的革命性影响最终要落实到建设人力资源强国上来。我们能不能再用 5 年到 10 年的时间，以信息化的优势加速推进中国教育现代化，支撑国家创新，在世界上发出中国声音、提供中国方案？今天我们比以往任何时候都更有可能对世界这场教育技术革命做出贡献。因此，对于教育信息化工作，我们也需要适当采取“高举高打”策略。

第二节　教育信息化 2.0 战略下的机车专业教学

《中国制造 2025》提出坚持“创新驱动、质量为先、绿色发展、结构优化、人才为本”的基本方针。自 2017 年 2 月以来，教育部结合中国制造 2025 的方针，组织教育专家深入研讨，探索以互联网和工业智能为核心，针对新兴产业的专业，包括云计算、大数据、人工智能、智能科学等相关工科专业，培养高校新工科人才，助力中国智能制造业。2018 年 4 月，教育部正式发布《教育信息化 2.0 行动计划》，到 2022 年基本实现“三全两高一大三变三新”的发展目标（如图 3-6 所示），其内在逻辑关系是以“三全一大”建设为基础，推动“三变”，形成“三新”，最后达到“两高”。

图 3-6　《教育信息化 2.0 行动计划》的发展目标

在教育信息化 2.0 时代，新工科专业人才培养可以从 5 个方面设计和实践（如图 3-7 所示），一是以学生为中心；二是以培养深度思维为重点，以深度思维能力培养为主轴；三是重视教师深度学习能力的培养；四是强调数据的应用；五是关注智慧学习环境的建设。本节以机车教学为例，探索在教育信息化 2.0 行动中高校新工科专业课的改革模式、实践效果和思考。

图 3-7　新工科专业人才培养的总体设计

一、机车专业课教育改革探索

相关学者在机车专业课程的教育改革中分析了当代大学生的学习认知特点。当代新工科大学生思维灵活，获取信息能力强，善于使用计算机和智能手机搜集资料，学习能力强，但是自控能力不足，工程实践能力弱，信息化素养不够专业。

相关学者对专业课的教学组织包括个体学习和小组学习，小组学习采用项目驱动方式，学生自由组合，每组 3 ～ 5 人，每个小组就是一个学习团队，他们基于网络学习平台和移动手机平台开展协作学习，共同完成实验项目和实践项目。相关学者根据大学生的特点，对机车专业课程的教育管理和教学模式进行 3 个阶段的教育改革设计，包括课前知识传授设计、课中知识内化设计、课后拓展提升设计。在 3 个阶段再分别具体进行多个项目的设计（如图 3-8 所示），包括：教学内容设计、教学环节设计、实验项目设计、实践项目设计和阶段考核设计。

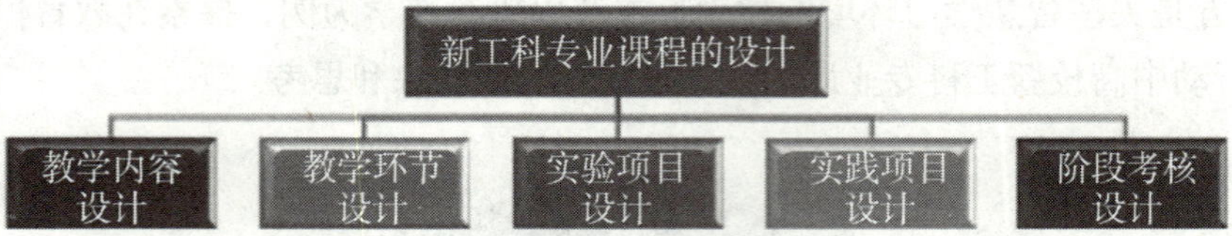

图 3-8　新工科专业课程的设计

人们对机车专业课程的教学评价采用综合性多维度的方式，评价结果由 3 种成绩组成，其中平时成绩占 20%，实验成绩占 20%，期末成绩占 60%。机车专业课程的平时成绩包括网上考勤和课堂考勤；实验成绩包括网上实验评价、实践操作评价和实践报告评价；期末成绩包括卷面成绩和上机操作成绩。

二、教育信息化 2.0 背景下的机车专业实训

（一）教学模式设计

传统的教学中，实训课程是教师在课堂上讲解和示范，学生观摩并动手操作，但缺乏对操作技能的理解和思考，造成学生只知其然而不知其所以然的现象。因此，如何有效地利用课堂教学，提高学习兴趣，让学生能够在课堂上加深对操作技能的理解和思考就显得尤其重要了。新的教学设计采用了混合式教学模式，将线下的课堂教学与线上的在线学习相融合，发挥两者的优点，进而能产生“1+1>2”的教学效果。

（二）教学流程设计

作为教育信息化 2.0 的重要组成部分，混合式教学的教学内容由线上自主学习和线下师生交流两大模块组成，它们根据实际的课程有着多种不同的组合方式。

1. 线上自主学习

教师结合图片和视频设置课前学习工作单，让学生在课前先学习，能达到让绝大多数学生进行自学的效果。学生根据自身实际情况，自主选择观看微视频，进而完成实体课堂的准备阶段。当课堂教学环节完成后，教师可以通过云课堂向学生提出知识拓展的建议，并且学生可以登录云课堂完成教师布置的作业等。

2. 线下师生交流

基于信息技术的混合式学习模式中，线上学习与线下教学相互统一、互相

促进。学生首先完成线上自主学习，此时其已对课程内容的结构及其知识重难点有所了解，然后开始实体课堂教学，因此我们可以认为线下教学的主要目标是深化理解内容，并针对学生薄弱知识点进行加强讲解。在线下的实体课堂中，教师与学生面对面交流，充分沟通，提升课堂的活跃度。线下实体课堂可使用案例教学法，教师以多媒体展示和进行案例描述，再次提升学生兴趣后，让其根据所掌握的理论知识进行讨论，最后由学生代表总结评述。

（三）具体建设

1. 团队建设

根据教育信息化技术的需要，结合校企合作特色，课程团队可以引入机车相关企业的专业人员作为兼职教师。教学团队包括 6 名本课程的主讲教师，其中 1 名有丰富的教学经验，主要负责学情分析、课程分析、知识点分布、重难点突破等；4 名年轻教师，具备一定的信息化技术基础和学习能力，主要负责教学资源的信息化；1 名是机车相关企业的兼职教师，其主要提供企业信息和行业标准，让课程更符合岗位的实际需求。

2. 平台选择

本课程根据学校现状，可以选用“智慧职教”“云课堂”作为信息化教学平台。

3. 视频制作

视频资源是信息化课程资源中占比例最大的，也决定了整个课程的基本质量。本课程视频制作中的有三点基本共识。

①视频规格标准化。所有视频的时长不超过 10 分钟，以便满足学生在移动端上进行碎片化学习的需求。

②视频方式多样化。为了提高学生的学习兴趣，视频采用了多样化的形式，将技能操作模块化。

③视频内容系统化。视频内容作为课程的主体框架，要覆盖关键知识点，并对拓展知识点有所取舍。

4. 资源配套

机车专业课程还要有相应配套资源，以有效满足企业的实际生产需求。根据机车相关行业的岗位人才标准，教师制作相应的题库，检查学生的学习效果，掌握学生的学习难点，并进行教学调整。

5. 多元化评价体系

混合式教学方式的评价体系更加多元化，能够更全面反映学生的学习情况，也能更客观地评价整体的教学效果。机车专业的教学评价分两大类，系统评价和个人评价。系统评价包含对学生学习时长的评分、学生活跃度、课后习题的评分和试卷的评分等。个人评价包括成果展示（向全体人员）和评估。

三、机车专业课程信息化建设要点

（一）教师信息化素养要求高

机车专业信息化教学的课程建设对教师的信息化建设能力和使用能力提出了全新要求，这意味着教师需要花更多的时间和精力去学习新的教学理念、技术应用以及重新搭建课程的知识体系。故机车专业教师需要具备较高的信息化素养，这样才能保障相关课程的顺利建设及应用。

（二）学生学习的主动性和有效性

信息化课程能够突破空间和时间的局限性，给予学生更多的学习自由，同时要求学生具有较高的学习主动性，否则很难完成学习计划。因此，采用有效和科学的手段来保证学生的学习效果就更加重要。

在教育信息化 2.0 的背景下，信息化教学是必然趋势，它能充分调动学生的学习能动性，能够满足不同层次学生的需求。混合学习模式实现了信息技术与教学的最佳结合，让学习不再受空间和时间的制约，学生可实现远程学习，教师也可实现远程答疑。

第四章　大数据背景下的机车专业教学

第一节　大数据概述

一、大数据发展历程

（一）数据的开始

人类在生产实践中，发明了语言、文字和图形，但仅用这些还无法准确地描述世界，因此数字作为一项重要的、改造世界的工具而产生了。它把抽象的概念具体表达出来，如“很多”人，“非常”多的人可以理解为不同的程度，但如果说一千人，一万人就清清楚楚了。人类的生产、交换等活动都是以数据为基础展开的，如度量衡、货币等的发明和出现，大大加快了人类文明的发展进程。

数据的测量产生了最早“有根据的数字”，即数据是对客观世界测量结果的记录，不是随意产生的。测量从一开始产生就是为科学服务的，从古至今，测量都是科学的主要手段，其重要性为，没有测量，就没有科学。测量来的数据可以由计算再衍生出新数据，这样看来，一切数据都是人为的产物。但这时的数据还只是传统意义上的数据，它和信息、知识是有严格区别的：数据是信息的载体，信息是数据的背景，知识是经过归纳整理后呈现出来的、有规律的信息。

进入信息时代后，巨大的变化产生了，20 世纪 60 年代，软件科学发展，数据库被发明，电脑的数据库用来存储一切数字、文本、图片。这时，数据开始不单指“有根据的数字”，其内涵已扩大到一切保存在电脑中的信息，包括文本、图片、视频等。数据也成了信息的代名词，因为这些信息只是一种对世界的记录，数据因此多了一个来源：记录。

数据库出现后，信息总量与日俱增，增速也越来越快。20 世纪 90 年代，美国人提出了“大数据”概念，这时候还不是真正的大数据时代，但这时候数据的重要性在上升，在价值上的重要性已经被预见。21 世纪开始，特别是 2004 年新社交媒体产生以后，数据开始爆炸，大数据的提法又一次出现，这时的大数据既指容量大又指价值大。这时争议开始了：到底什么才算大？多大才是真正的大?

（二）大数据的开始

有史以来，处理各种不断增长的数据都是人类社会的难题。

1. 大数据的现代发展史的起点

大数据的现代发展史最早可追溯到美国统计学家赫尔曼·霍尔瑞斯，他被后世称为“数据自动处理之父”。他发明了一台电动打孔卡片制表机来对卡片特定位置上的孔洞进行识别，并加以自动统计。这一发明被运用在美国统计 1890 年的人口普查数据中，该机器用两年半的时间就完成了预计耗时十三年的工作，这个惊人的速度就是全球进行数据自动处理的新起点。

2.20 世纪大数据的发展

1943 年，英国为了快速解开纳粹设置的密码，组织工程师发明机器进行大规模数据处理，并采用了第一台可编程的电子计算机实施计算作。该计算机被命名为“巨人”，为了找出拦截信息中的潜在模式，它以每秒钟 5 000 字符的速度读取纸卡——将原本需要耗费数周时间才能完成的工作量压缩到了几个小时。

1961 年，美国国家安全局，一个刚成立 9 年就拥有超过 12 000 个密码学家的情报机构，面对超量信息，首先应用计算机自动收集信号处理情报，并努力将仓库内积压的模拟磁盘信息进行数字化处理（仅 1961 年 7 月，该机构就收到了 17 000 卷磁带）。

自 20 世纪 40 年代以来，人们就梦想能拥有一个世界性的信息库。在这个信息库中，信息不仅能被全球的人们存取，而且其还能轻松地链接到其他地方的信息，使用户可以方便快捷地获得重要的信息。20 世纪 60 年代，英国计算机科学家蒂姆·伯纳斯·李发明了一个全球网络资源唯一认证的系统：统一资源标识符（URI），他设计了超文本系统，在这个系统中，每一个有用的事物，称为一样“资源”，并且由一个全局统一资源标识符标识，然后将超文本嫁接到互联网上，这些资源通过超文本传输协议传送给用户，而后者通过点击链接来获得资源。人们通过互联网在世界范围内实现了信息共享。

1965 年，英特尔的创始人戈登·摩尔通过研究计算机硬件的发展规律得出摩尔定律，该定律认为，同等面积的芯片每过一到两年就可容纳两倍数量的晶体管，能够提高两倍微处理器的性能，或使之价格下降一半。近几十年来，硬件的发展基本符合这一定律，到今天，一根头发尖大小的地方就能放上万个晶体管。后来，英特尔公司又发明了 22 纳米的 3D 晶体管，比以前的晶体管小了大约 1/3，摩尔定律的生命进一步得到延续，导致信息产品功能日趋强大，各种设备体积变小，存储器成本持续减少，能以很低的成本保存海量的数据。摩尔定律已经成为描述一切呈指数级增长的事物代名词，这为大数据时代的到来铺平了硬件道路，打下了物质基础。

除了便宜、功能强大，摩尔定律使计算设备也变得越来越小，1988 年美国科学家马克·韦泽指出各种各样微型计算设备能随时随地获取并处理数据，这被称为普适计算。普适计算理论指出，计算机在被发明以后经历了三个阶段的发展：一是主机型阶段，一台占据大半个房间的大型机器被很多人共享；二是个人电脑阶段，每个人拥有一台变小了的个人电脑；三是计算机越来越小，甚至从人们视线中消失，计算机在任何时间地点都可以获得并处理数据，计算融入环境中，即进入普适计算阶段。今天，小巧的智能手机、各种传感器射频识别（KFID）标签、可穿戴式设备等广泛使用，实现了无处不在的数据自动采集，这就使人类收集数据的能力不断增强，为大数据时代的到来提供了物理基础。

1989 年，英国计算机协会（ACM）下属的数据挖掘及知识发现专委会（SIGKDD）举办了第一届数据挖掘学术年会，并且出版了专门期刊，这是大数据时代一个最重要的里程碑，此后数据挖掘得到了如火如荼的发展。数据挖掘是指通过特定的算法对大量的数据进行自动分析，从而揭示数据中隐藏的规律和趋势的行为，即在大量的数据中发现新知识，以为决策者提供参考。数据挖掘进步的根本原因是人类能够不断设计出更强大的模式识别算法，这其实是软件的进步，是大数据时代的技术基础，现在的信息技术已经可以把一件产品的流向、每位消费者的情况都记录下来，再通过数据挖掘，为客户量身定制，把消费和服务推向一个高度个性化的时代。基于网络数据的挖掘，不需要制定问卷，也不需要逐一调查，成本低廉。更重要的是，这种分析是实时的，没有滞后性，数据挖掘将成为越来越重要的分析预测工具，抽样技术将下降为辅助工具。数据挖掘的优越性也集中反映了大数据“量大、多源、实时”这三个特点。

大数据的前沿和热点是机器学习，和数据挖掘相比，其算法并不是固定的，而是带有自调适参数的，也就是说，它能够随着计算、挖掘次数的增多，不断自动调整自己算法的参数，使挖掘和预测的结果更为准确，即通过给机器“喂”大量的数据，让机器可以像人一样通过学习逐步自我改善、提高，这也是该技术被命名为“机器学习”的原因。除了数据挖掘和机器学习，数据的分析、使用技术已经非常成熟，并且形成了一个谱系，如数据仓库、多维联机分析处、数据可视化、内存分析都是其体系的重要组成部分。

美国研究员大卫·埃尔斯沃斯和迈克尔·考克斯在1997年使用“大数据’来描述超级计算机产生的、超出主存储器的海量信息，数据集甚至突破远程磁盘的承载能力。

3. 大数据发展史的新时代

2004年之前，互联网的主要作用是传播和分享信息，其最主要的组织形式是建立静态的网站；从2004年起，以脸谱网（Facebook）、推特（Twitter）为代表的社交媒体相继问世，一个互联网的崭新时代拉开了序幕，互联网开始成为人们实时互动、交流协同的载体。这时信息的传播速度有多快呢？ 2011年8月23日，美国弗吉尼亚州发生5.9级地震，纽约市居民首先在推特上看到这个消息，几秒钟之后，才感觉到地震波从震中传过来的震感，社交媒体把人类信息传播的速度带到了比地震波还快的时代!

同时，社交媒体给全世界的网民提供了一个平台，使他们随时随地都可以记录自己的行为、想法，这种记录其实就是贡献数据。全世界的网民都开始成为数据的生产者，引发了人类历史上迄今为止最庞大的数据爆炸。2012年，乔治敦大学的教授李塔鲁考察了推特上产生的数据量，他做出估算说，过去数十年，《纽约时报》总共产生了30亿个单词的信息量，现在仅仅一天，推特上就产生了80亿个单词的信息量。也就是说，如今推特一天产生的数据总量相当于《纽约时报》100多年产生的数据总量。

从人类发明第一台计算机进入信息时代算起，到社交媒体产生前，主要是信息系统、传感器在产生和收集数据，但由于社交媒体的横空出世，人类自己也开始在互联网上生产数据，如发推特、微博和微信，记录各自的活动和行为，这部分数据也因此次称为“行为数据”。在社交媒体上产生的数据，基本上没有严整的结构，大多是非结构化数据，处理更加困难。

目前，全世界的数据大约75%都是非结构化数据，现在的大数据 = 结构化数据 + 非结构化数据，推动人类进入大数据时代的真正原因是人类使用数据的能力取得了重大突破和进展。这种突破集中表现在数据挖掘上，近年来，数据挖掘的应用还在不断推陈出新，到了前所未有的高度。

例如，奈飞公司利用客户的网上点击记录预测其喜欢观看的内容，实现精准营销。

再如，阿里巴巴等互联网公司凭借长期以来积累的用户资金流水记录，涉足金融领域，在几分钟之内就能判断用户的信用资质，决定是否为其发放贷款。2014 年 1 月，美国的电子零售巨头亚马逊宣布了一项新的专利——预判发货，即顾客还没有下订单网购，亚马逊就已将包裹寄出。预判发货的核心技术还是数据挖掘，发货的根据是顾客以前的消费记录，搜索记录以及顾客的心愿单，甚至包括用户的鼠标在某个商品页面上停留的时间。其本质是，通过预判，把发货这个过程“外包”给算法，让算法自动发货，实现智能化。

回顾半个多世纪人类信息社会的发展历史，正是因为 1966 年提出的摩尔定律，晶体管越做越小、成本越来越低，才形成了大数据现象的物理基础，人类有了可以承载海量数据的容器制造力。1989 年兴起的数据挖掘技术是让大数据产生“大价值”的关键，因为大数据之大并不只是容量之大，更在于价值之大，而2004年出现的社交媒体，则把全世界每个人都变成了潜在的数据生成器，这是“大容量”形成的主要原因。

（三）大数据的未来

大数据时代，人和社会、物理环境这两大领域的计算都将蓬勃兴起。物理环境领域的计算由来已久，大数据时代最大的亮点就是人和社会的计算，越来越多的社会问题都将通过计算得到解决。换句话说，由于大数据的出现，社会正逐渐变得可以计算。可以计算的原因是，个人在真实世界的活动和社会状态被前所未有地记录，这种记录的密度很高，频度也在不断增加，为社会领域的计算提供了极为丰富的数据。

1. 社会计算的兴起

社会领域的计算，也被很多学者称为“社会计算”。20 世纪 90 年代，美国的学者最早提出这个概念之时，是从“社会软件”这个角度出发的，最早的社会软件是指支持群体交流的软件，如 MSN、QQ 等。社会软件降低了人际交往的成本，使大规模的合作成为可能。2004 年，社交媒体产生后，社会软件的功能被发挥得淋漓尽致，个人的行为和思想通过脸谱网、推特、微博等工具被广泛记录，有学者进一步明确主张，将基于社交媒体的行为分析称作“社会计算”。近年来，随着大数据的崛起，越来越多的学者认为，关于人和社会本身的数据现在已经极为丰富，而且这类数据还在快速增长，未来一切社会现象、社会过程和社会问题，都可以而且应该通过以计算为特点的定量方法分析解决，这样将更加精确、更加科学。虽然关于“社会计算”的定义正在演进中，国际共识也还未形成，但这并不妨碍相关研究的开展。

通过计算来解决社会问题，正变得越来越普遍。2013年，美国肯塔基大学利用大数据平台，对学生的各种行为数据进行整合，如各门课程的成绩、出勤率、在线学习平台的活跃度、使用图书馆等各种设施的记录，再通过数据挖掘，快速确认可能存在问题的学生，对他们开展专门的辅导，以减少学生流失。2013年7月，有报道称，华东师范大学的一位女生收到校方的短信：“同学你好，发现你上个月餐饮消费较少，不知是否有经济困难？”这条温暖的短信也要归功于数据挖掘：校方通过挖掘校园饭卡的消费数据，发现其每顿的餐费都偏低，于是发出了关心的询问，但随后发现这是一个美丽的错误——该女生其实是在减肥。可以想象，误会之所以发生，还是因为数据不够大，大数据的特点除了“量大”，还有“多源”，如果除了饭卡，还有其他来源的数据作为辅助，判断就可能更加准确。

通过社会计算，一些精细的、微妙的、在人类历史上曾经难以捕捉的关系和知识，现在都可以捕捉到，并被上升为显性知识。对此，麻省理工学院的教授布林约尔松比喻说，大数据的影响，就像4个世纪之前人类发明的显微镜一样：显微镜把人类对物理环境的观察和测量水平推进到了“细胞”的级别，为人类社会带来了历史性的进步和革命，而大数据将成为我们下一个观察人类自身行为及社会行为的“显微镜”。

2008年年末，“计算社区联盟”提出了独特的详细报告——《大数据计算：在商务、科学和社会领域创建革命性突破》。使人们不仅考虑机器的数据处理，而且在更广泛的领域发现大数据的社会意义，找到了更多的新用途和富有创见的新见解。社会领域的计算，也被很多学者称为“社会计算”，社会领域的计算及对类似知识和关系的捕捉不仅能够有效推动社会治理，还能产生商业价值。

总的来看，从根本上对处理大规模信息的现实需求推动了大数据相关技术的迅速发展，起初国家安全是大数据技术的主要推动力，随着超级计算机被发明出来，以及大数据的存储和处理技术，大数据分析算法的研发，最终使大数据在教育、金融、医疗等方面开始实施，广泛应用。美国2012年3月的政府报告里明确要求每个下属的联邦机构都要制定一个“大数据”发展战略，奥巴马政府首先宣布投资2亿美元，立刻启动大数据研究与发展项目。

2. 物理领域计算的改革

除了在社会领域的计算正在兴起外，物理环境领域的计算也面临着革命，其动因就是“普适计算”。传感器、可穿戴式设备等微小的计算设备将进一步普及，装备到全世界的各种物体上，包括机器、电器、人体、动物、植物等需要监测的目标，真正形成“万物皆联网，无处不计算”的状态。人类的数据总量将达到史无前例的规模。

机器将是第一梯队。人类在进入机器大生产的时代之初，机器的效率在不断提高，但到达一个临界点之后，机器的效率就很难再优化了。当机器和机器相连，形成一个系统的时候，其效率问题就显得更为显著，一台机器的效率可能成为系统的瓶颈，一台机器的故障可能导致整个系统瘫痪，系统的复杂性使工程师常常顾此失彼，难以优化系统的效率。如果人们能通过传感器监测机器的运行状态，通过计算确认各类设备的良好程度，算准时间进行设备优化和维修更新，就能控制生产过程中的不确定性，减少意外情况带来的损失。目前，全世界现在大概有 300 万个重要的、巨大的、日夜运行的机器，这些机器都在一定的温度、湿度、压力、振动、旋转状态下工作，这些参数都是重要的监测指标。此外，全世界还有上百亿台带有微处理器的机器或者电器，它们在未来都可以装上传感器，全球共有 70 多亿人，当社交媒体被发明的时候，每个网民都成了一个数据生成器，就已经引起了一次数据大爆炸，而机器远比人多，而且日夜不停地旋转、工作，可以想象，这次即将到来的数据爆炸，将是超级大爆炸。为此，通用电气公司启动了“工业互联网”计划。2012 年 7 月，通用电气公司投资 1.7 亿美元在纽约州斯克内克塔迪市开设了一家电池工厂，在 1.6 万平方米的厂房内安装了 1 万个传感器。这些传感器分布在各条生产线上，用来监控和记录生产过程中的温度、气压、湿度、生产配料、能源消耗等数据，工厂的管理人员则通过随身携带的平板电脑获取这些数据，以便在第一时间发现问题，对生产进行监督和调整，“让每件产品产生记忆”。未来，产品在出厂前就会被植入传感器，记录它的生产过程，在产品进入服务状态之后，传感器将每时每刻都记录产品的运行情况，一旦出现问题和故障，通用电气可以快速地整合生产记录、销售记录、产品运行记录这三种数据进行分析，从而解决问题。

此外，还有生活物联网，即生活电器入网。2014 年 1 月，谷歌以 32 亿美元的现金收购了智能家居设备商 Nest。业界纷纷认为，生活物联网的脚步越来越近，我们即将迈进一个智能家居的时代，人们可以根据需要遥控家里的一切设备，并且因为所有家庭都自动化控制，这些控制之间的连接可能还远远不止自动化这么简单，可能还有进一步开启其他意想不到的功能。

物理环境领域的计算的崛起将给全世界带来巨大的机遇。新一代的机器是能够记录自己行为以及与其他机器的交换数据的智能机器，在机器“出生”的时候，传感器就已经和机器一体化了。面对机器产生的海量数据各行各业都需要制定很多数据标准，使同一类别的机器或同一品牌的机器产生的数据能够自由整合、对比和分析。

此外，因为这种超级大爆炸，全世界的数据中心将大量增加，这将拉动硬件产业的发展。通用电气公司估计，数据中心的需求将每两年翻一倍，到2025年，其相关产业价值将达到2 000亿美元。数据中心是耗电大户，建设清洁、高效、具有弹性的数据中心将是未来的一个重大挑战。此外，数据中心的增加还将推动宽带网、光纤网的建设，使各种数据中心能够跨地区、跨行业相连。

自2012年以来，新工业革命、数字工业革命等各种工业革命论的提法频频在全球激起讨论。2012年，中国科学院的研究员王飞跃先生率队考察了美国的加式制造产业。他认为，这场新的产业革命已经触手可及，未来的新型制造模式可以称为“社会制造”。所谓社会制造“就是利用3D打印、网络技术和众包等方式让社会民众充分参与产品的全生命制造过程，实现个性化、实时化、经济化的生产和消费模式。在社会制造的环境中，大批3D打印机将形成制造网络，并与互联网、物联网和物流网无缝连接，形成复杂的社会制造网络系统，实时地满足人们的各种需求”。对社会制造这种新的生产模式，虽然还有诸多细节有待想象和试验，但可以肯定的是，其发展前景不可轻视。未来的工业制造将呈现数字化、智能化、定制化和互联化的特点。

同样在2012年，一种新型的智能学习平台在美国兴起，成为高科技领域创新和投资的重点，其中不少公司已经获得了初步成功。这种智能平台可以实现全球几十万人同步学习，在同一时间听取同一名教师授课，做同样的作业、接受同样的评分标准和考试。这意味着你即使身处非洲，也能和哈佛大学的学生一起学习、听哈佛的教授讲课。更关键的是，这是个智能平台，可以对学习者的学习行为进行自动提示、引导和评价，从而弥补没有教师面对面交流指导的不足。平台的智能来自大量数据。单个个体学习行为的数据似乎是杂乱无章的，但当数据累积到一定程度时，群体行为就会在数据上呈现一种秩序和规律。通过收集、分析大量数据，人们就能总结出这种秩序和规律，然后把这种规律变成不同的算法，以和新的学习者的学习行为进行对比，为他们达成最佳的学习效果进行提示和引导，每个学习者都可能得到个性化、有针对性的辅导。为了收集更多的数据，各家公司、大学的在线学习平台几乎都向全世界免费开放。这是因为有更多的学习者才能收集更多的数据，有了数据，它们才能研究世界各国男女老少不同学习者的行为模式，进而打造更好的智能学习算法。

数据是一切行为的关键。大数据好比人类的新土壤，正是依托这片土壤，智能型的文明才得以滋生繁衍，充满生机和活力。未来已经来到我们中间，这将是一个由数据驱动、由算法定义的世界，自动化将接管越来越多的工作。毫无疑问，人类将从中获得更大的解放，但同时，这个新的社会形态也将给人类带来空前的挑战。

二、大数据的定义与本质

（一）大数据的定义

大数据这个概念是由最先经历信息爆炸的学科，如天文学和基因学创造出来的。如今这个概念已经应用到了几乎所有人类致力于发展的领域中。

大数据并非一个确切的概念。最初，这个概念是指需要处理的信息量过大，已经超出了一般电脑在处理数据时所能使用的内存量，因此工程师们必须改进处理数据的工具。大数据这个术语最早应用于 apacheorg 的开源项目 Nutch，用来表达批量处理或分析网络搜索索引产生的大量数据集。

谷歌公开发布 Map reduce 和 Google File System（GFS）之后，大数据不再仅指数据的体量，而且包含了数据的处理速度。在数据分析领域，大数据是前沿技术，大数据以及数据仓库、数据分析、数据安全、数据挖掘是 IT 行业时下最火爆的词汇，大数据的商业价值已经成为信息行业各企业争相追逐的焦点。大数据包括各种互联网信息，更包括各种交通工具、生产设备、工业器材上的传感器，这些传感器随时随地进行测量，不间断地传递着海量的信息数据。利用新处理模式，大数据具有更强的决策力和洞察力，能够优化流程，实现高增长，处理海量的多样化信息资产。归根结底，大数据技术可以快速处理不同种类的数据，并从中获得有价值的信息，处理速度快。

随着网络、传感器和服务器等硬件设施的全面发展，大数据技术促使众多企业融合自身需求，从而创造出难以想象的经济效益，以实现巨大的社会价值，商业价值高，各行各业利用大数据可以产生极大增值和效益，其表现出前所未有的社会能力，而绝不仅仅只是数据本身。所以，大数据可以定义为在合理时间内采集大规模资料，然后处理成帮助使用者更有效决策的社会过程。

在今天，大数据被认为是一种人们在大规模数据的基础上可以做到的事情，大数据是人们获得新的认知、创造新的价值的源泉；大数据还为改变各种关系服务。

（二）大数据的本质

从人类认识史中我们可以发现，对信息的认识史就是人类的认识进步史与实践发展史。人类历史上经历过四次信息革命。

第一次是创造语言，语言是即时变换和传递信息的工具，人类通过语言建立相互关系认识世界。语言表明人类要求表达、认识世界并开始作用于世界，人类通过语言产生思维，将事物的信息抽象表达为声音这个即时载体，但语言的限制和缺点是无法突破个体的时空。

第二次是创造文字以及随之而来的造纸与印刷的技术，实现了人类远距离和跨时空的思想传递，人类因此扩大联合，文字虽然突破了时间、空间上的限制，但需要耗费太高的交流成本和传播成本。

第三次是发明电信通信，电报、广播、电视实现了文字、声音和图像信息的远距离即时传递，为电子计算机与互联网创造奠定了基础。

第四次是创造了电子计算机与互联网，这是一次空前的伟大综合，其特点是所有信息全部归结为数据，表达形式为数字形式，只要有了 0 和 1 加上逻辑关系就可以构成全部世界。

现代通信技术和电子计算机的有效结合，使信息的传递速度和处理速度得到了巨大的提高，人类掌握信息利用信息的能力达到了空前的高度，人类进入了信息社会。在一定意义上，人类文明史是一部信息技术的发展进化史。

1. 信息

哈特莱 1928 年在《信息传输》一文中指出，信息是指有新内容、新知识的消息。信息的奠基人香农提出了信息量的概念和信息熵的计算方法，从而奠定了信息论的基础。美国数学家诺伯特 · 维纳在《控制论》中指出，信息是指适应控制外部世界的过程中同外部世界交换的内容，信息就是信息，既非物质，也非能量。

1956 年英国学者阿希贝提出信息是集合的变异度，认为信息的本性在于事物本身具有变异度。1975 年意大利学者朗戈在《信息论：心得趋势与未决问题》中指出，信息是反映事物构成、关系和差别的东西，包含在事物的差异之中而不在事物的本身。美国著名物理化学家吉布斯在数学物理中创立了向量分析找到了一个全新的角度研究事件的不确定性和偶然性，用熵表示物理系统信息的量度。美国信息管理专家霍顿认为，信息是经过加工处理的数据，可以满足用户决策的需要。

从本体论层次，信息可定义为事物的存在方式和运动状态表现形式，事物泛指存在于人类社会、思维活动和自然界中一切可能的对象，存在方式指事物的内部结构和外部联系。运动状态指事物在时空变化时的特征和规律。从认识论层次看信息是主本所感知或表述的事物存在的方式和运动状态。主体所感知的是外部世界向主体输入的信息，主体所表述的则是主体向外部世界输出的信息。

2. 数据

数据是指能够客观反映事实的数字和资料，可定义为用有意义的实体表达事物的存在形式，是表达知识的字符集合。数据按性质可分为表示事物属性的定性数据和反映事物数量特征的定量数据。其按表现形式可分为数字数据和模拟数据，模拟数据又可以分为符号数据、文字数据、图形数据和图像数据等。

数据在计算机领域是指可以输入电子计算机的一切字母、数字、符号，它们具有一定的意义，并能够被程序处理，是信息系统的组成要素。数据可以记录或传输，并通过外围设备在物理介质上被计算机接受，经过处理而得到结果。计算机系统的每个操作都要处理数据，数据通过转换、检索、归并、计算、制表和模拟等操作，经过解释并被赋予一定的意义之后便成为信息。分析数据中包含的主要特征就是对数据进行分类采集、录入、储存、统计检验、统计分析等一系列活动，接收并且解读数据才能获取信息。

3. 数据与信息

数据是信息的载体，信息是有背景的数据，而知识是经过人类的归纳和整理，最终呈现规律的信息。但进入信息时代后，“数据”二字的内涵开始扩大：它不仅指“有根据的数字”，还统指一切保存在电脑中的信息，包括文本、图片、视频等。其中的原因是，20 世纪 60 年代软件科学取得了巨大的进步，人们发明了数据库。此后，数字、文本、图片都不加区分地保存在电脑的数据库中，数据也逐渐成为数字、文本、图片、视频等的统称，即“信息”的代名词。

简单地说，信息是经过加工的数据，或者说，信息是数据处理的结果。信息与数据是不可分离的，数据是信息的表现形式，信息是数据的内涵。数据本身并没有意义，数据只有对实体行为产生影响时才成为信息。信息可以离开信息系统而独立存在，也可以离开信息系统的各个组成和阶段而独立存在；而数据的格式往往与计算机系统有关，并随载荷的物理设备的形式而改变。大数据可以被看作是依靠信息技术支持的信息群。

三、大数据的分类与技术

（一）大数据的分类

1. 依据来源分类

大数据依据来源不同一般分为四类：科研数据、互联网数据、感知数据和企业数据。

（1）科研数据

科研数据在大数据时代前很久就存在，可能来自生物工程、天文望远镜或粒子对撞机，不一而足。这些数据存在于封闭系统中，使用者都是传统上做高性能计算（HPC）的企业，现代很多的大数据技术均脱胎于 HPC。

科研数据存在于具有极高计算速度且性能优越机器的研究机构，包括生物工程研究以及粒子对撞机或天文望远镜，如位于欧洲的国际核子研究中心装备的大型强子对撞机，在其满负荷的工作状态下每秒就可以产生 PB 级的数据。

（2）互联网数据

互联网大数据是时代的主流，尤其社交媒体是近年来大数据的主要来源，几乎所有的大数据技术都源于快速发展的国际互联网企业。例如，以搜索著称的百度与谷歌的数据规模都已经达到上千 PB 的规模级别，而应用广泛且影响巨大的脸谱、亚马逊、雅虎、阿里巴巴的数据都达到了上百 PB。互联网数据增长的驱动力一是梅特卡夫定律（互联网企业的价值与用户数的平方成正比），二是扎克伯格反复引用的信息分享理论，即一个人分享的信息每到两年翻番。

大型互联网企业的大数据生态系统比较独特，一方面不同程度上参与开源，另一方面维护自给自足的生态系统，甚至连硬件都越来越依靠自己了。大型互联网公司不只是自身产生大体量数据，它还有平台级的带动作用，如阿里巴巴牵头做的数据交换平台。中型互联网公司基本上也能够维持大数据技术团队，只不过与大型互联网公司的核心开发能力和社区贡献能力相比，他们更多布重兵在外围开发、优化和运维。当然，他们多少会有一些各自独有的技术，如豆瓣的推荐、暴风的 Hadoop 管理。三线互联网公司有数据但没有大数据能力，这催生了一些大数据技术，并产生了一些服务的机会，如百分点为电商网站做个性化推荐和营销分析，各类广告联盟、移动应用服务平台为网站和移动应用提供统计分析、营销服务等。

（3）感知数据

进入移动互联网时代后，随着移动平台的感知功能和基于位置的服务（LBS）

的普及，感知数据逐渐与互联网数据越来越重叠，但感知数据的体量同样惊人，并且总量或许可能不亚于社交媒体。Teradata 预测感知数据的总量在 2015 年超过社交媒体，并达到后者的 10 ～ 20 倍。重庆曾计划做一个平安城市项目，规划了 50 万个摄像头，数据存储需求要达到百 PB 级别，不亚于世界级的互联网公司。

（4）企业数据

企业数据种类繁杂，企业数据和感知数据本质上也并不是相互独立的，企业同样可以通过物联网收集大量的感知数据。目前，企业数据增长极其迅猛，之所以把它们分为两类，是因为传统上人们认为企业数据是人产生的，感知数据是物、传感器、标识等机器产生的。

把企业数据和感知数据放在一起讲，是因为它们都涉及传统产业，且从经济总量上要比互联网产业大很多，而且传统产业自身的大数据能力有限，所以这是大数据技术和服务企业的主要目标市场。但目前的现实是就单个企业而言，其具有大数据需求的并不多见。比如说，麦肯锡的报告中把制造业列为大数据存量最多的行业，但很少有制造企业上马大数据项目。即使有也只是在市场营销上加入互联网的招数，以获得来自终端的需求，而供应链和生产这部分相比大数据之前没有太多新意。

互联网上的大数据不容易分类，百度把数据分为用户搜索产生的需求数据以及通过公共网络获取的数据；阿里巴巴则根据其商业价值分为交易数据、社交数据、信用数据和移动数据；腾讯善于挖掘用户关系数据并且在此基础上生成社交数据。

2. 依据使用主体分类

从社会宏观角度大数据根据其使用主体可分为三类：政府的大数据、企业的大数据、个人的大数据。

（1）政府的大数据

各级政府拥有海量的原始数据，它们构成了社会发展与运行的基础，包括形形色色的环保、气象、电力等生活数据，道路交通、自来水、住房等公共数据，安全、海关、旅游等管理数据，教育、医疗、信用及金融等服务数据。在具体的政府单一部门里面无数数据固化而没有产生任何价值，如果关联这些数据流动起来综合分析有效管理，这些数据将产生巨大的社会价值和经济效益。

现代城市依托网络智能走向智慧，无论智能电网与智慧医疗，还是智能交通和智慧环保都离不开大数据的支撑，大数据是智慧城市的核心资本。建设智慧城市，大数据可以在方方面面提供各种决策与智力支持。政府作为国家的管理机构应该将数据逐步开放供给更多有能力的机构组织或个人来分析，并加以利用，以加速造福人类。奥巴马任期内的一个重要举措是美国政府筹建了一个data.gov 网站，要求政府公开透明，核心就是政府机构的数据公开。目前，其上已经开放了上万个数据库。

（2）企业的大数据

企业离不开数据支持，其只有通过数据才能快速发展，获得利润、维护客户、传递价值、支撑规模、增加影响、撬动杠杆、提高质量、节省成本、扩大吸引、打败对手、开拓市场。企业需要大数据的帮助才能对快速膨胀的消费者群体提供差异化的产品或服务，实现精准营销。网络企业应该依靠大数据实现服务升级与方向转型，传统企业面对无处不在的互联网压力时同样必须谋求变革。

随着信息技术的发展，数据成为企业的核心资产和基本要素，数据变成产业进而成长为供应链模式，慢慢连接为贯通的数据供应链。互联网时代，互相自由连通的外部数据的重要性逐渐超过单一的内部数据，企业个体的内部数据更是难以和整个互联网数据相提并论。综合提供数据、推动数据应用、整合数据的新型公司明显具有竞争优势。

大数据时代产生影响巨大的是互联网企业，而传统公司随着网络社会的到来也开始进入互联网领域，其需要依靠云计算与大数据技术改善产品、提升平台，以实现升级，这两类公司应互相借鉴，相互合作彼此竞争。

（3）个人的大数据

每人都能通过互联网建立属于自己的信息中心，积累、记录、采集、储存个人的一切大数据信息。根据相关法律规定，经过本人亲自授权，所有个人相关信息将转化为有价值的数据，被第三方采集后就可以获得个性化的数据服务。通过信息技术各种可穿戴设备包括植入的各种芯片都可以通过感知技术获得个人的大数据，包括但不限于体温、心率、视力等身体数据以及社会关系、地理位置、购物活动等社会数据，个人可以选择将身体数据授权提供给医疗服务机构，以便监测个人当前的身体状况，制订私人健康计划；还能把个人金融数据授权给专业的金融理财机构，以制定相应的理财规划并预测收益。当然国家有关部门还会在法律范围内经过严格程序对个人数据进行预防监控，预防犯罪。

个人的大数据严格受到法律保护，其他第三方机构必须按法律规定授权使用，数据必须接受公开透明全面监管；采集个人数据时采集者应该严格遵守国家立法要求，由用户自己决定采集内容与范围；数据只能由用户明确授权后才能被处理。

（二）大数据的技术

大数据技术包括大数据工程、大数据科学和大数据应用。大数据工程指通过规划建设大数据并进行运营管理的整个系统；大数据科学指在大数据网络的快速发展和运营过程中寻找规律，验证大数据与社会活动之间复杂关系的学科。大数据需要有效地处理大量数据，包括大规模并行处理（MPP）数据库、分布式文件系统、数据挖掘电网、云计算平台、分布式数据库、互联网和可扩展的存储系统。当前用于分析大数据的工具主要有开源与商用两个生态圈，开源大数据生态圈主要包括 Hadoop HDFS、HBase 等，商用大数据生态圈包括一体机数据库、数据仓库及数据集市。大量非结构化数据通过关系型数据库处理分析需要大量时间和金钱，由于大型数据集分析需要大量电脑持续高效分配工作，因此大数据分析常和云计算联系到一起。大数据分析与传统的数据仓库相比具有数据量大、查询分析复杂的特点。

大数据处理和存储技术源于军事需求，二战期间英国研发了能处理大规模数据的机器，二战后美国致力于数字化处理搜集得到的大量情报信息。“911”事件后美国政府在大数据挖掘领域组建了大数据库用于识别可疑人。大规模数据分析技术源于社交网络，大数据应用使人们的思维不再局限于数据处理机器。重要的是新用途和新见解，对大规模信息的处理需求从根本上推动了大数据相关技术的发展，超级计算机的发明、大数据的存储和处理技术以及大数据分析算法的研发最终导致了教育、金融、医疗等多方面大数据的广泛应用。

四、大数据的特征

（一）体量巨大，种类繁多

随着互联网搜索技术的发展、电子商务交易平台的扩大和微博等社交网站的兴起，产生了无穷无尽的各种数据内容。人们在不同领域采集到的数据量达到了前所未有的程度，收集大量数据的原因在于网络数据可以实现同步实时收集，包括电子商务、传感器、智能手机等，还有医疗领域的临床数据和科学研究，如基因组研究将 GB 级乃至 TB 级数据输送到数据库。数据总量的增长由于占到 85% 以上的非结构化数据的增长，增速比结构化数据快几十倍。对存储和网络企业的投资者来说这类预测能提升其信心，美国咨询公司麦肯锡从个体数据集的大体量来定义大数据，即其是传统数据库软件工具难以采集、存储、分析管理的巨大的数据集。目前，数据类型日益繁多，如视频、文字、图片、符号等各种信息，发掘这些形态各不相同的数据流之间的相关性是大数据的最大优点。例如，供水系统数据与交通状况比较可以发现清晨洗浴和早高峰的时间密切相关，电网运行数据和堵车时间地点有相关性，交通事故率与睡眠质量关联。

（二）开放公开，容易获得

采集大数据不是为了存储而是为了进行分析。大数据不是仅存在于特定的政府机构和企业组织中，而是社会生活生产过程中自动产生存储的。电信公司积累客户的电话沟通记录，电子商务网站整合消费者的各种信息，企业通过挖掘海量数据可以增强自身能力、改善运营服务、提供决策支持、实现商业智能进而为企业带来高额的经济效益回报，发现企业发展的特殊规律。今天在一定规则开放性下，依靠应用程序接口技术和爬虫采集技术，越来越多的商业组织和政府机构开始向社会各界和研究机构提供自身采集储存的各种海量数据源，这方面美国政府走在了前列，其主动提供了具有权威性的开放数据源，如data. gov 等开源数据。开放公开容易获得的数据源成为大数据时代的基本特征，产生了巨大的社会影响。

（三）重视社会预测

预测是大数据的本质特征。美国网飞公司通过采集其 3 000 万用户的播放动作，包括打开、暂停、快进、倒退等动作，分析其注册用户的几百万次评级与搜索，评价受众对不同电视电影节目给予的不同观点，从导演、演员、题材、情节、类型等方面理解公众欣赏节目的习惯，通过挖掘海量数据，获得人们的喜好。该公司通过采集分析用户数据改变了视频行业的制作方式，用计算方法和逻辑分析替代了过时的生产方式。目前，人们极为关注大数据预知社会问题的应用功能，在社会科学领域大数据将发挥越来越突出的巨大作用。

（四）非结构化数据的涌现

数据挖掘重视未知的有效信息和实用知识，其中越来越多的是非结构化数据，这成了大数据时代的突出特征。现在超过 90% 的数据都是非结构化数据。社交媒体随时会产生无数的数据文本，这将导致有价值的数据隐藏在海量信息中。大数据分析技术会从大量文本中挖掘探析人们的态度和行为，以呼应舆情监测的社会需求和企业的重大商机。面对非结构化的大数据采集处理，社会产生了新的需求，技术发生了新的变革。

第二节　教育大数据

一、教育大数据的需求分析

在教育技术领域的研究与实践中，技术对于数据管理的潜能是一开始就受到研究者关注的领域，体现为利用技术挖掘教育数据的可能性从而达到改进教学系统的目的，包括早年的计算机辅助个别化教学（CAI）、计算机管理教学（CMI），以及近年来随着数据的丰富而出现的、基于数据的决策应用。

为建成现代化的校园，要对传统的校园网络系统进行整合与优化，建立覆盖学校教学、科研、管理、招生等区域的宽带高速网络环境，要建设教育云平台，提供统一门户、统一身份认证、统一接口、统一数据中心、“人人通”空间等基础支持服务，实现全市通用教育业务的集中化管理和信息资源的按需分配。推动智慧校园建设，以云计算、普适计算和物联网等新一代信息技术为基础，对校园的基础设施、教学内容、教育活动、教育信息等进行以人为本的数字化改造，通过技术与教育的深度融合来提高学生和教师的教学、生活质量，促进师生全面发展。

随着教育决策问题复杂性的增加，审慎的教育决策往往需要综合考察多方数据，比如经济的、效益的、历史的、民意的。大数据时代这些数据来源在保证决策信息丰富性的同时，也为如何对这些多来源的海量数据进行有效处理提出了要求，这就为如何对海量数据加以有效处理，从而透明地提供有效的教育决策支持提出了新的需求。

二、教育大数据的发展现状

大数据在教育领域的应用最早起源于美国，后传入欧洲的教育发达国家。国外的该领域开发利用相对较早，其中不乏一些典型的成功案例。

在美国上至大学，下至幼儿园，众多科技帮助并提升了学生在课内外的学习效率。获取学习资料、观看授课视频、评价教学活动、进行团队合作、完成家庭作业、参加课程考试，这一切都可以在互联网上完成。这些基于科技进步的工具与平台为学生与教师的学习及工作方式提供了更多的可能性。不仅如此，教育技术还能扩大受教育人数，增进学生间的互动并使教学内容的持续性反馈成为可能。从大规模开放在线课堂等基于科学技术的学习平台上获取的数据可以被精确跟踪，借助这些数据我们能够进行新型教育方式的探索，对学生学习轨迹的移动进行更为准确与广泛的研究。目前，美国教育部正在研究如何运用这些技术，并已开始整合美国国家教育技术计划下在线教学平台所产生的数据，计划成立虚拟学习实验室，为进一步的研究提供方法论上的指导。

另一个案例是美国的可汗学院。2009 年，美国人萨尔曼·可汗创立了一家非营利教育组织——可汗学院，起初他是想利用网络视频对自己远在孟加拉国的兄妹们给予学习的指导。后来他发现这种形式可以帮助更多的人，因此开始进行免费授课，授课内容涵盖数学、历史、金融、物理、化学、生物、天文学等科目，如今全球已有成千上万的学生通过互联网学习其视频课程。以在线教育为代表的各种综合技术的集合，让学生关于学习行为的各种数据均被自动留存，如做一道题花多长时间，是否经过修改，做题的顺序是否有跳跃，是否会回头重新检查等。只看到数字是不够的，而只有当从学生管理数据库中挖掘出有价值的数据，找出学生各种行为之间的内在联系，考量背后的逻辑关系，并做出科学的管理决策时，该技术才被称为大数据。

教育大数据虽在欧美国家得到较早的应用，而传入中国且在教育领域实际应用还仅仅是近两三年的事，目前在国内还仅处于市场萌芽阶段。近年来，我国也有一些大中院校开始了大数据应用的探索，如复旦大学、浙江大学、东华大学等都进行了较为成功的初步应用。

上海东华大学十几个学院的实验室极为分散，每个学院都有三四个实验室，有的实验室甚至还在系里，而教学评估要通过表格填报的方式来进行，数据的科学性和真实性都得不到保障。2009 年学校提出智能管理的思路，用物联网和大数据的技术把实验室中的仪器设备有效地管理起来。学校借助专业数据挖掘公司的技术进行了试点，只要学生进入实验室，哪个学生使用了哪台仪器设备，使用了多长时间，基本所有的使用情况都能记录下来，所有仪器的电流、电压都可以监控，然后自动生成表格，这时实验室利用率等情况在表格上便一目了然。之后东华大学将成功的试点经验应用于所有学院的实验室，将它们全部纳入了智能实验室的管理系统。通过数据的呈现技术，人们可以看出哪些实验室申请的设备根本不必购买，哪些实验室不再需要拨钱。实验室的使用率与第二年的经费完全挂钩，最后实现教育经费使用的集约高效。现在东华大学智能实验室实现了 24 小时开放、无人管理、跨学院使用等人工无法实现的管理与数据显示，智能实验室的管理对学生学习自主性的提高有着极为显著的影响。在大学试用的同时，中小学的一些数据挖掘项目也在起步。例如，首都师范大学数字化学习实验室开发的数字化课堂的大数据分析应用，已经在扬州等地中小学的 200 多个班级进行了多个学期的系统性试点应用，带来了教育效果的明显改变。考试、课堂、师生互动校园设备使用、家校关系……只要技术达到的地方，各个环节都将渗透大数据。在数字化课堂教学过程中，人们可以对学习过程进行数据形式化采集和描述，并基于课堂单元和学期单元进行学习过程的大数据挖掘与分析。教师通过这些数据和分析结果，可以及时进行教学控制和教学反思，从而提高课堂教学水平。学生通过这些数据和分析结果，也可以尽快发现自己学习中的不足，进而提高自己的学习水平。在国内，尤其是北京、上海、广东等城市，大数据在教育领域有了越来越多的应用，像慕课、在线课程、翻转课堂等，已经有越来越多的学生加入了网上学习的行列。随着技术的发展，大数据在教育领域有了越来越广泛的应用，学校拥有可用的、高质量的海量数据逐渐成为现实，但如何进行信息挖掘，给未来教育带来更大的可能，则对教育研究者的想象力提出了挑战。

三、教育大数据的应用

课程信号项目是目前业内曝光率和认可度较高的大数据教育应用典型案例，项目经历了一个较为完整的研发和应用过程，积累了大量的应用数据，目前该系统已经和商业公司合作进行商业发行，在美国国内应用较为广泛。通过对该案例精细解析，将有助于界定教育大数据的相关概念，了解大数据相关技术在教育领域的具体应用范式和流程，启示未来的研究。

课程信号是一个能够帮助学生取得学习成功的系统，授课教师基于预测模型为学生在课程学习阶段提供有意义的学习反馈。系统将采集来源于学生信息系统中的学习者基本信息数据和来源于 Blackboard 网络学习平台的学习者学习行为数据，对相关数据进行存储和处理；对数据集进行分析，利用学习者成功预测算法对每一位学习者进行预测，以确定其是否在课程学习中存在学习失败的可能；由任课教师根据数据挖掘分析和预测结果，对存在学习失败可能的学生给予适当反馈和干预，其干预的主要形式是向学生推荐能够促进其学习成功的学习资源，并指导学生如何使用这些学习资源。

整个课程信号系统的核心模块是预测模块，该模块是基于一个被称为学习者成功算法（SSA）的算法进行工作的。SSA 算法由以下四部分组成。

①课程表现。主要通过到目前为止学生所获得的学分百分比来衡量。

②课程努力程度。主要通过学习者在 Blackboard 中的访问和交互次数来衡量。

③前期学业历史。主要通过高中GPA成绩和大学标准测验分数来衡量。

④学习者特征。主要包括地区、种族、性别和奖惩情况等。

SSA算法通过计算学习者在每一部分的得分，并乘以每一部分的权重值，以相加所得的值作为最终预测的参考值。根据SSA算法的预测值每一个学生的学习页面上会显示红、黄、绿三种颜色的信号灯：红灯表示存在极大的课程学习失败的可能；黄灯表示课程学习存在问题，有学习失败的可能；绿灯则表示学习成功概率很高。任课教师通过课程控制面板也会看到每一个参与课程学习的学生在课程不同学习阶段的即时课程信号。根据信号灯显示，教师通过发送电子邮件、短信以及约见面谈等形式对学生的学习进行干预，还可以通过推荐学习导师和学习资源中心的方式对学生给予学习帮助，以促使其在课程学习中取得成功。

第三节　大数据在机车专业教学中的应用

一、大数据技术对机车教学的影响分析

机车专业教师的教学特点都是较为明显的，实际上这与教师的性格有很大关系，有的教师偏爱将某些机车教学内容传授给学生，但是却没有考虑到这些知识是不是学生感兴趣的，若将大数据技术运用到机车教学中则会改变这种现象，因为大数据存储信息的规模是非常大的，并且数据迁移起来也较为方便，这对学生的需求有很好的适应性。

另外，大数据技术除了将大量的存储知识传递给学生之外，其还能够通过整合模拟出真实的操作环境，这样就能够让学生更为真实地感知环境。基于上述的分析，笔者认为将大数据技术运用到机车专业教学中将会产生下面几点影响。

第一，为学生创设出直观、虚拟的机械学习环境。大数据能够将软件系统和硬件系统有效结合起来，进而为学生创设出直观、虚拟的学习环境，这样就能够改变原本枯燥、抽象的机车专业教学，从而激发学生的学习兴趣。

第二，为学生构建新的学习过程。将大数据技术引入机械教学中后，学生就不再是仅仅依靠教师在课堂上进行有限知识的传授来进行学习，学生可以依据自身的学习兴趣、接受能力去调整学习进度，以掌握适合自己的知识。这点和传统的教师讲授有很大的不同，过去教师要是遇到自己不懂的知识多是通过

教师组研讨后得出具体的结论再讲解给学生。但是大数据技术的运用则使该点不足得到了有效的弥补，学生在遇到问题的时候则可以通过互联网提问，从而获得大量的解决方法。

第三，大数据技术运用到机车专业教学中能够提升学生的学业完成率。人们在将该技术运用到教学中的同时还对所取得的效果进行了监测，通过相关数据人们发现学生的学业完成率得到了显著提高，无法顺利完成学习任务的学生人数大大地降低了。

第四，大数据技术运用到机车专业教学中能够提升学生的学业成绩。学生学业完成率提升的时候，学生学习的效果和质量也得到了同步提升，从学生的学业成绩来看，成绩优良的学生占比明显提高。人们对学生的学业成绩进行了详细的分析和对比，发现在机车专业教学中采用该技术后学生的成绩得到了普遍性的提高。

二、大数据技术在机车专业教学中的应用

下面就以机车专业中的机械设计基础课程为案例进行介绍，该门课程多实行的是大班授课，由于学生的学习特点和习惯有着很大的差别，所以教师很难通过统一的教学方法让所有学生都适应。大数据技术的出现则使人们能够通过数据的综合分析和处理，将数据的潜在价值挖掘出来，带动教学的改革和发展，当大数据技术运用到机械设计基础教学中时，就能够开拓新的教学途径，其最有效的方法是进行教学平台的构建。教学平台以大数据技术作为内涵，人们将其与机械设计基础这门课程的发展现状、当前学生的学习方式结合起来，在该平台上进行了几大模块的设计。

第一，数据采集模块。该模块中包括内容设计、采集功能选择、采集终端等，整个模块的功能是对教学过程相关的数据进行采集，确保能够对学生的学习行为和学习过程等实现全方位的感知与动态化的监测。该模块在进行数据采集的时候一方面能够将智能设备感知到的学生学习状态、学习方式等信息和变化数据进行采集；另一方面还能对所采集到的数据进行实时处理和分析，使教学方法和学习方法有更好的适应性。

第二，数据传输模块。该模块包括有线网络、信息化基础设施、无线网络等，整个模块能够将采集到的相关数据、分类数据传输到模块当中。

第三，数据资源模块。该模块包括视频资源库、教学资源库、学生信息等，其最大的作用是可进行视频资料库、教学资料、个人信息等的设计，借助大数

据技术为学生提供更多的计算服务和数据信息，将本身分散的信息抽取到平台当中，实现数据的分类、关联、对比、存储等。

第四，支撑服务模块。该模块包括数据资源、计算资源和存储资源等，其作用是为了实现教学处理、基础数据资源和计算资源等的统一整合，使得信息接入高效统一。

第五，数据应用模块。该模块包括学生用户、职能管理、教室等模块，在该模块中学生可以通过互联网、移动端接入学习界面展开互动。

教师在该平台上实施教学，其通过大数据技术则能够采集学生的学习方式和习惯，将这些数据进行整合之后则能够形成有利于教学的数据资源。教师通过数据分析则能够对学生的学习特点有所了解，进而对教学方法进行改进，配合教学平台。一方面教师应该利用大数据技术进行分析，调整教学方式和内容，做到因材施教，让机车专业课程走向创新模式。另一方面教师还应该依据个体差异开发出多种学习途径、个性化的相关学习资源，使此门课程可以取得更好的教学效果。

三、大数据技术在机车专业教学中运用提升的有效举措

利用大数据技术首先可以将学生的学习行为、教学内容等进行提取和集成，然后将这些数据进行规范化的存储；其次利用大数据的分析技术将这些数据信息进行提取，获取有用的、有价值的数据；最后通过可视化的方式将这些有价值的数据结果呈现给教师。

大数据技术的运用，使得机车专业教学与社会需求实现了接轨，因此高校应在大数据技术应用背景下做好课程改革。

第一，通过案例教学等引导学生在生产中实际运用机车专业知识。运用大数据技术之前，教师应该先引入相关的案例和视频，提出案例当中所涉及的问题。当学生观看完成之后，在视频中进行企业实际情境的模拟，让学生掌握机车知识的具体运用技能。

第二，整合机车专业教学内容，将分析内容和大数据技术进行融合。机车专业教学非常注重学生的实践能力，那么笔者认为机车专业教学应该将各个课程整合起来，让理论知识和实践知识结合在一起，实现大数据技术和分析内容的融合，使得教学内容、社会需求实现真正的接轨。

第三，关注教学环节实践，强化大数据技术的有效运用。模拟机车设计过程，模拟机车综合实训平台，模仿真现代机车生产过程，依据真实的机车企业

环境进行职能的设计，让学生在各个教学环节中扮演相应的角色，并分成几组，组内的学生进行明确的角色分配，这样学生就能够身临其境地进行岗前实训，为未来进入企业打好基础。

大数据技术与教育的结合必然会成为未来有效提高教学质量的重要渠道，因此机车专业教学则应该在提高大数据技术运用质量的基础上，通过多种方式让大数据技术在教学中得到有效的运用。在机车专业教学中运用大数据技术，一方面能够为学生创设出更为直观的学习环境，另一方面能够为学生构建新的学习过程。通过大数据技术教师能够实现因材施教、创新课程模式，要想保证机车专业教学质量，除了进行教学平台的构建之外，人们还应该整合机车专业教学内容，关注教学环节实践，强化大数据技术的有效运用。

第五章　机车专业信息化教学模式——翻转课堂

第一节　翻转课堂概述

翻转课堂起源于美国。事实上，翻转课堂思想的形成和发展，经历了一个博采众家之长的过程。包括中国在内的世界各国的教育思想和智慧都或多或少对翻转课堂思想的形成和发展产生了积极的影响。如儒家提出的“不愤不启，不悱不发”教学理念，与翻转课堂强调“让学生在课前先自主学习和积极思考，找到自己的困惑点，保证教师在课堂上的点拨启发有的放矢”，具有异曲同工之妙。而“学而不思则罔，思不学则殆”的学思结合思想，强调学与质疑、思考的结合，对翻转课堂“两段教学”的设计和组织具有深刻的启发和引导意义。全面考察翻转课堂的起源和翻转课堂思想形成的脉络，是看清翻转课堂本质的重要前提。

一、翻转课堂的起源

一般认为，最早实验翻转课堂的是美国科罗拉多州林地公园高中的两位化学老师；将翻转课堂的影响扩大到全美甚至全球的是可汗学院。但事实上，翻转课堂的实践与研究可以追溯至 19 世纪早期的西点军校。因为翻转课堂的理念最早出现在西点军校。西尔韦纳斯·塞耶将军有一套他自己的教学方法，即在课前，学生通过教师发放的资料对教学内容进行提前学习，而课堂时间则用来进行批判性思考和开展小组间协作解决问题。这种教学形式已经具备翻转课堂的基本理念，也是翻转课堂思想的起源。

哈佛大学物理学教授埃里克·马祖尔在 1991 年创立了 PI 教学法。他认为学习分为两个步骤：首先是知识的传递，然后是知识的内化。这一观点成为翻转课堂的重要理论基础，翻转课堂的独特之处正是知识传递与知识内化的颠倒。

2000 年，美国莫琳·拉赫、格伦·普拉特和迈克尔·特雷利亚等教授在迈阿密大学讲授“经济学入门”课程时采用了一种新的教学形式：让学生在家或者在实验室观看讲解视频，在课堂上以小组形式完成家庭作业。这种教学模式已经具备了翻转课堂的基本形式，但是，他们没有提出相关名词或概念。

韦斯利·贝克在第 11 届大学教学国际会议上发表了论文《课堂翻转：使用网络课程管理工具（让教师）成为身边的指导》。其中教师“成为身边的指导”替代以前的“讲台上的圣人”成为大学课堂翻转运动口号，并被多次引用。

尽管早期的翻转课堂实践和研究出现在美国的部分高等院校，但我国教育工作者大多数认为美国科罗拉多州洛基山的一所山区学校—林地公园高中才是翻转课堂的发源地。事实上，这里的翻转课堂的发生，并没有多么深刻的动机，出发点是为了给学生补课而录制教学视频。学校的化学教师乔纳森·伯尔曼和亚伦·萨姆斯在教学工作中发现一个非常普遍而严重的问题，有些学生由于各种原因跟不上教师讲课的节奏，如恩里克反映，教师讲课时讲得太快，他来不及做笔记，有时他能将所有的要点都记录到笔记本上，却完全不明白这些内容的意思；许多学生由于太过忙碌而缺课，从而跟不上学习进度，如珍尼丝由于每天必须提早一节课的时间离开学校赶去参加训练而耽误了不少课。为了尽可能解决这些问题，2007 年春天，乔纳森·伯尔曼和亚伦·萨姆斯开始使用屏幕捕捉软件录制 PPT 的播放和讲解。他们把结合实时讲解和 PPT 的视频上传到网络，以此帮助课堂缺席的学生补课。不久，这些在线教学视频被更多的学生接受并广泛传播开来。两位教师顺势而为，逐渐以学生在家看视频听讲解为基础，节省出课堂时间来为在完成作业或做实验过程中有困难的学生提供帮助。“翻转课堂已经改变了我们的教学实践。我们再也不会在学生面前花费 30 ～ 60 分钟来讲解。我们可能永远不会回到传统的教学方式了。”这对搭档对此深有感触。两位老师的实践引起越来越多的人的关注，以至于经常受到邀请向同行介绍这种教学模式。他们的讲座遍布北美，有更多的教师开始利用在线视频在课外教授学生，回到课堂时间则进行协作学习和概念掌握的练习。他们并因此而获得“数学和科学卓越教学总统奖”，而林地公园高中则被认为是翻转课堂的起源地。

二、翻转课堂的发展

翻转课堂这种全新的教学模式已在美国科罗拉多州的部分地区逐渐流行，

但是尚未能在更大范围推广和发展。其原因是很多教师虽然认可翻转课堂，愿意参与这种形式的教学试验，而要真正实施这种教学模式，需要满足一个重要条件：制作教学视频。但事实上并非每一位教师都能制作出具有较高质量的教学视频。后来美国出现了“可汗学院”并快速发展，使这个问题得到了较好的解决，并推动翻转课堂向前发展。

第一步，为了帮助住在远方的亲人，萨尔曼·可汗录制教学视频并把自己的教学影片放上网络。

可汗学院是由孟加拉裔美国人萨尔曼·可汗创立的一家教育性非营利组织。萨尔曼·可汗拥有麻省理工学院的硕士学位，以及哈佛大学的工商管理硕士学位，曾从事金融业。2004 年，可汗上七年级的表妹纳迪亚遇到了数学难题，向这位“数学天才”表哥求助。通过雅虎通聊天软件、互动写字板和电话，可汗帮她解答了所有问题。为了让表妹听明白，他尽量说得浅显易懂。很快，其他亲戚朋友也上门讨教。一时间，可汗忙不过来了。他索性把自己的数学辅导材料制作成视频，放到视频网站上，方便更多的人分享。他有意识地把每段视频的长度控制在 10 分钟之内，以便网友有耐心理解、消化。没想到，视频很快就受到了网友们的热捧。“他们的留言充满了感谢与鼓励，让我欲罢不能。”那时，他每天下班后，就一头扎进卧室的衣橱间里，用放在其中的简单设备拍摄、制作视频，平均每晚要工作 3 个小时。不久，他又开始试制科学、电脑等相关科目的辅导视频。这些视频除了供其亲戚家的孩子远程学习，也供其他有需要的人士免费观看和学习。

第二步，对教学视频进行改进，建立可汗学院。

接下来，他又对这些教学视频内容做了补充——增加互动练习软件，以便学习者进行数学训练。2007 年，可汗把教学视频和互动练习软件加以整合，在此基础上创立了一个非营利的教学网站，用教学视频讲解各学科（不仅是数学）的教学内容和解决网上读者提出的各种问题，并提供在线练习、自我评估、学习进度自动跟踪等学习工具；2009 年，受到广泛好评和鼓舞的可汗干脆辞掉自己的原有工作，全身心投入这一教学网站的运行与维护，并把专门开展在线教育的这个非营利教学网站正式命名为“可汗学院”。

第三步，开发学习分析系统。

后来可汗学院还开发出“学习控制系统”——及时收集学生的各种学习数据，不仅使学生和教师能随时了解学习状况，还便于教师有效实施翻转课堂。

第四步，推动翻转课堂。

2014 年，可汗学院的教学视频课程超过 4 000 例。其视频资源涵盖数学、历史、金融、物理、化学、生物、天文、经济和计算机等学科。可汗学院免费提供的优质教学视频解决了实施翻转课堂的重要问题，这就大大降低了广大教师进入翻转课堂的门槛，从而推动了翻转课堂的普及，使翻转课堂作为一种新型的教学形式迅速走出科罗拉多州，风靡全美。

三、百花齐放的翻转课堂

2011 年，可汗在 TED（一个以传播新理念为宗旨的演讲会）做了一个著名的题为《用视频再造教育》的演讲，他介绍说美国已经有很多中学生晚上在家里观看可汗学院的数学教学视频，第二天回到教室做作业，遇到问题时则向老师和同学请教。翻转课堂因此被加拿大的环球时报评为 2011 年影响课堂教学的重大技术变革。自此，翻转课堂成为全美教育者广泛关注的热点，随后，美国很多地区和学校纷纷根据自己经验和实际情况对翻转课堂进行尝试和探索，掀起翻转课堂研究、实践与应用的热潮。他们研究翻转课堂的内涵和特征，探索翻转课堂的教学模式。美国经过多年的翻转课堂实践探索，已经有了许多成功的案例，如明尼苏达州斯蒂尔沃特市石桥小学、克林顿戴尔高中、马里兰州波托马克市布里斯学校、密歇根州东大急流城高中、得克萨斯州达拉斯地区生活学校、加州河畔联合学区等学校的翻转课堂模式，影响了全球的翻转课堂实践。

这些翻转课堂探索和实践表现出各自不同的特征。

第一，一些学校的翻转课堂非常重视网络学习平台的使用和学生学习信息的跟踪分析利用，如美国明尼苏达州斯蒂尔沃特市石桥小学，学生可以按自己的学习进度在家里观看 10 ～ 15 分钟的讲课视频，之后会接受 3 ～ 5 个问题测验，看他们是否理解教学内容，测验结果会即时反馈。教师则使用 Moodle 软件平台跟踪学生在家学习的过程，锁定那些学习有困难的学生。教师们相信，不同水平的学生都有个性化学习的需求，而翻转课堂能使他们有更好的学习体验。

第二，一些学校非常重视学习环境的构建和应用，学习环境的创新和建设会带来意外的惊喜，如在美国高地村小学，教师鼓励学生带技术入课堂，包括电子书、平板电脑和智能手机。传统教室中排列整齐的课桌不见了，取而代之的是圆桌、沙发和一排计算机终端。校长肖纳 · 米勒说，“星巴克教室”的想法来自学生，他们希望在教室中更加放松，有类似咖啡馆的氛围。这种新风格的课堂是德州路易斯维尔学区努力建设面向 21 世纪学习环境的一部分。以科技为中心的战略已经得到回报，学生们更喜欢在这种宽松的环境中学习，他们的表现也越来越好。

第三，一些学校大胆实施全校翻转，让薄弱学校变成强校，如美国克林顿戴尔高中是全美第一所实施全校翻转的学校。在用两个班经历了两年的翻转课堂试验后，校长格雷格·格林大胆地在全校实行翻转模式。在实施翻转课堂一年后，学生的学业成绩大幅度提高，165 名新生中，只有 19% 的学生不及格，而原来这一比例一直在 50% 以上。曾经，这所底特律的郊区学校是本区声誉最差的学校之一，现在这里正发生着巨大变化。

第四，一些学校重视视频的优势和使用，重视学生的独立思考能力和问题解决能力的培养，如美国马里兰州波托马克市的布里斯学校。教师史黛丝·罗桑的翻转教学原则是，学生最好的选择是自己解决问题，如果不能，再向学习伙伴请教，最后才是向老师求教。AP 微积分课程显示出两个与众不同的地方一是学生没有显得不堪重负，二是教师在课堂上讲得很少。教学效果令人意想不到，史黛丝提前一个月完成课程，并且美国大学预修课程得到满分 5 分的学生人数明显增加。这一切源自史黛丝翻转了 AP 微积分课堂，这不但可以帮助学生轻松理解往常难以掌握的微积分核心概念，还帮助她一个学期完成了更多的美国大学预修课程材料。

第五，一些学校非常重视视频的作用和使用，重视实验教学和互动教学，如在美国密歇根州东大急流城高中，第一位尝试这种教学方法的是生物学课程老师詹尼斯·霍夫。翻转课堂给了她更多的时间用于与学生做科学实验和互动，而不是像以前那样在课堂上为完成课程进度而忙碌讲授。与很多教授该课程的教师一样，詹尼斯发现，在指定分配的课程周期内试图涉及所有教学内容，时间是最大的障碍。她还发现在翻转课堂中以前要花 40 分钟的课堂讲解可以压缩在 10 ～ 12 分钟的视频中，大大节省了她和学生的时间。

第六，一些学校非常重视课堂的讨论教学、实验教学和互动教学，重视学生的分层教学和个性发展，如在美国得克萨斯州达拉斯地区生活学校，布雷特·维廉是一名有 13 年工作经验的教师，他在不同班级实施有区别的化学教学翻转。翻转课堂的实施，使布雷特和他的学生们有大量的时间进行如讨论、实验、互动等课堂活动。同时，教师也有更多时间帮助学生开展化学应用实践。布雷特利用翻转课堂实现了真正的分层教学，因为普通学生可能在基本技能上需要额外帮助，而较好的学生则需要更多实验时间。翻转课堂还能帮助教师有效评估每个学生的学习，并针对他们的基础提供相应的自定义课程内容，实现真正的个性化学习。布雷特能有效评估每位学生的学习，并针对学生的基础提供相应的自定义课程内容，与学生一起解决问题，发现学生各自的优势，把学生推向更高的水平。布雷特的实验结果基本上是正面的，并在第一年就实现了全部学生的成绩提升。

再如美国马里兰州波托马克市布里斯学校。这所学校的罗伯特副教授在大一新生的数学实验课上采取了翻转课堂式的教学。课程开始前，每位学生需申请一个博客，该课程每周有2课时，大约80分钟。他是这样翻转课堂的：课堂外，学生需先观看由他借助录屏软件录制并发布到博客上的6～8分钟的主题视频，对要学习的主题内容有个整体性的了解，学生再根据教师提供的、与该学习主题对应的知识和能力资源进行自主学习，之后学生被要求完成相应的练习来巩固学到的内容，同时要按照教师的要求将完成的任务提交到博客上；课堂上，教师让学生先用5分钟做几道多项选择题，以此了解他们对基本知识的掌握情况，接下来教师会花5～10分钟来解决学生课前学习中出现的问题，再将剩余的60分钟让学生以小组的形式来做与主题相关的实验，在此过程中教师给予针对性的指导。罗伯特副教授的实施结果显示，这种教学模式下学生的学习能力有了很大提高，真正使学生成了学习者，而且学生愿意继续使用这种教学方式。这归功于罗伯特副教授结合大学生学习的特征以及该课程的特点进行的层层递进的设计。

第七，一些学校抓住了翻转课堂的核心环节，非常强调信息技术在写作教学中的应用，不把主要精力集中在视频制作上，而强调教师在课堂上如何支配增加的自由时间，对语言类课程教学具有非常重要的启发意义，如在美国印第安纳州波利斯市圣托马斯·阿奎那天主教学校。卓伊是一位英语教师。他录制讲座短片来给学生讲解如何使用正确的语法写作，学生在上课时就使用谷歌文档进行写作，在他的帮助下编辑段落、编排格式和解决其他问题。卓伊说："很多人把主要精力集中在视频制作上，但实际上，最重要的是教师在课堂上如何支配增加的自由时间。"在实验还只进行两个月时，卓伊已经感觉到学生的学习有了明显改善，他最重要的体验就是"在上课时间我能做到与每个学生进行一对一教学"。

第八，视频不是翻转课堂的唯一工具和资源，一些学校采用基于平板电脑的数字化互动教材实施翻转课堂，如美国加州河畔联合学区的翻转课堂的最大特点是采用基于平板电脑的数字化互动教材，融合了丰富的媒体材料，包括文本、图片、动画和视频等媒体的展示功能，还结合笔记、交流与分享功能。与其他地区教师通过自备视频和教学材料翻转课堂相比，互动教材更节省了教师的备课时间，也更吸引学生沉浸其中。购买互动教材需要投入更多资金，这在目前经济不景气的时期显得不合时宜，然而试验的成效还是让学区觉得物有所值，据统计结果显示：使用互动教材的学生中有 78% 的人获得了“优秀”或“良好”排名，而使用传统纸质教材的学生只有 58% 的人获得了相似排名。

四、翻转课堂的本土化

在我国学校教育中实施翻转课堂，必然受到我国现有教育文化和教育体制的制约与挑战，包括应试教育评价与翻转课堂评价的冲突；中国人保守、谨慎、含蓄、尊重权威等人格特点，制约了学生批判性思维和独立思考能力的培养；大班教学影响了翻转课堂互动教学等。但这并不意味着面对挑战，翻转课堂只能被动地接受现实的改造，相反，翻转课堂的选择是超越和变革学校教育的现实。

2011 年，重庆市聚奎中学第一个引进和实践翻转课堂。2013 年 9 月，山东省昌乐第一中学在高一、初一分别随机选取 2 个实验班级，在所有学科中实施翻转课堂实验，并逐步过渡到全校全学科翻转。在此之前，我国中小学进行了大量的“类翻转课堂”的教改实践和研究，为翻转课堂的引进和实施奠定了良好的基础。根据“翻转”的全面性和深刻性、“翻转”所依据的载体和技术支持，我们可以将我国翻转课堂的发展过程分为三个发展阶段。对不同发展阶段的特征和规律进行深入分析研究，有利于人们理清翻转课堂的渊源和预见未来发展趋势，正确地理解翻转的本质，并结合我国教育教学的实际开展有效的翻转改革。

（一）“前翻转”阶段

在我国一些研究者看来，第一代的“翻转课堂”，是我国中小学校早已尝试和开展了的、类似“翻转”的“学案导学、先学后教、以学定教”教育教学实验改革，典型的案例包括江苏省洋思中学的“先学后教，当堂训练”、山西省新绛中学的“自学——展示模式”、江苏省木渎高级中学的“问题导向自主学习模式”等。对这些教学改革实验进行深入的分析，有利于理解我国翻转课堂实验的教育文化背景。

1.“高效课堂”教学改革实验

（1）江苏省洋思中学的“先学后教，当堂训练”模式

泰兴市洋思中学本是一所地处偏僻的村联办初级中学。1980 年创办之初，只有施教区 6 个村，2 排平房，5 个教学班，1 名公办教师，4 名民办教师，8

名代课教师。教学设备几乎全无，课桌全是借的。就是在这样“三流办学条件、三流师资队伍、三流生源质量”的情况下，洋思中学成功地创立了全新的教学模式，创出了一流的教学业绩。现今的洋思中学已经是闻名全国。自1990年以来，洋思中学的入学率、巩固率、毕业率、及格率一直达100%，优秀率居泰兴市之首，被江苏省授予“先进集体”“德育先进学校”“模范学校”等称号；截至目前，来自全国各地到该校学习、取经的教育工作者近百万人。洋思中学的成功主要是来源于它所独创的“先学后教、当堂训练”的教学模式。

洋思中学的教改者认为，当前我国中小学课堂教学存在着三个大难题：一是教师在课堂上讲得太多，不利于培养学生的自学能力；二是学生的课外作业太多，加重了学生的负担；三是每所学校都有大量后进生，许多任课教师和班主任都束手无策。为解决这一问题，洋思中学进行了大胆的改革和创新。改革的结果是形成了洋思中学“先学后教，当堂训练”的课堂教学模式。先学：在课堂上，学生在教师未开讲之前紧紧围绕本课时的学习目标，按照教师的自学指导要求进行自我实践、自我探究、自主学习。后教：在先学的基础上，师生就学生在先学中存在的问题进行相互实践、相互探究、相互学习的互动过程。因此，先学后教的“教”字，不是教师教，而是教师对学生做的习题做出评判，个别不会做的由教师指导。当堂训练：教师当堂布置作业，学生当堂完成，教师当堂检查，课后不留作业。这是在先学、后教之后，让学生通过一定时间和一定数量的训练，应用所学知识来解决学习问题，从而加深对课堂所学重难点知识的理解。语文课是学生自读课文，自己分析课文；数学课由学生自学例题，自己做练习题；理化课变成了游戏课，学生一边看书，一边做实验，也不需要教师讲解和演示。每堂课教师的讲授时间不超过4分钟。

洋思中学的经验可以概括为两点：一是强调学生自学；二是强调互学和训练。过去我们认为教师讲得越细，学生学得就越容易，课堂教学效率就会越高，就像钻山洞一样，教师领着学生钻比学生自己摸索可能更快一些。但是我们没有想到，这样做会养成许多学生不动脑筋的习惯，只是被动地听课，不愿主动地学习。其实书本上大部分知识学生通过自学都能够解决，教师的讲反而更耽误时间。洋思中学的经验证明：学生的自主学习能力不可低估。平时教师需要讲十几分钟的内容，学生自学三四分钟就可以了。学生自学几分钟就开始做题，不会的再回头看例题或相互讨论，基本就能做习题了。这个过程是个不断反馈的过程，学生不是看一遍就全部会了。这样，学生自学积极性更大，效率更高。洋思中学教改的科学性和有效性表现在以下方面。

①教师规定学生自学几分钟就要做练习题，学生有一种紧迫感，不认真看

就不会做练习题，落在别人后边，从而培养了学生的竞争意识。学生自学比被动地听教师讲课积极得多，这样真正突出了学生的主体地位。

②强调好学生教后进生。在学生相互讨论的过程中，实际是好学生教后进生的过程。好学生在自学的过程中基本上都明白了，而后进生还有一些问题没搞清楚，通过好学生的讲解，自然也就明白了，在这里实际上运用了陶行知的小先生制。后进生光靠教师一个人忙不过来，发动好学生都来帮后进生力量就大了。

③后进生在自学的过程中也有一种紧迫感，别人在有限的时间看完了例题能做练习题，自己不会做也丢人，增强了他们的竞争意识和好胜心。

④培养了后进生的自学能力，一旦自学能力形成了，他们进步的幅度就会加快，就会在较短的时间赶上班内的中游学生。

洋思中学的核心是强调自学、互学、练习的重要性，摒弃教师"满堂灌"的填鸭式教学。这些教育教学理念与教学策略与翻转课堂的理念具有许多共通之处。洋思中学的教育教学改革实践，为翻转课堂实施无论是在教学理念还是在操作实施上都提供了可供借鉴的基础。

（2）山西省新绛中学的"自学—展示模式"

①实施教学改革的背景。新绛中学是山西省首批重点中学，是一所有光荣传统和辉煌业绩的百年名校，创办于1902年，历史悠久。在长期的办学实践中，该校以"教风严谨，学风刻苦，成绩卓越，特色鲜明"而誉满三晋，为高等院校和祖国建设培养了数以万计的优秀人才，树立了良好的社会形象，获得了"山西省示范高中""山西省文明学校""山西省特色中学""山西省传统体育项目学校""山西省集体二等功""全国群众体育先进集体"等一系列荣誉称号。但在2004年以后，学校一度遭遇办学危机：周边一批民办学校兴起，学习成绩好或家庭经济条件好的学生都选择到市区和民办学校就读，这导致学校生源质量明显下降，部分教师也辞职到民办学校去拿高薪了。在这种情况下，如果不进行改革，新绛中学就没有出路。"生源相同的情况下，教学质量取决于模式；模式相同的情况下，教学质量取决于生源，我们要提高教学质量，就必须进行课堂改革，彻底改变教学模式。说明白了，就是激发学生的学习自主性，要打倒教师满堂灌！"校长宁致义说。从2005年开始，新绛中学尝试课堂教学改革。2008年，随着山西正式进入高中新课改，新绛中学也开始在全校大规模推进教改，并逐渐形成自己的特点。

②新绛中学改革的特点。新绛中学的改革模式——半天授课制，被外界描述为："每天只上半天课，高考录取率不降反升。""半天上课，半天自主不

是我发明的，帕夫雷什中学就是这样上课的。”校长宁致义如是说。苏联教育家苏霍姆林斯基为了保证学生的全面发展，在帕夫雷什中学建立了半日学习、半日自由活动的作息制度。

宁校长认为，教育教学改革首先是要克服传统班级授课的几个弊端：一是班级授课制是在完成教师教的任务，而非完成学生学的任务；二是学生是学习的旁观者而不是参与者，教师价值得到实现，而学生个性被压制，最终使学生厌学；三是班级授课制与现行的考试制度相结合，使教育成为杀人的教育；四是择校和生涯大战造成的困扰。

要克服传统课堂的弊端，就要对课堂结构进行变革。新绛中学的自学—展示模式的课堂改革思路可以概括为“半天授课制”，其含义是半天自主课，半天展示课，即每天上午的五节课为展示课，下午三节和晚上的三节课为自主课。学生在每天下午和晚上的自主课学习知识，第二天上午的展示课内化知识、拓展能力，与翻转课堂极为相似。苏州市电教馆原馆长金陵老师将其称之为“中国式的翻转课堂”。

在自主课堂，教师设计学案，学生在学案指导下，读书思考、查资料，完成学案，写学习报告。这个报告又叫任务报告，就是为第二天展示课做准备的。在展示之前，学生的学习报告要经过教师验收。除此之外，学生还要填写互动卡。互动卡上主要写自己什么还不会、存在什么困难、还需要什么帮助、还想知道什么等内容。此卡可以由学生个人填写，也可以以小组为单位填写。在自主课堂上，教师的主要任务是巡视课堂、发现问题、个别指导，但不讲课。下课时教师收回互动卡，并通过阅读互动卡，了解学情，调整教学设计和教学策略。因此，评价自主课的主要依据是互动卡的填写质量和学习报告的完成情况。

概括来说，自主课的基本原理是教师通过学案指导学生自主学习。学生自学成果被凝固在学习报告中，并通过互动卡反馈学习存在的问题。教师通过验收学习报告和阅读互动卡监测学生的学习的效果。

在展示课堂上，第一步要解决学生填写在互动卡上的问题，第二步是多种形式的展示。学生在教师的组织下，上台提出或讲解问题，将自己的思路、观点、方法以多种方式展示出来。展示不是简单地展示问题的答案，而是要展示问题解决的思维过程。其他学生进行质疑，负责展示的学生需要答疑，其他学生也可以给予帮助和支持。这样做的目的是把所有学生的主动性和积极性都调动起来。在学生展示过程中，教师要进行观察、记录，学生最后遇到不能解决的问题，要给予引导。引导不是给答案，而是提供启发思考的提示，最终要由学生来找到答案。最后教师对课堂活动进行必要的点评。

展示课的基本过程是：第一步，解决自主课的余留问题；第二步，展示学习成果；第三步，质疑和答疑；第四步，点评和总结。

新绛中学的学案课堂与翻转课堂具有本质的区别，但在形式上具有极为相似之处，一些操作策略仍然可以为翻转课堂的实施提供借鉴，如课前如何引导学生深入学习并监测学习效果，翻转后的课堂时间和空间如何充分利用等。

（3）江苏省木渎高级中学“问题导向自主学习模式”实验

据金陵老师的介绍，20 世纪 80 年代，江苏省木渎高级中学创造了一种今天叫作“问题导向”的自主学习教改模式，具有“翻转课堂”的意义。这项实验要求教师在备上一节课时，设计下一节课学生自学的任务，预习任务必须明确，即今天所谓的任务驱动、问题导向。在下一节课上课前，教师需要了解学生的预习情况，以便在课堂教学中因势利导；还要设计拓展教学深度的问题或案例。在上课的时候，教师需要控制学习进度，确保时间集中在深度拓展方面。木渎中学教师备课考虑的问题图，如图 5-1 所示。

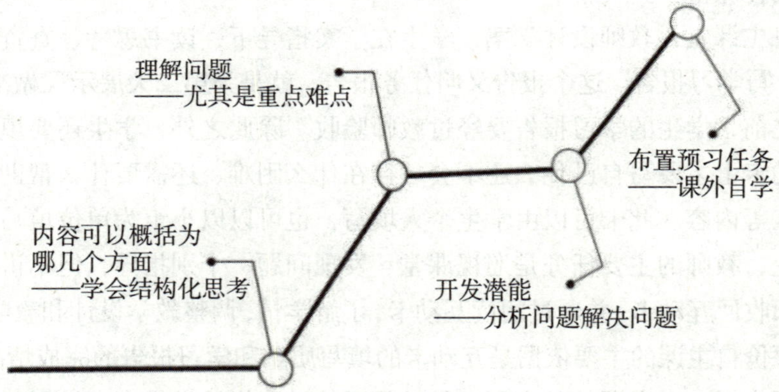

图 5-1　木渎中学教师备课考虑的问题图

实验要求学生通过预习学会结构化思考，自主解决重点、难点和热点问题，逐步培养今天所说的探究精神和解决问题的能力。

在课堂教学活动中，教师根据学生预习情况分配学生交流学习成果的任务，既使之享受成就，又有利于互相启发、触类旁通。教师聆听学生发言，把握其思维脉络，学会智慧指导。尤其是把时间集中在深度拓展上，提高学生分析问题和解决问题的能力，教学质量不愁得不到提高。

与当前真正意义上基于信息技术支持的“翻转课堂”不同，这些模式中，学生并不使用微视频和在线做题，而使用导学案、课本和习题册等文本学习材料，所以其又称“导学案翻转”阶段，“先学后教”教学模式。传统的、工业时代的教学，以“课堂上教师讲、学生听，课后复习巩固和完成作业”为主要形式，统一的教材内容、统一的教学方式和教学节奏，学校是育人的工厂，课堂成了教学的流水线，学生的创新能力得不到培养，个性得不到发展。相对传统的、工业时代的教学而言，这一阶段的“翻转”，由于在导学过程中，强加了知识的预习，学生部分掌握基本知识，或者对知识已经比较了解，知识传授和知识内化的过程发生了某种程度的改变，课堂上的教学可以少讲多练，以训练为主。而相对真正意义上的“翻转”，由于缺乏授课视频的支持，在“先学”阶段，学生对知识的掌握程度还比较低。很多内容还依赖教师在课堂上讲解，即“后教”。知识传授和知识内化的过程还没有根本性改变，课堂乃至整个教学过程局限于知识的理解和应用训练，缺乏知识评价和知识创新。由于时间和空间的制约，知识的巩固和内化难以完全完成，为了保证考试成绩，多数教师还会布置大量的课后作业。所以这一阶段的“翻转”称为“准翻转”。

2. 信息技术与课程教学整合实验

在世界教育改革风浪中，信息技术与课程整合一度成为我国中小学最重要的议题。教育部在《基础教育课程改革纲要（试行）》中提出：“大力推进信息技术在教学过程中的普遍应用，促进信息技术与学科课程的整合，逐步实现教学内容的呈现方式、学生的学习方式、教师的教学方式和师生互动方式的变革，充分发挥信息技术的优势，为学生的学习和发展提供丰富多彩的教育环境和有力的学习工具。”信息技术与课程整合的理念提出后，各地区和学校都在积极地进行探索与实验。

信息技术与课程教学整合实验开始仅仅是把信息技术当作学生的对象，培养学生的信息技能和信息素养，或仅仅把信息技术作为辅助教师教学的演示工具应用于课堂教学中，最后发展到以促进中小学教学方式的根本性变革，培养学生的创新精神和实践能力为目标，将信息技术应用于课程教学的各个领域。核心是培养学生掌握信息时代的学习方式：会利用资源进行学习、学会在数字化情境中进行自主发现的学习、学会利用网络通信工具进行协商交流、学会合作讨论式的学习、学会利用信息加工工具和创作平台、学会进行实践创造的学习。

信息技术与课程教学整合的教学理想是实现“以教师为中心”向“以学生为中心”的教育理念转变，灌输式教学方式向探究式学习方式转变，教师由知识传授者变为学生的促进者，学生由被动学习者变为主动学习者。这些教学理想的确吸引了大批的年轻教师或喜欢接受新事物、新技术的中老年教师参与课题研究和尝试。

但实际推广应用中，却遇到了巨大的困难。信息技术引入课堂，并没有改变传统的教学模式。20 世纪前期苏联凯洛夫创立的“五环节教学法”（组织教学、复习旧课、讲授新课、巩固知识、布置作业）的庞大惯性力量一直延续到现在。

虽然教师重视课堂时间的开发和利用，学生渴望更多主动探究和协作学习的时间，研究者希望培养学生的创新思维和实践能力，但无奈课堂的时间和空间的制约，由于教师讲授仍然占用过多时间进行讲授，而使探究学习和协作学习流于形式，甚至落空。

（二）初级翻转阶段

初级翻转阶段的典型案例是重庆聚奎中学的翻转课堂实验，他们的翻转课堂是基于视频和学习管理平台的，每位学生都有平板电脑作为自己的学习终端。课前，教师集体备课，制作导学案，并由学科组教师代表录制 10 ～ 15 分钟的教学精讲视频，然后上传到“校园云”服务平台。学生根据教师发布的导学案，通过观看相应的教学视频进行自主学习，在网络学习平台上做测试题，教师通过平台的及时反馈来了解学生的学习情况，从而调整课堂教学。课中，学生先独立做教师布置的作业，对于难题，则通过小组、师生之间讨论协作给予解决。教师巡视课堂，给学生以必要的个别指导。随后，学生完成网络平台上或其他资料上的相关练习，并通过观看教师录制的习题评析视频进行自主探究、反思提高。

相对于“准翻转”，这一阶段的“翻转”最大的区别是主要通过“让学生在课前观看授课视频”的方式传授知识。在信息技术的支持下，“翻转”改变知识传授、知识内化的时间和空间。传统教学中，学生的学习过程由两个阶段组成：第一阶段是“知识传递”，是通过“教师讲，学生听”的过程来实现的；第二个阶段是“吸收内化”，是在课后通过“学生独立完成作业”的过程来完成的。由于缺少教师的支持和同伴的帮助，“吸收内化”阶段常常会让学生感到挫败，使其丧失学习的动机和成就感。课堂“翻转”后，“知识传递”是学生在课前进行的，教师不仅提供了视频，还可以提供在线的辅导；“吸收内化”是在课堂上通过“作业 + 辅导”的方式来完成的，教师能够提前了解学生的学习困难，在课堂上给予个性化的辅导。

利用教学视频开展“翻转”，比起用“导学案”等文本材料实施“翻转”

具有两大优势：一是教学视频的知识表征形式，具有知识、思维可视化和动态化的特点，有利于学生理解知识和创新知识；二是学生能根据自身情况来安排和控制自己的学习。学生在课外或回家看教师的视频讲解，完全可以在轻松的氛围中进行，而不必像在课堂上教师集体教学时那样紧绷神经，担心遗漏什么，或因为分心而跟不上教学节奏。学生观看视频的节奏全由自己掌握，懂了的快进跳过，没懂的倒退反复观看，也可以停下来仔细思考或做笔记，甚至还可以通过聊天软件向教师和同学寻求帮助。但这一阶段的“翻转”，研究和实践的重点在于授课视频的开发应用和自主学习环节，课堂教学活动设计还比较单一，主要以完成作业为主，学习内容和学习目标还停留在低阶思维学习。因此，这一阶段的“翻转”目标：教师创建视频，学生在家中或课外观看视频中教师的讲解，回到课堂上师生面对面交流和完成作业。

（三）“全面翻转”阶段

“全面翻转”的特征可以用“课前观看视频＋课堂师生研讨”来描述，是我国翻转课堂的发展方向。

全面翻转”与“初级翻转”的最大区别是，前者的“翻转重点”在于课堂教学活动设计。教学内容在课外传递给学生后，课堂内更需要高质量的学习活动，而不是简单、初级的“辅导＋作业”，这包括学生创建内容、独立解决问题、开展探究式活动、实施基于项目的学习等，主要是发挥同伴助学的作用。如果说“初级翻转”是部分翻转的话，这一阶段的“翻转”，则是教学流程、教学理念、师生角色、教学模式的全面“翻转”。翻转课堂的实施必须从“以教师为中心”，“翻转”到“以学生为中心”，充分尊重每一位学生的学习需求，变革传统的学习方式和教学方式，通过在线学习与面对面教学的有机融合，实现因材施教的个性化掌控学习。它是对知识传授、知识内化过程进行全面和深刻的变革。从“传授知识”到“知识内化”，是一个从简单到复杂、从易到难的递进和上升的过程。“翻转课堂”的本质被理解为，不仅授课视频教学取得了传统的课堂讲授，而且课后作业的复习巩固功能也被更加有效和高阶的协作探究、展示质疑等学习过程所替代。

从“初级翻转”到“全面翻转”，更本质的变化是，前者以应试教育为背景，以提高考试成绩为目标，以更长时间的课堂训练为手段。后者则以素质教育为背景，以促进学生的创新型智慧发展为目标，以探究协作学习为手段。

五、翻转课堂的偶然性与必然性

翻转课堂教学模式的诞生，可以说具有非常大的偶然性，但新事物的发生，偶然中存在着必然。理解翻转课堂产生的偶然性和必然性，对人们深刻理解翻转课堂的本质和教育教学改革的规律，都具有特别重要的意义。

（一）翻转课堂的偶然性

翻转课堂起源于美国科罗拉多州落基山的一所山区学校——林地公园高中，可以说非常偶然和意外。2007 年春天，开创翻转课堂教学模式的两位化学教师乔纳森·伯尔曼和亚伦·萨姆斯开始使用屏幕捕捉软件录制 PPT 的播放和讲解，制作视频上传到网络，目的非常纯粹，就是以此帮助课堂缺席的学生补课，开始并没有想到这一行动对翻转课堂的意义。不久，情况发生了意想不到的变化。这些在线教学视频被更多的学生接受并广泛传播开了。一些学生因为课前观看了教学视频，在课堂再也不愿意也不需要专心听教师重复讲授一遍，两位教师索性以学生在家看视频听讲解为基础，节省出课堂时间让学生完成作业或做实验，并对有困难的学生提供个性化辅导和帮助。这一“在家看视频，课堂完成作业”的教学模式，逐步受到全州、全美甚至全世界的关注。这就是翻转课堂的由来或起源。

（二）翻转课堂的必然性

表面上看，翻转课堂的产生确实具有非常大的偶然性。它出生于一所山区学校，而不是别的地方；它出自两位化学老师的教学实践，而不是别的学科老师；它发生在 2007 年，而不是别的时间节点，等等。但马克思主义哲学告诉我们，在种种偶然性的过程中都包含着必然的东西，没有纯粹的偶然性。必然性是规律性的主要特征，只有认识必然性才能把握规律性。那么，翻转课堂的产生具有哪些必然性呢？

1. 信息化教学采用翻转课堂的必然性

随着信息技术特别是互联网技术的发展与应用，人类早已进入信息社会，但学校教育仍然沿用工业时代标准化、灌输式的教育教学模式，学校是个教学工厂，课堂是一条条生产标准化“人才”的流水线。这一教学模式，具有两“顽疾”。

一是扼杀人的创造力。好奇心是驱动力，推动我们去探寻。依靠想象力，我们可以拓展思维空间，使探寻超越现实的局限。而批判性思维让我们挑战已有的知识，永远去寻找新的、更好的答案。因此，好奇心、想象力、批判性思维是创造力的三个元素。但传统教学重视知识的传授和灌输，忽视对好奇心、想象力和批判性思维能力的培养，从而扼杀人的创造力。

二是扼杀人的个性。传统课堂上统一的教学内容、统一的教学进度、统一的教学要求，课后统一的作业与要求、统一的评价标准，忽视人的差异性，重整体，轻个体，重求同，轻求异。

为了医治学校教育的两大“顽疾”，教育界的有识之士进行了长期的探索和努力，试图以技术改革课堂。他们先是给教学领域“开方抓药”，或媒体辅助教学，或用“媒体的教学”代替“人的教学”；后是在课程领域进行“手术”。进入21世纪以来进行长达十年的信息技术与课程整合实验和新课程改革，倡导自主学习、协作学习和探究学习，但由于受到时间和空间的制约，最终摆脱不了“填鸭式”教学的困境。

互联网革命，使人类从资源短缺时代进入过剩时代。互联网的广泛应用，带来了知识和信息的多源性和易得性，学生拥有了选择权力，教师已经不是唯一的知识来源，教师的话语权会逐渐被消解。教师应该如何教？学生应该如何学？新一轮的课程和教学改革迫在眉睫，翻转课堂应运而生。

翻转课堂在克服传统课堂教学的弊端，变革教学结构方面做了两大贡献。

一是实施个性化学习。传统课堂中任课教师只能以单一的教学计划和推进策略来面对全班50个不同的学生个体。教师讲出一句话、一个概念、一种方法，学生即便没听到或者没听懂，也无法让教师停下来，无法让教师再讲一遍。而在翻转课堂中，学生可以利用平板电脑、智能手机甚至云书包，登录互动平台进行学习，系统自动记录学生的学习数据。学生可以将自己喜欢的“老师”请回家，需要时可以让“老师”暂停，如果没听明白还可以请“老师”再讲一遍。学生完全可以按照自己的节奏和步调掌握学习。

二是创新学习。传统课堂基本都是灌输式教学，重视客观、普遍的知识传授，教师在灌输式教学中处于中心地位，学生被看作知识容器；教学过程强调教师对学生的控制，强调知识对学生的控制，其过程呈现封闭的特点，其教学远离生活世界。而“翻转”的课堂，是一个深度学习过程。

由于学生在课前的视频学习中已经对所学知识有了一个全面的了解，课堂上教师已经不必花时间进行讲授，腾出来的时间，教师可以帮助学生对所学知识进行系统化和整体化处理。学生有机会进行协作探究，自己发现问题解决问题，培养批判性思维和创新能力。

2. 信息技术为翻转课堂提供了物质技术基础

翻转课堂不是在线课程、视频课程的同义词，更不是用在线课程、视频课程取代教师。但翻转课堂绝对是技术促进和支持的教学和学习，主要表现在如下几个方面。

①录屏录像专家、录屏大师等录屏软件的开发和应用，大大降低了视频制作的成本和技术门槛。“微课”的推广应用，使得教学视频资源越来越丰富。

②由于云计算、智能手机、平板电脑等储存和播放技术的应用，使教学视频得以随时随地被使用和观看学习。

③可汗学院五千多个教学视频为美国的翻转课堂提供了保障。2011 年 3 月，萨尔曼·可汗在 TED 发表主题为《用视频再造教育》的演讲，使世界的眼光再次聚焦到“翻转”的课堂上，“翻转”的课堂在全球范围内引发大众的关注热潮。

翻转课堂借助技术提供了一种提升师生良性互动的方式；它借助技术营造了一个学生是学习活动的主人的学习环境；它借助技术创设一个新的课堂：在这个课堂上，教师不再是讲台上的贤能者，而是学生旁边的引导者。由于技术的支撑，当学生生病、参加运动比赛或实地考察等活动而无法上课时不会落下功课；由于技术的支撑，学习内容被永久保存以备复习；由于技术的支撑，全体学生有望得到个性化的教育；由于技术的支撑，良性互动和面对面的、有意义的、深度的学习活动有望发生。

从以上分析可以看出，翻转课堂教学模式的诞生，有一定的偶然性，但不是个孤立的事件。其既是教育教学改革创新发展的结果，也是信息技术特别是网络技术发展应用的结果。偶然中存在着各种必然和联系。乔纳森·伯尔曼和亚伦·萨姆斯开创的“翻转课堂”迅速成为全球教育界最为关注的教学模式，甚至有学者认为其“可能是自欧洲文艺复兴以来的教室授课模式之后的重大变革”。他们认为，如果不是他们，也会有其他人开创“翻转的课堂”。说明它诞生于肥沃的土壤，具有深厚的基础。它代表了教育教学改革发展的方向和趋势，具有强大的生命力和发展空间。

六、中美翻转课堂的比较分析

由于中美两国的教育文化和教学环境的差异，导致此“翻转”与彼“翻转”还是有着相当大的区别。认真研究这些差异，有利于翻转课堂在我国的本土化有效应用。

（一）“翻转”出发点和目标的差异

美国学校应用翻转课堂有两个原因。

一是帮助繁忙的学生。美国的学生都很忙，学生会工作、做义工、训练、比赛、演出等活动让一部分学生没办法安静地坐着听教师讲课，但是又不可能放弃这些课外活动，因为大学招生需要它们。因此，这些学生非常需要能够快速传递的课程内容，不至于在忙的时候错过学习。显然，翻转课堂能提供很棒的机会。其巨大的灵活性让学生能自主安排忙碌的时间——提前学习或事后补课，做到课程和活动两不误。

二是帮助学习有困难的学生。在传统课堂教学方式中，最受教师关注的往往是最好和最聪明的学生，他们在课堂上积极举手响应或提出很棒的问题。而与此同时，其他学生则是被动听讲，甚至跟不上教师讲解的进度。翻转课堂的引入改变了这一切。最让学生兴奋的是能够暂停、倒带、重放讲座视频，直到听懂为止。而课堂上，教师的时间被释放，可辅导每一位有需求的学生，而这时往往教师的大部分时间都围绕着学习有困难的学生。

我国翻转课堂的出发点是解决教育教学存在的问题和弊端。了解这一点，人们才能抓住关键，明确目标。例如，我国中小学校早期开展的“先学后教”翻转实验，试图以课前的自主学习来改变传统的“满堂灌”教学；现代“翻转”的最初阶段，以观看教学视频替代传统的课堂讲授，以保证学生可能按照自己的节奏进行学习，将完成作业的任务安排在一个有同伴帮助和教师辅导的环境中进行；“全面翻转”阶段则以协作探究、展示质疑的高阶思维发展过程替代传统的、单一的复习巩固和课后作业形式，以培养学生的批判性思维和创新能力。

美国中小学课堂一直非常重视课堂讨论和创新能力的培养，因此他们的翻转课堂实验在目的上并没有过多强调这一点，而仅仅强调轻松、有效地进行补课或解决部分学生跟不上教师讲课进度的问题，并为师生课堂互动提供更多时间。

（二）翻转学习技术和学习环境的差异

美国的翻转课堂现已具备了较为成熟的课程内容和学习管理系统。例如，可汗学院邀请顶级课程专家和教师对课程内容进行设计和讲解，通过在线课程学习和管理平台，向全美学生免费开放。在线课程平台是一个完善的学习管理系统，这一系统可以对学生的自主学习给予及时的评价和反馈，通过游戏化学习方式提升学生的学习兴趣。同时，学习平台能把学生的整个学习轨迹记录下来，方便教师对学生进行个性化的分析，以实现因材施教。

翻转课堂要求运用信息技术有效组织学习内容，让学生在课外通过网络随时随地获取学习资源，开展跨时空的课前自主掌控学习。但中国大部分学校信息化条件还比较落后，城乡间、校际教育信息化建设差距较大，尤其是农村学校教育信息化建设严重滞后。因此要在中国普及推广翻转课堂存在非常大的困难。当然在中国也有人认为，翻转课堂的实质是改变教与学的方式，因此并不一定在数字化学习环境下实施。

（三）翻转课堂教育文化土壤的差异

翻转课堂翻转的是教学流程、教学理念、师生角色、教学模式等。翻转课堂的实施必须从“以教师为中心”，翻转到“以学生为中心”，充分尊重每一位学生的学习需求，变革传统的学习方式和教学方式，通过在线学习与面对面教学的有机融合，实现因材施教的个性化掌控学习。翻转课堂的成败取决于教师的专业素养与职业精神、学生自主学习的方法与习惯以及学习资源的配置情况。由于中美两国学校教育文化和教育环境的差异，导致翻转课堂在两国的实施难度存在巨大的差异。

美国学校教育一直遵循“学为上”的原则，尤其注重学生自主学习能力的培养，倡导让学生主动求知，不能被动强求。在教与学的关系中，“学”总是被放在首位。他们非常注重学习方法的给予，从小学一直到大学，每一位教师的教学理念就是给学生知识的同时，传授相应的学习方法，让学生学会怎样去学。在开始翻转之前，美国学生已经具备了非常强的自主学习能力、意识和习惯。换言之，在翻转之前，学生就已经具备了非常好的自学能力条件和“翻转”条件。

在课堂教学中，美国学校教育一直倡导学生课前自主阅读，独立思考，课堂讨论、实践、创新，将课堂当作轻松活跃、协作探究、主动求知的学习中心。在翻转之前，美国师生对翻转课堂要求的小组学习、协作探究、展示质疑等课堂组织形式已经非常熟悉甚至应用自如，而且，“阅读—思考—讨论”教学模式，非常有利于培养学生的批判性思维，学生非常善于独立思考。因此，美国学校教育开展翻转课堂教学难度非常小。

长期以来，我国学校教育以教师为中心，以应试教育为导向，师生都习惯了教师主宰课堂，学生只能被动接受课堂教学形式。在漫长的学校教育进化过程中，教师、学生、家长乃至全社会都有一种潜意识：所谓学习，就是“听讲+作业”。这种教学模式，不仅制约了学生的创新思维和求知欲望，而且学生的好奇心和求知的欲望逐步退化，自主学习能力得不到培养，更谈不上形成主动学习的意识和习惯。另外，在讲究标准化答案、唯一性答案的中国教育体系里，学生的批判性思维和独立思考能力都非常薄弱。然而，为实现翻转课堂，却需要将知识传授的过程放在课前，借助信息技术的支持实现知识呈现方式、时间、空间的创新，其前提条件是学生具备自主学习能力、意识和习惯。因此，中国实施翻转课堂，需要给予学生更多的指导和训练。

在中国实施翻转课堂的另一个障碍是许多教师的观念难以实质性地转变。一些教师把自己的人生价值定位在“传道和授业”上，这些教师不能放手让学生自主学习。目前一些所谓的“翻转课堂”，并没有实现真正的“翻转”，在许多情况下，明明学生都已经学会了，教师还是要讲解一段时间。传统课堂的“教”，多是照本宣科，教师只把学生当作接受知识的容器，教学活动具有计划性、预设性的特征。教师按照自己课前设计好的教学方案去展开教学活动，而不会节外生枝。整个教学过程就像上紧了发条的钟表一样，什么时间讲授，什么时间提问给学生多少时间回答问题等都设计得丝丝入扣。教师善于演讲，善于吸引听课者的眼球，主角意识浓厚，表演欲望强烈。一位年轻教师经过数年的训练和适应，就会对这种教学程序和教学方式应用得得心应手。但在整个传统教学过程中看不到教师的随机应变，看不到教师对学生思维出现阻碍时的点拨。教师往往把教学过程看成是学生配合教师完成教案的过程，一定程度上忽视了学生学习主体的地位，很难看到教学过程的动态生成，很难看到富有生命活力的课堂。对于翻转后的课堂教学活动如何创新，如何唤起学生的学习热情和智慧活动的积极性，如何激发创意和不断探索的精神，对于许多中国教师来说是全新的课题，需要更多的学习和适应。

（四）学业成就评价的差异

美国学校教育以学生的个性发展和批判性思维能力的发展作为学生学业成就评价的标准，因此课堂组织任何形式的互动交流、协作探究活动都不会有任何障碍。教师组织翻转课堂活动变得非常简单。

我国学校教育受到应试教育评价标准的影响和制约，大部分的翻转课堂实施仍然以应试教育的经验和土壤为基础，以应试的思维形式翻转课堂，为应试教育服务。

（五）学习驱动和驱动工具的差异

在美国学校教育文化中，学生往往在课外进行大量的阅读，然后带着观点和问题进课堂参与互动交流，这是一种常态化的活动。如果学生在课前没有参与阅读，到了课堂就没有参与讨论的“资格”，因此课前的阅读和思考，是一种自觉行为。进入翻转课堂，仅仅是将阅读扩展到观看视频，同样不需要教师强加和督促，因而翻转变得顺理成章。

在中国，由于学生长期受应试教育的影响，即便开展翻转课堂，其学习的主动性和自觉性也难以在短时间形成。为解决这个问题，一些翻转课堂教学实践者便借助高效课堂使用的导学案来作为促进学生自主学习的工具。苏州市电化教育馆原馆长金陵老师则创造性地发明了自主学习任务单来作为驱动学生自主学习的支架。它是帮助学生在课前明确自主学习的内容、目标和方法的表单。任务单虽然把传统的知识点灌输转化为任务驱动，但学习的内容、目标和方法仍然是由教师规定和预设的。虽然它保留了“教师主宰学习”的痕迹，但在学生形成主动自觉学习习惯之前，用任务单来驱动学习和翻转课堂，仍然不失为一种有效的权宜之计。

综上所述，中美两国学校教育文化和教学环境的差异，必然导致两国“翻转”的环境存在非常大的差异。从美国引入翻转课堂并在我国本土化应用时，人们必须充分考虑我国的“水土”，避免出现“水土不服”的问题。

鉴于我国学校教育的“教情”和“学情”，在我国实践翻转课堂可能会遇到更大的困难和挑战。这些前进中的问题，随着翻转实验的推进和深入，都会迎刃而解。

第二节　翻转课堂的教学模式与设计

一、翻转课堂的教学模式

学习理论是探究人类学习本质及其形成机制的心理学理论。它是各种教学模式的理论基础。由于各种学习理论对学习机制的解释各不相同，教育研究者接受学习理论的影响也各有侧重，因而他们构建的教学模式自然千差万别。虽然各种先进的学习理论都或多或少对翻转课堂产生了影响，但影响深度不一，导致翻转课堂教学模式的多元化。最后要强调的是，不管应用哪一种翻转模式，人们都应该遵循“以学为中心，教师少讲，学生多想”的原则。

（一）翻转课堂的理论基础

翻转课堂的基础理论是指关于翻转的基本观点和看法，包括翻转的概念、本质和原则等，而翻转课堂的理论基础是指支持翻转理论的理论，一般指已有的、成熟的、对翻转有指导意义的学习理论。学界普遍认为掌握学习理论（又叫精熟学习理论或通达学习理论）是翻转课堂的理论基础，掌握学习只能解释翻转课堂的课前自主学习，而翻转后的课堂探究学习则需要建构主义学习理论来解释；翻转课堂中的小组学习是一种自组织学习，因此需要自组织学习理论来指导；依据最近发展区学习理论，课前、课中的学习目标和学习任务的设计应着眼于学生的最近发展区，为学生设计高度适度的目标和任务，提供略带有难度的内容，这更有利于调动学生的积极性，发挥其潜能。

1. 掌握学习理论

翻转课堂教学的最大优势之一是，在知识传授阶段让学生可以自己掌控学习，利用教学视频，学生能根据自身情况来安排和控制自己的学习。学生在课外或回家看教师的视频讲解，完全可以在轻松的氛围中进行，而不必像在课堂上教师集体教学时那样紧绷神经，担心遗漏什么，或因为分心而跟不上教学节奏。学生观看视频的节奏全由自己掌握，懂了的快进跳过，没懂的倒退反复观看，也可以停下来仔细思考或做笔记，甚至还可以通过聊天软件向教师和同伴寻求帮助。因此，翻转课堂的两位创始人乔纳森·伯尔曼和亚伦·萨姆斯认为，翻转课堂的理论依据是掌握学习理论。

掌握学习理论是美国当代著名的教育心理学家和课程论专家布卢姆提出的学校课堂学习理论，集中反映了布卢姆基本的教育思想和理论观点。掌握学习理论被介绍到世界各国，并运用到中小学教育教学实践中，产生了广泛的影响，布卢姆因此而享誉世界。所谓掌握学习，就是在所有学生都能学好的思想指导下，为学生提供所需的个别化帮助及所需的额外学习时间，从而使大多数学生达到课程目标所规定的掌握标准。布卢姆认为只要给予足够的时间和适当的教学，几乎所有的学生都可以对所学的内容达到掌握的程度（通常能完成80%～90%的评价项目）。学生学习能力的差异不能决定他能否学习要学的内容和学习的好坏，而只能决定他将要花多少时间才能达到该内容的掌握程度。换句话说，每一位学生掌握同样的教学内容所需要花费的时间是不一样的。学习能力强的学习者可以在较短的时间内达到对该内容的掌握水平，而学习能力差的学习者则要花较长的时间才能达到同样的掌握程度。因此，掌握学习理论不仅是翻转课堂教学的理论依据，而且对翻转课堂的实践具有特别重要的意义。教师应该创造条件，允许学生按照自己的节奏，掌控自己的时间，进行个性化学习。

2. 建构主义学习理论

掌握学习理论解释了在知识接纳阶段学生是如何掌控学习节奏的，但知识的接纳和记忆仅仅是翻转学习的初级阶段，还有一个更重要、更高级的阶段是学生对知识意义的建构。因此，掌握学习理论并不能解释翻转课堂教学的全过程和所有方面。这时，建构主义学习理论这个更重要的理论假设，自然就进入我们的研究视野。当代建构主义者主张，世界是客观存在的，但是对于世界的理解和赋予意义却是由每个人自己决定的。我们是以自己的经验为基础来建构现实，或者至少说是在解释现实，每个人的经验世界是用我们自己的头脑创建的，由于我们的经验以及对经验的信念不同，于是我们对外部世界的理解便也迥异。所以，学习不是由教师把知识简单地传递给学生，而是由学生自己建构知识的过程。学生不是简单被动地接收信息，而是主动地建构知识的意义，这种建构是无法由他人来代替的。

从建构主义的视野来看，翻转教学视频解决了传统课堂教学知识传播步调一致所带来的无视学生个体差异的问题，使得部分学生因跟不上集体的步骤而掉队，部分理解力强的学生则觉得过于浪费时间。但如果仅仅停留于此，学生的学习就是毫无意义的。学生需要针对具体问题的情境对原有知识进行再加工和再创造。学习者以自己的方式建构对于事物的理解，不同的人看到的是事物的不同方面，不存在唯一标准的理解。因此，在翻转课堂教学中，学习者通过合作能使其对知识的理解更加丰富和全面。显然，创设情境、协作探究、展示交流和意义建构，构成了翻转课堂的主要活动内容。

3. 自组织学习理论

翻转课堂得以展开的一个重要的理论假设和前提是承认学生可能不依靠教师的灌输，而是依靠计算机技术和网络技术的支持，通过自我教育和互助教育，学习任何东西。这个理论假设就是自组织学习理论。

自组织学习理论是印度教育家苏加特·米特拉通过著名的“墙中洞”教育实验而总结得到的教育和学习理论。苏加特·米特拉在印度山区的偏远小村，放置“墙上的电脑”并装上摄像头对孩子学习行为进行监控，发现学生的“学习是一种自组织行为”，借助计算机和网络技术的支持，任何学生都可以教会自己和同伴任何知识和技能，从而进一步推进了建构主义的学习理论和实践。机器和技术不仅能替代教师的部分作用，而且在某些方面会比教师做得更好。学习的最大乐趣和动力是可以教会其他人学习。

随着互联网技术的发展和教育资源的开放，人类的学习必然由“他组织”

向“自组织”发展。自组织学习将成为人类的主要学习方式。翻转课堂本质上就是一种教育技术支持的自组织学习，借助教学视频的支持，学生可以自己组成学习小组，不仅可以完成对知识的个性化学习，甚至通过协作探究、展示交流、意义建构，完成自己对知识的拓展和创新，发展批判性思维和创造能力。

4. 最近发展区学习理论

最近发展区学习理论是由苏联教育家维果茨基提出来的。维果茨基的研究表明，教育对儿童的发展能起到主导作用和促进作用，但需要确定儿童发展的两种水平：一种是已经达到的发展水平；另一种是儿童可能达到的发展水平。这两种水平之间的距离就是最近发展区。把握最近发展区能加速学生的发展。维果茨基的最近发展区主要是就智力而言的，其实在学生心理发展的各个方面都存在着最近发展区。最近发展区是社会文化理论的核心概念之一，它阐明了个体心理发展的社会起源，突出了教学的作用，教学应走在发展前面；彰显了教师的主导地位，教师是学生心理发展的促进者；明确了同伴影响与合作学习对儿童心理发展的重要意义；启发了人们对儿童学习潜能的动态评估。

“教学应当是在发展的前面”“教学创造着最近发展区”，这是维果茨基对教学与发展关系进行深入研究后所提出的最主要的结论。因此，最近发展区学习理论是翻转课堂教学设计的依据之一。翻转课堂教学起点的设计只有落脚于通过视频学习，基本掌握本课基础知识后的“最近发展区”才能有效促进学生的发展。翻转后的课堂教学必须在课前视频学习的基础上有所拓展与创新；拓展与创新又务必以课前任务的完成为前提和依据。拓展与创新的问题如果偏离了“最近发展区”，就难以促进学生的发展。如果问题太难，学生就会望而生畏，丧失信心；如果问题太容易，学生则会失去探究兴趣。

根据以上分析，翻转课堂的诞生和发展，并不是“无源之水，无根之木”，而是建立在坚实的理论基础之上的。翻转课堂的各种理论基础是理解和实践翻转课堂的依据。研究者由此构建翻转课堂的基本理论、方法和各种教学应用模式。

（二）翻转课堂实施的三种类型

翻转课堂这种依赖于视频技术和网络技术支持的先进教学模式，自 2011 年开始引入我国中小学，一些勇于创新的教学实践者就开始根据我国中小学的教情、学情进行改造和创新，根据其所采取的视频教学环境（时间和空间）的不同，创造了不同的具有本土化特色的翻转模式。根据翻转程度（学生自主学习时能在时间和空间中掌握的自由度）其可分为如下几种类型。

1. 大翻转课堂

大翻转又称课内课外翻转。它首先探讨的是美国式家校翻转课堂，学生在家里独立地学习教师提供的教学资源，完成知识的接受；在课堂上通过合作学习解决疑难困惑，实现知识的拓展和能力的提升，完成知识的内化。与美国式翻转稍有不同的是，教师把微课和学习资源发给家长，由家长放给孩子看。家校翻转的优势是可以将视频教学优势发挥得淋漓尽致，学生可以随心所欲地根据自己学习的具体情况，掌控观看和学习时间、节奏与方式，可慢可快，可进可退，可暂停，可重复播放，可边看边想或边想边看。有些教师认为这种模式也有不足和困难之处：学习过程处于教师的管理之外，需要学生有较高的自控能力，很多时候需要家长参与管理；有些家庭没有计算机等视频播放设备，有家长因担心孩子玩游戏而不放心给孩子使用从而影响翻转的实施。但一些成功的翻转教学实验证明，家校翻转的困难其实没有想象中那么大。随着翻转实验的逐步深入，一些学生的自主学习能力和自我管理能力会逐步增强（这也是翻转课堂的进步和成果之一）。只要教师或学校能与家长真诚地交流和沟通，取得家长的理解和支持，用事实和数据让家长认识到翻转教学对孩子的学习和能力发展有利，设备和使用的问题都可迎刃而解。家校翻转无疑是全面彻底的翻转模式（大翻转），但大翻转并不限于家校翻转。

对于一些寄宿制学校，显然无法实施“家校翻转”。一些学校只好选择校内翻转。一般教师认为校内翻转就是中翻转。笔者认为应该具体情况具体分析。校内翻转如果是利用晚自习（或者可以由学生在各门功课中自由调配）等比较宽裕的时间，利用平板电脑等可以自由支配的设备进行视频学习，再利用正课时间进行课堂研讨，同样可以获得与家校翻转相同或差不多的效果，也可以称为大翻转模式。因此，大翻转包括了家校翻转和部分的校内翻转。

2. 中翻转课堂

中翻转又称课间（课与课之间）翻转。同样是校内翻转，如果利用一部分正课时间来实施视频教学和完成思考检测（A 课），一部分正课时间用来实施课堂研讨（B 课），就是中翻转。例如，我国山东省昌乐县第一中学的翻转课堂模式。由于该校是住宿制民办学校，从周一到周五，学生不回家，二十四小时都在学校里，根据这样的实际情况，经过不断的探索与实践，昌乐县第一中学打造出自己的“二段四步十环节”模式，将翻转课堂的活力注入自己的课堂中。“二段”是指“自学质疑课”和“训练展示课”两种课型。学校将所有的课程进行重新安排，构建所谓的 AB 型课程，以适应翻转课堂的需要。

由于整个教学过程在教师的监督和管理控制之下，虽然学生的时间基本由自己掌控，基本可以根据的自己的情况调整自己的学习速度，学习的个性化程度较高，但学生的学习速度快慢有别，所需学习时间不一样，有可能出现学生“吃不饱”和“吃不了”的分化现象。这种翻转模式比前面讨论的大翻转的完全翻转的翻转程度要低，因此可称为中翻转或半翻转模式。在这种翻转模式中，一些学生可能因为在知识接受阶段准备不足，造成“夹生饭”，会严重影响研讨阶段的学习效果，产生“翻转差生”。这是翻转实验应该避免的一种情况。

3. 小翻转课堂

小翻转又称为课内翻转。这是争议最多的一种翻转模式。该模式内人们把一节正课分为两段，学生在 A 段独立地学习教师提供的教学资源，完成知识的接受工作；在 B 段学生通过合作学习，解决自己的疑难困惑，实现知识的拓展和能力的提升，完成知识的内化。其实这种翻转模式又可以分为两种情况。一种情况是由教师统一播放视频，集体观看学习，学生没有选择快慢、进退、暂停的权力。一般情况下视频也就播放一次，不管学生看懂与否，是不是需要重复观看某个环节，是不是错过了某个关键点，无论是不是准备充分，学生都只能与大部队一起进入下一场战斗。另一种情况是学生利用平板电脑等自主播放设备在线或线下观看视频学习。这种情况似乎比第一种情况要好，学生可以掌控观看学习的节奏，但一般情况下，教师能安排学生自己观看视频的时间只有 10 分钟左右，由于受到时间的限制，学生不可能进行更多的选择。如果学生没有选择的权力，学生观看视频学习会比直接听老师讲有更大优势吗？除非视频设计和制作得非常精彩。既然第一个环节准备不足，第二个环节的研讨质量就难以保证。这样翻转的效果与传统课堂教学相比，没有什么优势甚至不如传统课堂教学或者造成教学质量大面积下滑。因此，有些教师认为“课内翻转”不是真正意义上的翻转课堂，或者称为“假翻转”，不是没有道理的。

笔者相信，对翻转课堂进行这样的分析和归类，对人们真正理解翻转课堂和实践翻转课堂是非常有意义的。

（三）罗伯特·塔尔伯特翻转课堂结构

美国富兰克林学院罗伯特·塔尔伯特教授在线性代数课程中应用了翻转课堂教学模式并总结出第一个翻转课堂教学模式，即罗伯特·塔尔伯特翻转模型。该模型虽然仅仅简要地描述了翻转课堂实施过程中的主要环节，然而这是第一个翻转课堂教学模式。它奠定了翻转课堂教学设计的框架，对后来者研究翻转课堂教学模式和教学设计具有非常好的借鉴作用和意义。时至今日，虽然各种形式的翻转模式层出不穷，五花八门，但基本上沿用了罗伯特·塔尔伯特翻转模式的基本结构。因此，对罗伯特·塔尔伯特翻转课堂教学结构进行分析研究对人们理解各种各样的翻转课堂模式非常有意义。罗伯特·塔尔伯特的翻转课堂结构，如图 5-2 所示。

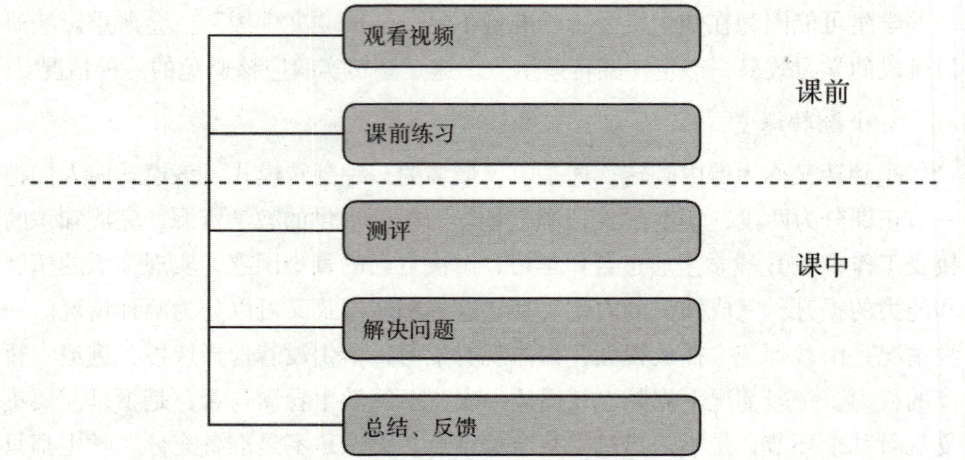

图 5-2　罗伯特·塔尔伯特的翻转课堂结构图

罗伯特·塔尔伯特翻转课堂教学模型是典型的二段五环节结构，即课前知识传授和知识内化两个阶段，其中课前阶段包括观看视频环节和课前练习环节，课中阶段包括测评环节、解决问题环节和总结与反馈环节。

1. 课前阶段

（1）观看视频环节

在翻转课堂中，知识的传授一般由教师提供的教学视频来完成。教学视频可以由课程主讲教师自行录制或者使用网络上优秀的开放教育资源。自麻省理工学院（MIT）开放课件以来，世界上涌现了一批高校、组织或者个人进行开放教育资源的建设。例如，哈佛和耶鲁的公开课、可汗学院课程、中国国家精品课程、大学公开课等。教师可以在优质开放的教育资源中寻找与教学内容相符的视频资源作为课程教学内容，提高了资源的利用率，节省了人力、物力，也使学生接触到国际上优秀教师的最新教学内容，然而网络上的开放教育资源可能会与课程目标、课程内容不完全相符。

教师自行录制教学视频能够完全与教师设定的教学目标和教学内容相吻合，也可以根据学生的实际情况对教学内容进行针对性讲解，并可根据不同班级学生的差异性多版本地录制教学视频。在具备这些优势的同时自行录制教学视频给教师的教学技术和时间提出了挑战。

教学视频的视觉效果、互动性、时间长度等对学生的学习效果有着重要的影响。因此，教师在制作教学视频时需要考虑视觉效果、支持和强调主题的要点、设计结构的互动策略等，帮助学生构建内容最丰富的学习平台，同时也要考虑学生能够坚持观看视频的时间。

在教师开发视频课程时，还需注意如何使学生能积极参与视频的学习。事实表明，当学生在首次参加视频课程时，大多数不是在认真听讲而是在做笔记。为了避免这些问题反复出现，教师应在重点内容上为学生提供视频副本，这样学生就可以集中精力思考正在解说的内容。

（2）课前练习环节

在学生看完教学录像之后，应该对录像中的收获和疑问进行记录。同时，学生要完成教师布置的针对性课前练习，以加强对学习内容的巩固并发现疑问。对于课前练习的数量和难易程度，教师要合理设计，利用最近发展区理论帮助学生利用旧知识完成向新知识的过渡。对于学生课前的学习，教师应该利用信息技术提供网络交流支持。学生在家可以通过留言板、聊天室等网络交流工具与同学进行互动沟通，了解彼此之间的收获与疑问，同学之间能够进行互动解答。

2. 课中阶段

翻转课堂的特点之一就是在最大化地开展课前预习的基础上，不断延长课堂学习时间、提高学习效率，其关键就在于如何通过课堂活动设计完成知识内化的最大化。建构主义者认为，知识的获得过程是学习者在一定情境下通过人际协作活动实现意义建构的过程。因此，教师在设计课堂活动时，应充分利用情境、协作、会话等要素充分发挥学生的主体性，完成对当前所学知识的内化。

（1）课堂测评环节

课堂测评的主要目的是让教师掌握学生课前自主学习的成果和程度，在此基础上教师需要根据课程内容和学生观看教学视频、课前练习时提出的疑问，总结出一些有探究价值的问题。学生根据理解与兴趣选择相应的探究题目。在此过程中，教师应该针对性地指导学生选择题目，然后根据所选问题对学生进行分组，其中选择同一个问题者将组成一个小组，小组规模控制在 5 人以内。然后，人们根据问题的难易、类型进行小组内部的协作分工设计。当问题涉及面较广并可以划分成若干子问题时，小组成员可以按照“拼图”学习法进行探究式学习。每个小组成员负责一个子问题的探索，最后聚合在一起进行协作式整体探究。当问题涉及面较小、不容易进行划分时，每个小组成员可以先对该问题进行独立研究，最后再进行协作探究。

在翻转课堂中，技术工具和信息资源是学生学习的基础。个性化学习环境的创建能够使学生成为自我激励的学习者，拥有自主学习控制权。学生能够通过教学指导和技术工具进行自我组织的探究性学习。个性化学习环境的设计是基于可协作学习环境中发生的学习而不是整齐划一地传授知识。

随着免费且简便工具被应用频次的增多，创建个性化网络学习环境变得十分简单，并且这样的环境可以为学习者的社交、职业发展、学习和其他活动提供支持。在翻转课堂个性化学习环境中，教师主要发挥领路人的作用，帮助学生制订学习计划和使用学习工具。

（2）解决问题环节

解决问题通常要经历独立探索和协作探究的过程。

解决问题的第一步是学生个体的独立思考和探索。

在翻转课堂的活动设计中，教师应该注重和培养学生的独立学习能力。教师要从开始时选择性指导逐渐转至学生的独立探究学习方面，把尊重学生的独立性贯穿于整个课堂设计，让学生在独立学习中构建自己的知识体系。

协作学习是个体之间采用对话、商讨、争论等形式充分论证所研究问题，以获取达到学习目标的一种途径。学习写作活动有利于发展学生个体的思维能力、增强学生个体之间的沟通能力以及学生相互之间的包容能力。此外，协作学习对学生形成批判性思维与创新性思维，提高学生的交流沟通能力、自尊心与形成个体间相互尊重的关系，都有明显的积极作用。因此，在翻转课堂中应该加强协作交互学习的设计。在翻转课堂的交互性活动中，教师需要随时捕捉学生的动态并及时加以指导。小组是互动课程的基本构建模块，其互动涉及 2 人或 2 ～ 5 人。

在翻转的课堂环境中小组合作的优势：每个人都可以参与活动；允许和鼓励学生以低风险、无威胁的方式有意义地参与；可以为参与者提供与同伴交流的机会，并可随时检查自己想法的正确性；提供多种解决问题的策略，集思广益。

指导翻转课堂小组活动的教师要适时地做出决策，选择合适的交互策略，保证小组活动有效开展。常用的小组交互策略有头脑风暴、小组讨论、浅谈令牌、拼图学习、工作表等。

（3）总结与反馈环节

总结、反馈包括成果交流和评价反馈两个部分。

成果交流本质上就是总结和评价。学生经过独立探索、协作学习之后，完成个人或小组的成果集锦。学生需要在课堂上进行汇报、交流学习体验，分享作品制作的成功和喜悦。成果交流的形式可多种多样，如举行展览会、报告会、辩论会、小型比赛等。在成果交流时，参与的人员除了本班师生以外，还可以有家长、其他学校师生等校外来宾。除在课堂直接进行汇报之外，还可以翻转汇报过程，学生在课余将自己汇报过程进行录像，上传至网络平台，教师和同学在观看汇报视频后，在课堂上进行讨论、评价。

评价反馈是为翻转课堂进一步完善提供重要信息。翻转课堂中的评价体制与传统课堂的评价完全不同。在这种教学模式中，评价应该由专家、学者、教师、同伴以及学习者自己共同完成。翻转课堂不但要注重对学习结果的评价，还通过建立学生的学习档案，注重对学习过程的评价，真正做到定量评价和定性评价、形成性评价和总结性评价、对个人的评价和对小组的评价、自我评价和他人评价之间的良好结合。评价的内容涉及问题的选择、独立学习过程中的表现、在小组学习中的表现、学习计划安排、时间安排、结果表达和成果展示等方面。对结果的评价强调学生对知识和技能的掌握程度，对过程的评价强调学生在实验记录、各种原始数据、活动记录表、调查表、访谈表、学习体会、反思日记等的内容中的表现。

（四）翻转课堂的三种教学模式

在翻转课堂实践中，以罗伯特·塔尔伯特翻转课堂结构为基础，教师可以根据不同的学科和教学内容，以及教育教学理念的差异，构建不同的翻转课堂教学模式。一般来说，以知识理解和应用为目标的课程适合应用训练掌握型翻转课堂。科学、物理、化学、生物等学科教学的重要目标之一就是培养学生的探究精神和能力，而这种能力培养的最好应用方式是问题探究型翻转课堂；文科类学科，如语文、政治、历史、地理、社会、思想品德等，注重培养学生的独立思考习惯、批判性思维和创新能力，注重学生个人观点的形式和表达能力的发展，因而这些学科的教学模式选择，非研讨建构型翻转课堂莫属。

1. 训练掌握型翻转课堂

（1）训练掌握型翻转课堂的内涵

训练掌握型翻转课堂就是以自主学习、练习巩固和达标测试相结合的形式，使学生能够扎实掌握且灵活运用所学知识，并形成与之相关技能的翻转课堂教学模式。早期人们将翻转课堂看作是教师创建视频，学生在家中或课外观看视频中教师的讲解，回到课堂上师生面对面交流和完成作业的这样一种教学形态，说明早期的翻转课堂都是这种以训练促进知识技能掌握的类型。

训练掌握型翻转课堂的理论依据是布卢姆的掌握学习理论。所谓掌握学习就是在所有学生都能学好的思想指导下，以集体教学（班级授课）为基础，辅之以经常、及时的反馈，为学生提供所需的个别化帮助以及所需的额外学习时间，从而使大多数学生达到课程目标所规定的掌握标准。其主旨是提倡教学要面向全体学生，认为只要提供足够的学习时间和适当的帮助，充分发挥学生的学习潜力和学习积极性，95% 以上的学生都能掌握所规定的知识和技能，取得优良的学习成绩。

掌握学习理论提供的方法无非就是给后进学生额外增加学习时间，确保他们跟上中优等生的学习进度。那么问题来了，给后进生增加额外时间，用来做什么呢？主要是多次甚至是反复操练，以达到熟练应用和增强记忆的目的。因此，训练掌握型翻转课堂的基本原理就是将基础知识技能的学习安排在课前课外，保证学生（特别是后进生）能有足够的时间反复学习一个单元的知识技能，在课堂上有更多的时间完成知识技能应用（课堂作业）的操练，并通过堂上测试的形式确定学生是否达到掌握的水平。

（2）训练掌握型翻转课堂的基本环节

传统的课堂是“课堂学习 + 课后练习”，而翻转课堂则是“课余学习 + 课堂练习”。学生在自习课或课外观看教学视频，回到课堂上与教师和同学面对面交流、讨论和完成练习。训练掌握型翻转课堂的基本环节，如图 5-3 所示。

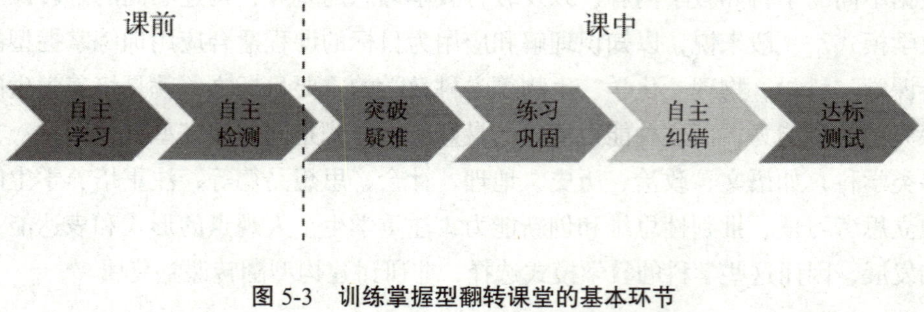

图 5-3 训练掌握型翻转课堂的基本环节

第一，自主学习。教师不再占用课堂的时间来讲授信息，这些信息需要学生在课前完成自主学，学生可以看视频讲座、听播客、阅读功能增强的电子书，还能在网络上与别的同学讨论，能在任何时候去查阅需要的材料。

第二，自学检测。尽管学生在课前通过自学微视频、教材和其他资料对基础知识和基本技能有了一定的理解和把握，翻转后的课堂教学的首要任务，也是翻转后课堂教学的第一个环节，还是要检测学生对基础知识和基本概念理解的程度。所谓的检测不是考试，而是让学生回顾和总结视频学习的收获，以及梳理疑惑、困惑和问题，目的是确定课堂训练学习的重点，提高教师指导的针对性。如果学生总结和梳理不到位，教师再负责补充和完善，但教师绝对不能越俎代庖。对于大多数学生未能理解的内容，教师要亡羊补牢，重点补讲。在翻转的初始阶段学生发现问题和提出问题的能力稍弱，以总结学习成果为主。但随着实验深入，随着学生能力的提升，学生发现的问题会越来越多，检测主要以梳理问题为主。

第三，突破疑难。翻转后的课堂的重点之一是以小组学习的方式，解决课前学习中暴露的问题。教师根据学生对问题的选择将学生进行分组，一般小组规模不能太大，人数控制在 6 人以内，并对小组中成员进行任务分工，强调学生要明确小组任务、相互支持和配合，并能对活动成效进行评价。如果涉及的问题比较小，可以设计学生个体自主探究的形式，然后让学生组成小组相互交流成果。

教师根据问题的大小，组织学生进行协作探究、自主探究和成果汇报。对于学生在看视频及完成课前测试中遇到的疑难问题，先由小组合作解决；小组内不能解决的疑难问题，由全班合作解决；如果全班学生都不能解决，则由教师回答或解释。

第四，练习巩固。对所学的新知识，必须通过反复的练习才能熟练掌握。从学生课堂学习翻转为学生课前预习、学习（观看教师的讲解视频），将学生的课后练习翻转为学生课堂练习。因此，学生完成平台上或其他资料上的相关练习，巩固所学知识，是学生学习成绩得以提升的保证，而且翻转的课堂可以用于巩固练习的时间更多，学生得到同伴和教师的帮助更多，巩固练习的效果更好。

第五，自主纠错。学生对于不会做或做错的题，通过观看正确答案或观看习题详解和教师习题讲解视频，自主纠错。一般情况给学生答案后留三到五分钟学生独立思考，可小范围讨论；小组讨论五到八分钟，第五分钟左右时间各小组疑问，互派高手解决，第七分钟再收集需评讲的问题。

第六，达标测试。为检验学习的学习成果，一个单元学习结束后，要进行达标测试。对于在达标测试中达到掌握水平的学生，测试可以起到强化的作用，并提示可以进行下单元的学习。对没有达到掌握水平的学生，则需要找到问题所在，诊断分析原因，给予个性化指导和帮助，让学生再次学习没有学会的内容。学完后，对这些学生再进行一次水平相当的测试，直到在测试中达到掌握水平，才可以进行下一单元的学习，以此保证大部分学生对每一个单元的学习都达到掌握水平。

（3）训练掌握型翻转课堂的特点

①训练掌握型翻转课堂面向学生的个体差异而展开掌握式学习，有利于实施因材施教。

②有利于后进生的转化，有利于教学质量的提高。

③对班级人数、教学条件和教师素质水平有较高要求。

④影响学生学业成绩的因素非常复杂，一些看似不重要但实际上非常重要的因素容易被忽略。

⑤过于强调增加额外学习时间的作用，导致增加学生学习负担，也增加心理压力，从而导致厌学甚至逃学。

2. 问题探究型翻转课堂

（1）问题探究型翻转课堂的内涵

问题探究型翻转课堂，是以探究性学习的形式展开的翻转课堂教学模式。

探究性学习是学生在教师的指导下，从各种学科领域或现实生活的问题或任务出发，通过形式多样的探究性活动，以获得知识和技能、培养探究能力和应用能力、获得情感体验为目的的学习方式。

这种学习方式的中心是针对问题的探究活动，当学生面临各种让他们困惑的问题的时候，就要做出各种猜测，要想办法寻找问题的答案，在解决问题的时候，要对问题进行推理、分析，找出解决问题的方法，然后通过观察、实验来收集事实，也可以通过其他方式（如查阅文献资料、检索等）得到资料，通过对获得的资料进行归纳、比较、统计分析，形成对问题的解释。最后学生可以通过讨论和交流，进一步澄清事实、发现新的问题，对问题进行更深入的研究。

探究式学习作为一种学习方式，它不同于科学家的探究活动。与科学家的探究过程的主要区别在于，探究性学习必须满足学生在短时期内学到学科的基本知识，所以这个过程在许多情况下都要被简化，如提出问题这个环节，在大部分的教学活动中，都是由教师提出问题，或由教材提出问题。在获取事实这个环节，常常是由教师和教材来确定研究方法、步骤、所用材料等，这样就省去了学生设计实验的环节。探究性学习时学生会获得进行完整科学探究活动的机会，这样的活动虽然要用更多的时间，但对学生体验科学家的探究过程是非常有必要的。

因此，问题探究型翻转课堂要求在教师的启发和帮助下，使学生在具体的情境中自觉、主动地探索，研究事物的性质，发现事物之间的联系和发展规律，从而获得所学的概念和原理。

（2）问题探究型翻转课堂的优势

①能提高学生的智慧，发挥学生的潜力。

②能使学生产生学习的内在动机，增强自信心。

③有利于学生更好地理解和巩固学习的内容，并能更好地运用它们。

④能使学生学会发现问题的方法，培养学生提出问题、解决问题的能力和创造发明的态度。

（3）问题探究型翻转课堂的过程

其基本过程如下。

①创设情境。教师在教学视频设计中创设一定的情境，使学生在这个情境中发现矛盾或问题。

②提出问题。课前学生在观看视频时掌握基础概念和原理，并发现问题。

③确定问题。教师根据学生提出的问题进行梳理，选择需要学生探究的问题，或者由教师提出需要学生探究的问题。

④提出假设。教师提供一定的材料，引导学生通过分析和研究，提出假设。

⑤检验假设。学生从不同的角度检验提出的假设，包括获取可以帮助他们解释和评价问题的证据；根据证据通过观察、调查、假设、实验等探究活动提出自己的解释；通过比较其他可能的解释来评价他们自己的解释；交流和论证他们的解释。

⑥得出结论。对问题作出结论，获得有关的知识。

（4）问题探究型翻转课堂的特点

第一，自主性。探究性学习在教学过程中把学生作为活动的主体，立足于学生的学，以学生的主体活动为中心来展开教学过程。学生在积极主动的参与教学活动过程中以自己的经验和知识为基础，经过积极的探索和发现、亲身的体验与实践，以自己的方式将知识纳入认知结构中，并尝试用学过的知识解决新问题。教师在这个过程中只是一个组织者、指导者和参与者。探究性学习方式有利于学生主体意识和主体能力的形成与发展；有利于塑造学生独立的人格品质；有利于培养学生的自主性。

第二，实践性。探究性学习是以学生的主体实践活动为主线展开教学过程的。学生借助一定的手段，运用多种感官，通过自己的主体活动，在做中学，使得学生的实践活动贯穿于学习活动的始终。探究性学习特别强调学生的感知、操作和语言等外部的实践活动，强调学生的直接经验和间接经验的交融、统一，使认知活动建立在实践活动的基础之上，用学习主体的实践活动促进学习者的发展。

第三，过程性。探究性学习追求学习过程和学习结果的和谐统一，接受学习和重视学习的结果，探究性学习更加关注学习的过程。探究性学习非常注重学习过程中潜在的教育因素，它强调尽可能地让学生经历一个完整的知识发现、形成、应用和发展的过程。让学生尽可能地像科学家那样，发现问题、解决问题，经历一个完整的科学研究过程，体验发现知识、再创知识的创新过程。

第四，开放性。探究性学习的目标是很灵活的，没有像知识目标那样明确具体的要求和水平。探究性学习在内容上是开放的，在探究结果的要求上同样是开放的。探究性学习打破了传统教学在统一规定下的教学模式，为学生提供了大胆创新、实现自我超越的学习环境。学生在探究学习的过程中能够大胆地怀疑，提出问题，探讨解决问题的方案，对不同的结果进行分析，培养创新意识和创造能力。

（5）运用探究型翻转课堂应注意的问题

①不可能所有的科学知识都以探究的方式来教授，这样做是不值得的，是低效的，并且也会使学生感到枯燥。

②如果教学的目标是学习知识内容，问题的性质比来源更重要。问题可以由学生提出，也可以由教师提出。提高提问的能力需要经过提问的训练。学生需要发展高级的探究技能，理解如何获得科学知识。

③不是学生参与了动手做的学习活动就能保证探究的效果。只有学生的思维能投入基本的探究过程，才能保证探究的效果。

④不可以脱离学习内容来独立培养学生的探究能力。学生对探究的理解不会也不可能脱离科学内容孤立地进行。学生应基于所掌握的知识去探究未知的事物，而探究的事物就是教材中所要学习的内容。如果教师教学的主要成果是让学生学会如何探究，那么学习的内容就是达到这一目的的一种媒介。

3. 研讨建构型翻转课堂

（1）研讨建构型翻转课堂的内涵

研讨建构型翻转课堂是一种以研讨交流的形式促进学生知识建构的翻转课堂教学模式。那么，什么问题适合研讨建构翻转呢？从课的内容来说，其基本可以分为三大类：一类属“是什么”类；一类属“为什么”类；再就是属“怎么办”类。虽然同为“带着问题学”，可实际的内容大不相同。第一类属知识性，下定义、认识特性，就如同一是一、二是二，没什么好研讨的。而“为什么”和“怎么办”就不同了，其中“大有乾坤”，可以“公说公有理，婆说婆有理”。它们彼此之间所不同的是，在“怎么办”环节，要找到大家共同认可的具体办法，并分析出各自的优劣与利弊，达成共识。

研讨交流学习，又称讨论式教学法，是以解决问题为中心的教学方式。强调在教师的精心准备和指导下，为实现一定的教学目标，人们通过预先的设计与组织，启发学生就特定问题发表自己的见解，以培养学生的独立思考能力和创新精神。它要求师生围绕一定的问题，经过认真、充分的准备，在课堂上各抒己见，相互启发，共同探讨，取长补短，以求得解决问题，具有独特的教学价值。研讨式教学要求以“导”为主，设置贴近学生生活、富有吸引力的情境，提出有思考价值的问题，要求教师有全面、深刻、独到的见解，了解学生原有知识基础和能力水平，并且有熟练利用现代化手段教学的能力；要求学生通过查阅资料、研究讨论后解决问题。教师要收集足够的资料，便于双方节约时间，变原来组织教学为讨论讲解，引导学生利用资料，表达自己看法，教师应珍视之，并予以鼓励。教师还要参与多方面研讨，使研讨式教学有广度又有深度。

（2）研讨建构型翻转课堂的教学环节

研讨建构型翻转课堂教学本质是教师的启发式教学与学生的自主式学习相结合，有侧重、着眼于突出重点和分析研究问题，在研讨中教学双方通过智慧、经验、直觉、心理的博弈，拓宽视野、开启心智、分享经验、学会方法。其核心是学生独立思考，各抒己见，相互启发，这其中大致包括设计问题、提供资料、启发研讨、得出结论几个教学环节。

研讨建构型翻转课堂以小组或者班级为单位，对一个问题进行讨论，学生能够互相辩论，共同探讨，各抒己见，进行思想上的交流，从而扩大学生的知识面和分辨能力。利用该法组织教学，教师作为“导演”，对学生的思维加以引导和启发，学生则是在教师指导下进行有意识的思维探索活动。学生的学习始终处于问题—思考—探索—解答的积极状态。学生看问题的方法不同，会从各个角度、各个侧面来揭示基本概念的内涵和基本规律的实质，如果就这些不同观点和看法展开讨论，就会形成强烈的外部刺激，引起学生的高度兴趣和注意，从而产生自主性、探索性和协同性的学习。

（3）研讨建构型翻转课堂的优势

①信息源多，信息的交换量、加工量大，师生获得的即时反馈信息快而强。

②能充分调动学生的学习主动性和积极性。由于讨论式教学法改变了学生在课堂教学中的地位，他们既是信息的接受者，更是信息的发出者，他们的思维不再受教师的限制。为了证明自己的观点，他们主动地、积极地去准备材料，收集论据，进行思考。

③能有效地培养和提高学生的阅读和思维能力。讨论式教学法要求学生在课前反复阅读教材的基础上，对已有的知识进行分析、加工、推理、论证等一系列思维活动。特别是在讨论和争论中遇到的问题是事先预想不到的，学生要在极短的时间内抓住问题的实质，组织大脑中储存的知识进行分析、推理、论证，从而得出结论，这种高密度的思维活动能有效地培养和提高学生思维的敏捷性、灵活性和独立性。

④能培养和提高学生独立分析和解决问题的能力。讨论题一般都有难度，学生必须把书本知识和实际问题密切结合才能解决问题。这样学生在准备讨论的过程中，运用知识解决问题的能力得到了培养和提高。同时，还能提高学生的即时反馈能力和评价能力。

⑤能培养和提高学生的口头表达能力。讨论的过程就是学生把自己的观点通过口头语言的形式准确、清楚、全面地表达出来的过程。在阐明自己的观点、驳斥对方的观点等一系列活动中，学生的口头表达能力也会得到锻炼和提高。

此外，通过讨论，教师能最大限度地了解和掌握学生个体和总体的知识准备程度和认识状况，随时调节教学进程，加强教学的针对性和有效性。学生能在讨论中听取别人的发言并做比较，取长补短，扩大视野，这样有利于新型师生关系和同学关系的建立。

（4）研讨建构型翻转课堂的原则

①主体性原则。它要求学生成为学习行为的主人，始终处于稳定的自主地位，发掘创造的潜力，施展才华，让学生占据课堂教学主体地位。

②具体性原则。它要求教师设计的问题必须明确具体。学生在进行讨论的时候需要清楚认识到讨论问题的重心，而具体的、有代表性的问题更加有助于明确学生讨论的方向，所以教师在设计问题的时候需要将教学内容的重点、疑难点进行结合，要设计出明确具体的问题，这样对学生才有意义。

③启发性原则。它要求教师设计的问题要有启发性，要有探讨的价值。教师设计的讨论问题一定要具有启发性，能够给学生一定的思维空间，让学生能够自己想象，只有自己想了，记忆才会深刻，而这种类型的问题能够拓展学生的思维，让他们的思维有一定的自由度。不要研讨不是问题的问题。不是问题

的问题，课堂讨论得再热烈，也是无效的教学。

④循序渐进原则。它要求教师进行由易到难，由简到繁和量力而行的循序渐进性教学，达到学生个体与班级整体同步共进的目的。这种教师当“导演”，学生当“演员”的模式，创设了师生、生生之间平等和谐的教学环境，体现了教学的民主化，形成了和谐共进、教学相长的境界。研讨式教学模式是从实践中发展起来的一种新的课程形态，它的目的在于为学生提供思考问题和讨论问题的机会，在学习过程中创设一种有助于探索研究的开放的情境和途径，使学生围绕某一主题主动地搜索、选择、加工处理信息，并应用知识解决问题。学生的接受能力与知识水平是有限的，如果选择的讨论问题超出了他们的认知范围，会给他们带来打击，让他们失去积极性。教师要选择难度适宜的问题，既能够激发学生思维的积极性，又能够使得学生的能力得到提高。只有通过学生自己的能力解决问题，他们才能产生极大的成就感。

⑤和谐性原则。它不仅能使学生增长知识、开阔视野，有助于学生综合能力的提高，还有助于师生共同探索、发现和研究，进而密切师生关系，促进教学相长。

二、翻转课堂的设计

教学理论和学习理论都来源于教与学的真实生活。教学设计则是教与学理论在真实教与学情景中的逆向展开，并因教与学情景的多样性和复杂性而呈现出教学设计的多元性。翻转课堂因颠覆传统课堂的教学流程和师生行为而得以适应信息时代课程内容改革、育人目标变革的需要，甚至改变整个学校教育系统。其教学设计自然也呈现出与传统课堂教学设计迥然不同的逻辑方式和思维方式。

（一）翻转课堂设计的核心要素

翻转课堂是对传统教学模式和教学方法的革新，通过知识传授与知识内化两个阶段的翻转，提高学生学习的主动性和学习效率；教师应把握翻转课堂的关键要素，准备相应的教学资源和学习环境，组织多样化的课堂教学活动，通过学习分析为学生提供更有针对性的教学，充分发挥翻转课堂的优势。翻转课堂设计的核心要素，如图 5-4 所示。

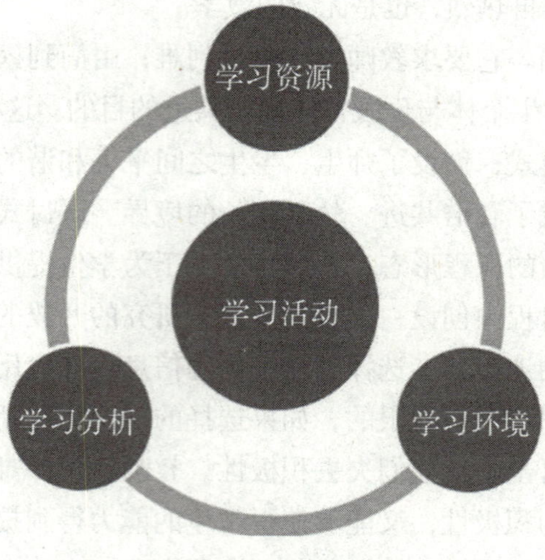

图 5-4　翻转课堂设计的核心要素

1. 翻转课堂的学习活动

课堂的学习活动是翻转课堂设计的核心部分。翻转课堂的有效实施需要建立在设计良好的学习活动的基础之上。

在翻转课堂教学过程中，新知识的学习过程已经在课前完成，取代了传统课堂教学中的教师讲授新知识的模块，给师生留下了更多的课堂时间，如何利用好课堂时间组织教学活动，是决定翻转课堂是不是成功的关键。目前在国内提及翻转课堂，大部分人都是集中在如何制作教学视频上，但实际上比视频更为重要的是课堂活动的组织。

翻转课堂教学活动包括小组学习活动、全班交流活动和个人学习活动，但以小组学习活动为主。

翻转课堂教学活动涵盖了解答学生疑问、解决重点难点、课堂讨论、探究实验和练习巩固等方面，教师需要根据学科特点和学生实际情况精心设计课堂活动。翻转课堂需要良好的互动和有意义的深度学习。翻转课堂设计对教师的教学能力和综合素质有较高要求，教师需要在课堂中敏锐地发现多数学生存在的困惑，并及时解决。纵观目前不少学校的翻转课堂，由于形式过于单一，甚至全部活动用来做练习测试，导致学生慢慢失去了兴趣。

在正式上课前，教师应当确保学生已经观看了教学视频，并完成单元检测，即要求学生在课前完成基础性的测试题目，以便于学生自己及教师发现问题，了解实际学习效果。在课堂上，教师通过设计有意义的任务和具有挑战性的问题，激发学生思考，推动学生彼此之间进行互助交流，对于一些自控能力较差，或是自己学习有困难的学生来说，学习小组可以起到监督和带动的作用，帮助学生打破在课外学习的孤立感，进一步增强学习效果。翻转课堂教学设计的核心是教师要对学生的疑问进行整理，对其中具有代表性的问题，应放在课堂上集中讨论解决，对于个别学习相对滞后，或是学习积极性不高的学生所存在的问题，可以在课前单独给予指导。

翻转课堂教学设计，还要重点关注如下问题。

第一，解决学生疑问，层层引导。学生完成了前一阶段的自主学习，教师在课堂上可以直入主题，就学习中普遍存在的疑惑集中给予解答。此外，教师也应关注个别思维更加活跃，学习进度较快的学生提出的问题，这类问题往往可以作为一条主线，引导学生做进一步探究。

第二，交流协作，加深内化。由于教学视频可能只涉及基本的知识讲解，因此在知识深化方面，教师可以根据学生的兴趣及学习能力将学生分组，通过布置任务完成知识的深化和内化，学生在交流中相互启发和批判，同时也提升了团队协作和沟通能力。在学生分组学习时，教师也应参与其中，并对出现的问题给予点评，及时纠正偏离方向的讨论，提高课堂学习效率。

第三，统筹兼顾，突出重点。如前所述，课前的教学视频只针对重难点，对于其他一般性的知识点，教师可以放在课堂上完成讲授，避免知识割裂。

2. 翻转课堂的学习资源

翻转课堂的有效实施需要丰富优质的学习资源来支持，这些学习资源可以是微课视频、电子课件、互动电子教材、学习网站、在线课程、文本教材和练习题等，其中微课视频是最常用、最重要的学习资源，内容以知识点为单位，聚集新知识的讲解。

从视频的形式上看，怎样在10分钟以内牢牢抓住学生眼球，需要教师在录制视频时充分考虑视频的视觉效果，灵活采用画面、声音等多种表现手法。此外，字幕的配合也很重要，字幕是画面、声音的延伸和补充，能够弥补授课者口音的缺陷，更清晰准确地传达视频的信息。从视频内容的实质上看，教师需要把握的是视频应当有益于学生在课前进行探究式学习，视频应当是那些足以引发学生兴趣、讨论、质疑的材料，如果视频只是单纯地录制教师讲授的内容，实质上还是没有打破学生被动接受学习的模式，只不过将听课的地点由课堂移到了课外，终究是回到传统教学的老路上了。

除了传授知识所需用到的教学视频，教师还应当着手建立扩展资料库，为学生提供可以扩展学习的资料，这些资料包括其他开放学习平台提供的视频、文字阅读资料、习题库等。扩展学习有助于学生进一步了解所学内容的背景知识及其与其他知识的联系，这不仅可以帮助学生更好地理解和掌握教学大纲中的知识点，同时进一步培养了学生自主学习的能力。

翻转课堂学习资源主要用于支持学生课前的自主学习。为了取得更好的自主学习效果，除了为学生提供视频资源外，还需要提供教师精心设计的自主学习任务单与视频资源配套使用。学生依据学习任务单的要求，观看视频，完成知识学习。学生只有在课前完成对学习资源的学习，获得知识内容并发现学习过程中存在的疑难和困惑问题，带着问题参与课堂的讨论活动，才能达到知识内化和创新的目的。

3. 翻转课堂的学习环境

翻转课堂需要由网络学习平台和学生学习终端组成的网络学习环境的支持。网络学习平台主要提供教师个性化推送和学生自主性选择学习资源、学生学习和在线测试数据收集和分析、师生和生生互动交流信息等功能。这是实施翻转课堂教学最基础的环境。学习终端主要是支持学生的微视频学习、在线测试和网络交流等功能。

4. 翻转课堂的学习分析

在翻转课堂实施过程中，教师需要利用学习分析技术，对学生在课前在线学习产生的大量学习数据进行解释和分析，有效分析判断学生的学习问题，评价学生的学习进展，甚至评价学生的批判性思维、协作交流能力和问题解决能力等，以帮助教师设计和调整教学内容和教学过程。例如，在微课学习过程中，教师发现某个环节或知识点被学生们反复点击的时候，要意识到这可能是一个对学生来说难以掌握的知识点，或者自己的讲解有问题，需要据此调整教学，重新录制视频。

（二）翻转学习任务单的设计

1. 设计学习任务单的意义

翻转课堂学习任务实际上包括了课前自主学习任务和课堂互动学习任务。本节重点讨论课前自主学习任务。学习任务的设计通常以学习任务单为载体。在翻转课堂教学中，学习任务单既是教师设计给学生，让学生通过自主学习完成学习目标的支架，也是教师指导学生自主学习的载体，通常以表单的形式呈现。

自主学习任务单的设计，是翻转课堂教学设计的第一步。在课前自主学习中，教师并不会出现在学生面前，教师对学生学习的指导，主要以学习任务单为“抓手”来完成。学生通过阅读学习任务单，明确学习的目标、方向和任务，并通过学习任务单向教师反馈学习过程中产生的疑问。

自主学习任务单设计的质量，影响到学生的课前自主学习能否顺利启动，影响到学生能否按照要求观看教学视频和阅读相关的学习材料，影响到学生能否在自主学习中启动独立思考程序，能否发现自主学习中的疑难问题。这些疑难问题是后续的课堂翻转的基本条件。因此，自主学习任务单设计的优劣，既关系到课前自主学习的质量，也关系到后续的课堂互动学习和探究学习能否有效展开。学习任务单的设计非常重要。

2. 设计学习任务单的方法

自主学习任务单概念为苏州市电教馆原馆长金陵老师所创，他设计了一套非常系统和全面的“设计模版”给教师们使用，受到了广大教师的欢迎。但也有教师在使用过程，感到该模版略显烦琐和复杂。如“学习指南”下面包括了课题名称、达成目标、学习方法建议、课堂学习形式预告等内容，内容较多，存在交叉重叠现象，层次较复杂。“达成目标”包含了学习任务的内容，内容重复重叠；“学习方法建议”教师们很少会写，而且容易写成“学习任务”，可以合并到学习任务中去；“课堂学习形式预告”实践效果不明显；“疑惑和建议”可以改成“成果”和“疑难”等。因此，简易课前自主学习任务单被广泛应用。简易课前自主学习任务单设计模版，如表 5-1 所示。

表 5-1　简易课前自主学习任务单设计模版表

课题名称	
学习目标	
学习任务	
学习成果	
疑难问题	

学习任务单的核心内容是学习目标和学习任务。下面重点介绍这两部分内容的设计。

（1）学习目标的设计

学习目标是教学目标的转化形式，反映要求学生通过自主学习达到掌握学习材料的维度和程度。学习目标不是一个变量要求，而是一个常量要求。要求学生在家有一个自定进度的学习，即按照自己的步骤学习，直到掌握学习材料，达到学习目标规定的要求。

学习目标的设计步骤如下。

第一步通过分析教材提炼出教学目标。

第二步把教学目标转化为学生自主学习应当达成的目标。

（2）学习任务的设计

学习任务是自主学习任务单的主体部分。学生自主学习能否达到学习目标，主要依靠学习任务来保证。学习任务的设计，一般要达到如下要求。

①必须满足学习目标的要求。学习目标是教学目标的转化形式，以便学生在自主学习开始之前就能清晰地了解通过怎样的途径达到什么样的学习目标和要求。要把学习目标落到实处，就要靠精心设计学习任务，使学习任务达到“只要学生完成任务就能达到学习目标”的程度。一旦做到了这一点，我们就会发现，所有的学生都能通过自主学习，达到以往教师讲课希望达到的教学目标。

②必须把知识点转化为问题。知识点转化为问题，是任务设计最基本、最有效的方法。知识点转化为问题指的是把教学重点、难点和其他知识点转化为问题。这是基于两个方面的考虑：一是可操作性，问题是自主学习的向导，所有的学生面对问题，都不会觉得自主学习无从下手；二是培养学生基于理解的举一反三能力。

理科的问题设计往往反映概念、原理、方法，从解决问题入手，能够帮助学生理解概念、原理和掌握方法，具有举一反三的意义，完成其他各类习题（概念、原理、方法蕴藏其中）也会变得得心应手。

文科的问题设计可以从两个方面思考：一是学习材料包含哪几个方面的内容，这是结构化思考的方法，有利于学生从总体上把握学习材料；二是把教学重点、难点和其他知识点转化为问题，这有利于学生从细节分析入手，理解学习材料。两者相结合就能使自主学习起到事半功倍的效果。

此外，信息技术学科是实践性很强的学科，需要把问题与操作性任务结合起来考虑。有时候，操作性的任务比例应该大于问题。

③必须考虑知识点的覆盖面与权重。任务设计要考虑两个方面：一是兼顾

教学重点、难点和一般知识点的覆盖面；二是考虑知识点之间的权重。对于教学重点或难点来说，其很可能需要分解为若干问题才能达到深刻理解。其他知识点，一个知识点一般只要一个问题就可以了，切不能“胡子眉毛一把抓”。

④提供方便的资源链接。提供方便的资源链接指的是在学习任务等栏目中，在学习者最需要的地方，做好显著的链接标志，并做好链接，为学习者提供便捷的学习路径。链接包括教师提供的资源网站链接，也包括配套微视频（微课）的链接。如果没有配套的个人学习空间（平台），建议与“自主学习任务单”一起打包，方便学生学习。

⑤融入练习。当学生通过自主学习理解了概念、原理之后，教师可以提供几个与任务难度相当的题目让学生练练手，使其印证自主学习成效，获取学习成就感。

3. 设计学习任务单要处理好两个关系

（1）学习目标与学习任务的关系

在实际的自主学习任务单设计实践中，经常有教师混淆了“任务”与“目标”的区别与联系。例如，一位教师给三视图的任务单设计了这样的学习目标：通过观看教学视频、完成自学任务单规定的任务，从而理解三视图的投影特点。

这个学习目标包括了学习任务。学生该怎样做，要达到什么样的目标，显得不够清晰。建议修改为以下形式。

学习目标：理解三视图的投影特征。

学习任务：通过观看教学视频，思考三视图之间的关系及各视图分别反映了物体哪部分的实形。

（2）课前任务与课堂任务的关系

实际上，笔者认为，翻转课堂的核心不是课前学习，而是课堂中的互动和探究活动。课前学习是为课堂研讨服务的。课堂能不能有效翻转，主要取决于参与课堂讨论的学生能不能在课前通过观看视频进行独立地思考，从而发现更多问题，形成自己独到的观点，在此基础上，学生才能在课堂研讨中与同伴进行思维的碰撞并擦出智慧的火花。因此，学生全面看明白视频的知识点和内容，完成自学任务单中的练习题，甚至全部满分，并不是有效翻转的充要条件。个别学生个别知识点没有弄懂，正好可以通过协作探究的方式加以解决。换言之，课前学习的主要任务是“发现问题”，而不是“解决问题”。通过课前学习，发现问题越多，课堂研讨活动就越有价值和意义。因此，课前与课堂之间的目标与任务必须建立一个合理的梯度关系。如果课前的目标过高，任务过重，甚至将课堂应该完成的探究任务放在课前完成，一则造成学生课外学习负担过重，变成课外难以承受之重；二则即便课前能将过重的任务完成，也会造成课堂任务不够。

4. 需要注意的若干问题

（1）要充分关注不同层次学生的学习需求

学生的学习能力有高低之分，但他们都有内在追求成功的渴望。高效的课堂教学必须使全体学生都能投入其中，让更多学生都能获得成功的喜悦，这就需要教师在设计自学任务单的时候充分关注不同层次学生的学习需求，设计贴近各层次学生的学习任务：教师可以针对同一练习在自学任务单中提出不同的达标要求，可以将某一实践活动的步骤在任务单中罗列出来供学困生参考，通过这样的方式予以能力差异的各类学生尝试获得成功的条件。

（2）要能为学生的自主学习提供合适的支架

学习任务单是以"学生的自主学习"为特征的教学支架，这里的学生自主学习并不意味着教师的袖手旁观，教师要在自学任务单中给予学生自学所需的帮助，可以提供适合学生学习的信息环境，可以为学生创设合理的活动情景，可以将自学所要采取的方法、步骤呈现在任务单中，为学生搭建自学的阶梯，提高自学的效能。

（3）要有足够的驱动力推动学生的自主学习

自学任务单设计的立足点是把教师设计教学的出发点真正转移到"为学生的学"上，并把是否有利于学生的学作为检验教师的设计是否有效的重要标准，因此任务单的设计要难易适度。过多容易的任务会使学生长时间处于低水平思维状态，从而导致一些学习能力强的学生逐渐丧失学习的兴趣；过多难度偏高的任务则对学生的思维带来压力，尤其易增加学困生的挫折感。因此，任务单设计一定要充分考虑学情，设计难度适中的任务，这样有利于为各层次学生都提供足够的驱动力，促进他们的自主学习。

自学任务单的关键是教师要及时了解掌握所教学生的具体学情，根据学情制定与之相匹配的学习任务单，逐一落实，这一步至关重要。在教学过程中，要随时关注学生的学业变化过程，诊断教学过程和学生学习过程中所有变化和有可能出现的结果，不断调整，不断更新自学任务单的内容和难度，使之与学生的实际需求相适应。这就要求教师要全身心地投入工作，关注学情的差异性，关注教学的各个环节，引导启发学生跟着自己的教学步骤进行学习。课堂上教师要根据不同对象，采用不同方法点拨、引领学生学习，教师还要比对学生在学习过程中的成绩变化，共同完成学习或教学目标，体现自学任务单的成效，这是自学任务单的核心任务。

（三）翻转课堂活动的设计

在传统课堂教学中，教师通过讲授来帮助学生识记和理解。因此，课堂教学的核心活动是教师讲授，而在翻转课堂教学中，昔日教师的讲授，现在都由教学视频代替了。那么，当教师走进现在的翻转课堂，他应该做什么呢？课堂教学活动和学习活动应该如何设计？这是一线教师在实践中感觉最为困惑的地方。既然学生在课前已经完成知识的认知和理解，那么昔日需要通过大量的课后作业来完成的知识应用训练以及现在强调的知识“分析、评价、创造”，现在都要在课堂教学环节中解决。

在翻转课堂的课前学习阶段，学生得到的是“碎片化”的知识。对于一门学科来说，这些“碎片化”的知识，是需要整合成整体知识模块的。另外，课前学习的东西，毕竟还是初步的和表层化的，学生需要对知识进行内化。这个整合和内化的过程，主要依靠在教师引导下，学生在课堂经过互动和协作完成。如果说课前的学习考验学生的自主学习能力和意志的话，那么对于习惯于传统“传道授业”的教师，要适应和掌握翻转课堂的互动和协作活动，是最考验教师的活动设计能力的。课堂上，师生共同对学习中存在的问题进行探讨、商榷、研究，包括答疑解惑、知识的运用等，让学生达到学习目标。翻转教学的课堂主要通过四个环节来完成。因此，翻转课堂教学活动的设计，也主要体现为四个环节的设计。

1. 确定问题

课堂探究的问题需要师生共同确定。从教师的角度，教师需要根据教学内容的重难点提出一些问题；从学生的角度，学生根据自己在课前观看教学视频进行课前针对性练习时发现的疑问及与同伴交流时未解决的困难提出一些问题。人们综合两方面来确定用于课堂探究的问题。具体过程如下：上课的第一个阶段，学生先根据教师提出的课前要求和问题，陈述在课前学习中遇到的、希望同学和教师给予帮助和解答的困难与疑问，再提出新发现的问题。教师整理旧问题和新发现的问题，提交小组讨论和解决。由于长期的传统教学形成的个体性格和思维习惯，学生可能既不愿意承认自己不懂，有问题，也不善于质疑和发现新问题，因此这是翻转课堂最难的一步，需要教师加以引导和鼓励，消除学生心理上的障碍，引导发散的思维方式，教会学生找问题。教师整理需要小组讨论解决的问题，可以请同学帮助，与同学一起来挑选和决定最重要、最需要讨论及解决的问题。精选问题，既考虑到问题的重要性，还要考虑时间的限制。

2. 合作探究

小组协作，解决问题，形成小组答案和意见。教师根据学生的不同特点进行异质分组，并分配给每个小组探究式题目，每组的规模控制在4～6人，在每组中推选出一个组长，用于组织该小组的探究活动。小组中的每个成员都要积极地参与探究活动，随时提出自己的观点和想法；小组成员之间通过交流、协作共同完成学习目标。在此过程中教师需要随时捕捉各小组的探究动态并及时加以指导，并根据实际情况选择恰当的小组学习策略，如头脑风暴、小组讨论等。小组讨论可以先解决本小组同学陈述和提出的问题，再讨论和解决其他组同学的问题，这样更容易入手。如果对要讨论的问题不够清楚，还可以请提问的同学再陈述一遍，然后开始讨论同学提出的问题，形成小组答案和意见，如果还有解决不了的问题，可以向全班同学和教师提出，要求帮助和解决。按照"人人参与"和"轮流坐庄"的原则，确定全班研讨会的发言人。在翻转教学实验初期，可以请表述能力强的同学代表发言，以对其他同学起到示范作用。在后期阶段，一定要注意全体参与性，保证所有同学的积极性和参与机会，避免某些同学"被代表"。

3. 展示质疑

学生经过小组间开展协作探究式活动之后，要将个人及小组的成果在课堂上进行展示，并组织全班研讨。全班研讨，需要教师进行组织，必要时教师可以加以补充。但要避免教师过于主导，将研讨会变成"教师堂"。组织采取的形式有演讲、成果演示、小型比赛等，并且各小组之间进行交流与评论及分享学习收获。

4. 点拨评价

教师总结，布置新任务。最后阶段，教师要对同学的意见进行归纳和补充完善。对某些错误的答案，教师要进行更正。对不完善的意见，教师要进行补充。但对某些开放性的问题，并不需要"统一认识"。教师对学生完成任务的情况进行分析、归纳、整理，了解学生学习中存在的问题，对已经掌握的和还需要进一步探讨的以及可以拓展和深化的东西进行分类，进而设计课堂教学新方案。最后布置下次课需要观看的视频和需要思考及解决的问题。

5. 达标测评

经过前面的深入探究和深度学习，学生对课程标准要求的概念知识和学科原理，已经达到深刻的理解和创造性的应用，理所当然可以在下课前五到十分钟达到课程标准要求的达标能力，顺利完成达标测评。这可以理解为应试教育环境下翻转课堂实验的一个折中和妥协。既保证翻转后能大幅度提高学生的综合素养和创造能力，又能使其在学业成绩上保持稳定增长。

翻转课堂教学活动，贯穿了“提出问题—解决问题—评价问题”的过程。每一节课的时间是固定的，需要教师把握每个环节的重要性和难度，灵活调节时间分配，保证翻转顺利进行和完成。

第三节 翻转课堂在机车专业教学中的应用

一、翻转课堂教学法在机械制图教学中的应用

机械制图是用工程图样来表示机械产品及其零件的外形尺寸、形状、工作原理以及其他重要技术要求的学科，被称为“工程界的通用语言”。该课程同样是机车专业学生的一门必修课程。

机械制图传统的教学方法是以投影理论为基础，以尺规为工具，以板书、挂图、木模为媒介进行的。近年来，随着计算机技术的发展，多媒体课件等手段逐渐代替了板书，提高了授课效率。

然而，经常被人们忽略的是，机械制图是一门理论和实践相结合的学科，学生除了需要掌握相关的理论知识外，最关键的是能够准确、规范地绘制机械图样。这需要经过大量的绘图实践才能实现。由于课时有限，教师不可能对学生的实践进行普遍的、详细的指导。传统教学方法中，学生尚能够在教师的板书绘图过程中得到一些实践指导，而多媒体的教学方式，省略了大量板书过程，教师往往过于关心理论知识，忽略了对学生绘图实践的指导。因此，对该课程而言，增强教学效果的关键不是采用何种先进的教学手段，而是转变教学思维和改变教学模式。

随着计算机技术的普及，人们的思维方式也在转变，翻转课堂教学法随之产生。该方法重新调整了课堂内外的时间，将学习的决定权留给了学生，教师的任务是指导和监督。在这种教学模式下，教师不再用大量的时间讲授基础知识，而是通过微视频的形式让学生在课下进行学习，课堂内的宝贵时间留给了

教学重点和难点的答疑解惑以及对绘图实践活动的指导，同时教师也能有更多的时间与每个学生交流。

（一）机械制图教学中实现翻转课堂的步骤

翻转课堂教学法一般包括课程开发、学生自主学习、课堂面对面学习、评价反馈以及结课后的研讨总结 5 个阶段，基本步骤见图 5-5。

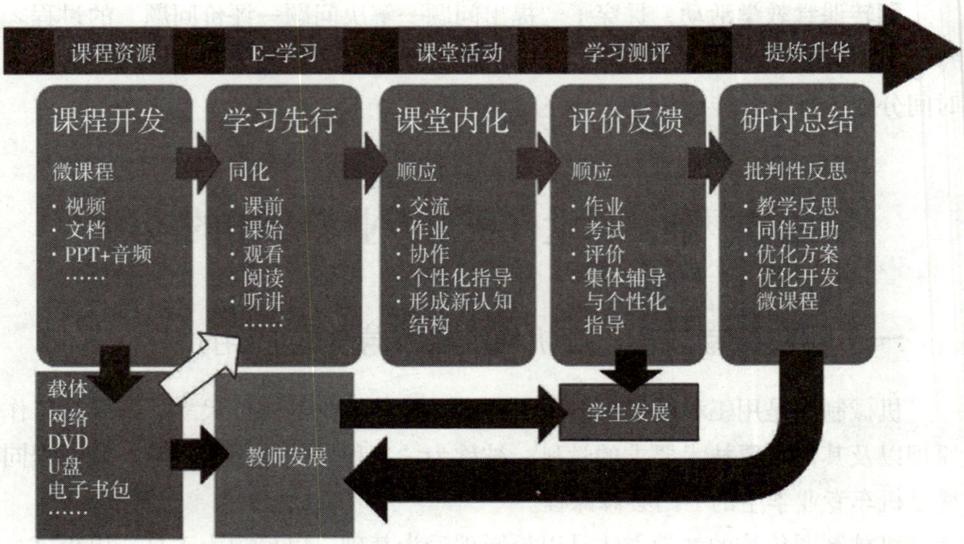

图 5-5　翻转课堂教学法基本步骤

1. 课程开发阶段

在课程开发阶段，教师应进行大量的准备工作，包括知识点的重组、知识点的碎片化、教学微视频的录制等。教师需根据大多数学生的能力选取适合学生自主学习的知识点，明确学生必须掌握的学习目标，并在收集相关资料和创建视频时要考虑到专业和班级的差异。

（1）知识结构的重组

由于机械制图课程中知识点较多，既有画法几何学等理论知识，又有制图的国家标准和规范，还有大量的实操和练习内容，同时也不是所有内容都适合进行翻转课堂教学，因此翻转课堂教学不能简单地按照课本上的章节进行，需要对知识点进行重新整理。

例如零件图这一章，教师可对知识点进行如表 5-2 形式的梳理、重组。经过整理，将原有的八节授课内容归纳整理为五部分以任务为导向的授课内容，学生在课堂下学习相应的知识点，课上则以实践练习为主。

表 5-2 整理前后知识点对比表

整理前	整理后
第一节零件图的作用和内容 第二节零件图的表达方案的确定 第三节零件图的尺寸和标注 第四节典型零件的视图选择及尺寸标注 第五节表面粗糙代号和涂镀、热处理的标注 第六节极限与配合、形位公差及文字技术要求的注写 第七节零件上常见的工艺结构 第八节读零件图	1. 零件图的预备知识 2. 轴类零件 3. 盘、盖类零件 4. 箱体类零件 5. 底座类零件

（2）知识点的碎片化

由于机械制图中绝大多数的知识点难度适中，考虑到学生的理解能力，每段微视频不宜过长。教师需要将每次课程的知识点碎片化，每个知识点微视频的长度在 15 分钟以内为宜。

（3）教学微视频的录制

教学微视频的录制是整个翻转教学过程中最耗费时间和精力的阶段，由于翻转课堂是授课思维的转变，课上和课下的任务不同，所以一般无法随堂录制，视频的录制需要占用教师较多的业余时间。

（4）其他文档的准备

在教学微视频中，教师主要对相关概念、理论和系统化的知识进行讲解。除此之外，为了保证教师能对学生进行有效的监督，教师还应准备相应的教学文件，如测试题、讲义等，还要制定学习纪律、考核方法等。

2. 在线自主学习阶段

该阶段学生在课堂之外自主学习，但教师仍然需要对学生进行监督，所以该阶段分为以下几个环节。

（1）班级分组

在课程之初，先划分小组。机械制图课每个班级大约 40 人，分组时可按成绩分组，也可以由学生自由组合分组，一个组大约 5 人，这样每个班级就被划分为 8 个小组，每组选出一个组长。

（2）课前导学

利用微视频学习应分层次呈现思路步骤，同时体现学习的趣味性。教师可先安排一次课堂导学课，或者在微视频学习前专门设置导学内容，这样学生能够对该次课程的主要内容有一个基本的了解。

（3）微视频学习

学生根据自身情况看教师的视频讲解，为了监督学习，增强学习效果，在视频学习开始与结束时均设置有打卡签到的环节。并且在每个知识点讲解完毕时，会弹出带有习题的对话框，只有学生回答正确才能够继续进行学习。

（4）自学小结

学生学习完相关内容之后，根据自己的学习情况与小组的同学讨论。学生可通过在线测学，了解自身学习情况，并完成学习任务单中的学习任务。除此之外，学生可以在学习任务单中把没有学会的内容记录下来，在上课时交给教师。

3. 课堂教学阶段

由于学生已经在课下对知识有了一个全面的认识，所以该阶段以知识的应用、分析、难点答疑以及绘图实践为主。机械制图教学最主要的目标是使学生能够绘制和读懂图纸，所以在课堂上应多开展绘图实践课和习题课教学，并且教师要对学生进行面对面的、一对一的指导。

4. 评价反馈阶段

学生的最终成绩应综合学生课上课下的表现情况、作业情况以及考试成绩给出。本课程最终成绩采用百分制计分，各部分分数分配：微课堂单元测验20%，微课堂打卡 10%，习题册和图纸作业 20%，期末考试 50%。总成绩 60 分以上为合格。

5. 研讨总结阶段

教师最终根据课程的教学情况以及学生的测评情况对翻转课堂教学进行总结，以改进不足之处。

对学生的问卷调查显示，对于机械制图翻转课堂教学，82.9% 的学生表示喜欢这种教学模式；88% 的学生认为能够提高学习兴趣；88.9% 的学生认为教学重点明确，知识点变得容易理解，从而增强了学习信心；96% 的学生认为可以帮助提高学习成绩；95% 的学生希望更多的科目采用翻转课堂教学。

在成绩方面，采用传统教学法的班级一次及格率为 81.93%，平均成绩为 76.53 分，最高分 95 分；采用翻转课堂的班级一次及格率为 92.19%，平均成绩 82.18 分，最高分 97 分。由此我们可以看出翻转课堂教学的一次及格率和平均成绩明显高于传统教学法。

翻转课堂教学法能够很好地补充现有机械制图教学方法的不足，使教师在课堂上能够有大量的时间去指导学生的绘图、习题等实践活动。但是，由于翻转课堂改变的不仅是教学手段，更是教学思维方式，所以我们绝对不能把翻转课堂等同于视频教学、网络教学等。在进行翻转课堂教学之初，教师需要投入大量的精力和时间去适应新的教学方法，转变思维模式，并认真地准备教学材料。

二、基于 VR 技术的翻转课堂教学法在机车专业实践环节教学中的应用

VR（虚拟现实）技术是通过计算机虚拟仿真构建出一个三维体验环境，使用户可以沉浸其中以获得接近真实的体验感的信息技术。VR 技术自从 1950 年左右被正式提出后，众多的研究者和科技公司就致力于研究如何实现低成本的 VR 方案，并于近年取得重大突破。

2016 年，高德纳咨询公司预测 VR 已经进入工业产品化的起跑线位置，因此 2016 年也被称为 VR 元年。目前，各种档次的 VR 设备层出不穷，已经深入渗透到娱乐、购物、医疗等与大众紧密相关的行业。

随着信息技术的爆炸式发展，教育的方式也在不断地更迭。从黑板到 PPT 等，教育技术正在深刻地改变着教育活动，催生新的教育理论和方法。教育部于 2012 年颁布的《教育信息化十年发展规划（2011—2020 年）》强调推进教育信息化体系建设，既从教育看技术，也从技术看教育，推动信息技术与教育的双向融合创新。VR 技术作为一种新兴的信息交互技术，在教育中逐渐占得一席之地，获得众多成功的经验，激发了人们关于如何利用 VR 技术提升教育质量的讨论。

实践性强是机车专业的一大特点，实践教学环节在机车人才培养计划中占有重要地位，对帮助学生建立工程意识、提高发现和解决问题能力具有举足轻重的作用。在认识实习、生产实习等实践环节的教学中，由于学生不熟悉实习企业环境，在车间嘈杂环境中又不易像课堂一般组织和管理，因此学生很难在有限的时间内抓住实习的重点，不能全面地完成教学目标，影响教学质量。

传统教学过程通常包括知识传授和知识内化两个阶段，知识传授通过教师在课堂中的讲授来完成，知识内化则需要学生在课后通过作业、操作或者实践

来完成。在翻转课堂上，这种形式受到颠覆，知识传授通过信息技术的辅助在课后完成，知识内化则在课堂中经教师的帮助与同学的协助来完成，从而形成翻转课堂。

翻转课堂教学法已在理论课程教学中得到广泛应用，并取得良好的效果。翻转课堂将课前自主学习与课堂针对性解决问题相结合的理念，也可用于解决当前实践教学环节中存在的问题。考虑车间实习环境的复杂性，为增强学生自主学习时的沉浸感，将 VR 技术与翻转课堂教学法相结合，将切实有利于提升实践教学质量。

（一）基于 VR 技术的机车专业实践环节翻转课堂教学模式

1. 当前机车专业实践教学模式及存在问题

顶岗实习和参观实习是机车专业实践的两种主要形式，其中顶岗实习耗时长，实习内容偏窄，并不利于宽口径本科生的培养。同时，虽然学校在实习基地建设方面投入了大量精力，但实习单位与学生目前日益增长的实习需求相比仍有很大缺口。因此，认识实习、生产实习均以参观实习为主要形式，且在厂内实习的时间非常有限。

目前采用的实习教学方法一般步骤为，实习动员，讲解实习目标和安全注意事项；由厂方技术人员或者带队教师带领学生参观车间；分小组自由参观；在厂外进行分小组讨论总结，撰写实习报告。

上述过程中，参观车间耗时最多，而分小组自由参观最能锻炼学生发现问题、解决问题的能力，却一般无法安排出更多的时间。因此，学生通过实习大多只能看到“热闹”而无法通过独立思考看到“门道”。

2. 翻转课堂教学的一般组织模式

美国富兰克林学院数学与计算科学专业的罗伯特·塔尔伯特教授对翻转课堂教学法的组织模式进行了总结：课前观看教学视频，并进行课前练习；课堂上快速、少量的测评；通过讨论，解决存在的问题，促进知识的内化；进行课堂总结。

3. 采用基于 VR 技术的翻转课堂专业实践教学模式

在翻转课堂教学法中，利用多媒体教学资料可以帮助学生系统性地建立学习脉络，使课堂讨论深入而不失全面性。在机车专业实习环节也可以采用这种方法，让学生在进入车间之前已经对车间的生产和设备状态有一个基本的了解，使学生带着问题进车间，现场找答案。

在翻转课堂中，教学视频的视觉效果和互动性对学生的学习效果有着重要的影响。由于机车专业实习内容和环境的特殊性，人们很少可以直接从互联网获得合适的教学视频，因而教师需要自行制作。

由于实习工厂环境复杂，对很多工艺过程需要注意实物加工过程以及计算机操控面板，如果采用一般的视频录制方式，需要频繁地切换拍摄方向，影响学生对实习现场的脑中构建。

采用 VR 技术中的全景摄影技术，将实习环境完整地提前呈现给学生，可以由学生在观看时自己选择观看视角、具有很大的自由度。对同一个全景视频，每次观看都可以得到不同的信息，从而极大地提高学生的学习兴趣，提升自主学习质量。

根据实践经验，总结提出基于 VR 技术的翻转课堂专业实践教学模式的具体开展步骤：由带队教师提前进厂采用 VR 全景相机录制参观视频和拍摄全景照片，为提高学生的参与度，可以邀请少量学生一起参与全景视频录制；对全景视频进行处理，增加参观要点提示；网络发布教学资源，并通过校内动员，布置自主学习任务，进行“预实习”；校内分组讨论，分享网络学习心得，形成问题清单；厂内直接分组参观，在教师及厂方技术人员指导下解决问题；在现场采用全景相机拍摄问题解决过程，进一步丰富网络学习资源。

4. 基于 VR 技术的翻转课堂专业实践教学模式的优势

与传统实习教学方法相比，基 VR 技术的翻转课堂专业实践教学模式具有如下优点。

①通过进厂前的网络学习，可把教师带队参观车间的过程最大限度地缩短，把有限的时间留给更有价值的问题解决环节。

②利用 VR 技术，能够提升学生的提前学习兴趣，并通过沉浸感使学生有现场感，优化自主学习效果。

③考核方式除了传统的实习报告，还可以包括问题讨论的全景小视频，使得机车专业网络 VR 学习资源逐年丰富，使实习可以逐年深入。

（二）适合机车专业实践环节辅助教学的 VR 设备与软件

1. VR 全景视频拍摄设备

全景相机又称全方位摄像机，是指在水平方向上拥有 360° 视角，或者视角可以覆盖全部球面的摄像机。随着 VR 技术被越来越多地应用于生活娱乐领域，大量新的厂商进入全景相机领域，市面上的全景拍摄器材日益丰富。

依据成本不同，全景相机可分为专业级和消费级。其中专业级通过多个传感器配合特制镜头组合实现全景功能，视频清晰度高。专业级全景相机的典型代表有 Nokia OZO、 Go Pro Omni、Upano j2VR 等。由于专业级全景相机成本过高，且拍摄设备操作及后处理方法不易掌握，因此在教学中并不适宜采用。

消费级全景相机多采用单传感器配套特殊的超广角鱼眼镜头，并依赖图像校正技术还原图像进行全景拍摄。目前，消费级全景相机的成本已经降至千元级别，可选择的产品类型丰富，代表性产品有理光 THETA S、三星 Gear 360、Insta 360 Nano 等。消费级全景相机一般体型小巧，操作简单，非常适于实习车间取景。

VR 视频观看装备和软件与普通视频不同，VR 全景视频必须使用专用的设备才能获得理想的体验效果。翻转教学要求每一个学生都能够观看 VR 全景视频进行自主学习，所以 VR 设备的成本必须足够低到学生能够承受。目前的 VR 设备可分为专业级的桌面端 VR 设备、一体机 VR 设备和移动端 VR 设备。移动端 VR 设备的观看体验虽然比不上其他两种，但百元级的价格在成本上占据了绝对优势。虽然移动 VR 设备需要与智能手机配合使用，但在智能手机已经普及化的今天，已不构成任何障碍。因此，就目前而言，移动端 VR 设备更适合于翻转教学的需求。

使用移动 VR 设备观看 VR 全景视频，需要在手机端安装专用的视频播放软件，以支持左 / 右屏同步显示，代表性的播放软件有 VR Player PRO、橙子 VR、360 VR Player PRO 等。

（三）使用基于 VR 技术的翻转教学法开展实践教学的瓶颈问题

1. 缺乏支持 VR 全景资源的 MOOC（慕课）平台

随着翻转课堂教学理念的推广，出现中国大学 MOOC、超星慕课等优秀的慕课平台。通过这些平台，人们不光可以共享多媒体资源，同时可以完成在线交流、学习效果检验等工作。然而现有慕课平台均无法播放 VR 全景视频和图片，所以在实际教学中教师只能通过网盘等网络资源共享 VR 全景视频和图片，无法有效管控学生的自主学习过程。

2.VR 全景视频拍摄技巧和后期处理能力需要强化

作为一种新兴的视听信息传播方式，VR 视频拍摄中存在很多特殊的难点，比如如何在 360° 场景中做好观众视线的引导，如何控制相机的移动速度和方向以防止观众出现眩晕感等。

如果 VR 视频拍摄不当，会使观看者觉得信息混乱。在 VR 视频拍摄完成后，还需要进行后期处理，包括添加带景深信息的文字说明、增加一些虚拟交互内容等，这需要专业的后处理团队支持。

针对目前机车专业认识和生产实习等实践环节教学质量不理想的问题，有人提出基于 VR 技术的翻转课堂教学模式综合分析市场上可获得 VR 设备的特点，然后确定了目前技术条件下最适合辅助教学的 VR 设备是采用鱼眼镜头的消费级 VR 相机和移动 VR 设备。

第六章　机车专业信息化教学模式——微课

第一节　微课概述

近几年来，对于教育界的业内人士来说，微课成为一个出现频率颇高的词语。据报道，2014年中国教育信息化十大年度热词为翻转课堂、微课、智慧教育、慕课、移动学习、学习分析、教育大数据、智慧校园、在线教育以及3D打印。微课凭借其新颖的传播形式、灵活的学习方式，深受广大教育工作者的喜爱。现如今，微课已经渗透到教育领域的每一个角落，从学校到培训机构，从民间组织到网站平台，到处都可以看到它的身影。它就像一颗刚刚发芽的种子，一切都那么美好，一切都充满着希望。那么，微课会不会真的能改变中国的传统教育？微课会不会真的能实现教育公平化及最优化？微课——这棵仍然顶着露珠的小幼苗到底会长成一棵什么样的大树？它的命运会不会像流星一样稍纵即逝呢？

自20世纪80年代以来，以语言为中心的文化开始转向以视觉为中心的文化。马丁·海德格尔在《世界图像时代》指出，世界就是图像，图像将成为人们认识世界的方式。当文化发生了“视觉转向”时，教育应该如何面对呢？相比教师的语言教学，微课必然会包含许多图像信息，通过让学生免费下载，就可以让学生像阅读小说一样随时随地展开课程内容的学习。当学生下载并反复播放微课进行观看和学习时，能够激发思维中的视知觉，即视觉思维。根据格式塔心理学家鲁道夫·阿恩海姆的论证，视觉思维是一种与言语思维或逻辑思维不同且富于创造性的思维，它可以充分发挥认识主体的能动性和创造性。以微课为切入点，通过教师、学生与教学信息的共生关系，人们又可以营造一个信息化的新型教育生态系统。

熟悉教育史的人都知道，今天的教学理论基本上都是在班级授课制确立以后，经过一代又一代教育家的实践和理论总结形成的。如今，微课使教学的过程更加开放，人们可以随时随地学习，课堂上的知识传授不再遵循“预备提示—比较—总括—应用”五段论，这就为教学理论的创新提供了契机。

一、微课的起源与发展

（一）微课发展的背景

在我国，“微”和“课”最早作为一个固定搭配出现在教育研究文献中是在2011年。这一年，广东省佛山市教育局的胡铁生在《电化教育研究》（2011年第10期）上发表《“微课”：区域教育信息资源发展的新趋势》一文。他在分析教育信息化进程中制约资源应用效率的深层次原因时，结合佛山市微课建设实践，提出建设微课资源的必要性与可行性，并首次论述了微课的概念、组成、特点及分类。实际上，2010年11月，在佛山市教育局所启动的首届中小学新课程优秀微课征集评审活动中，征集和展播的均为优秀的课例片段。2011年11月，关中客在《中小学信息技术》上发文，对微课程进行了介绍。他指出这个概念最早是由美国新墨西哥州圣胡安学院的高级教学设计师、学院在线服务经理戴维·彭罗斯于2008年秋提出的。微课程因长度大约只有60秒而被称为“知识脉冲”，戴维·彭罗斯也因此被人们称为“一分钟教授”。

无论是微课程还是微课，都属于互联网时代教育创新的产物。作为知识传播的新型手段或形式，它们的出现绝不是偶然的，而是与信息技术、广播电视通信技术、互联网技术以及网络社交技术的发展息息相关的。1971年，人类历史上第一封电子邮件（E-mail）诞生，由此人们实现了点对点的信息传输1984年，电子公告牌系统（BBS）发布，借助群发、转发技术，一个人或机构可以向所有人发布信息和讨论话题，实现了点对面的信息传输。20年后，蒂姆·伯纳斯·李创办了以超链接为特征的万维网（WWW），建立了全球信息交流、沟通和服务的平台及世界性的信息库，使全世界的人们以史无前例的巨大规模进行相互交流。2004年，脸书问世，它将线下生活更完整的信息流转移到线上，让虚拟社交与现实世界社交得以交叉。2005年，前贝宝（Paypal）员工查德·赫利、陈士骏、乔德·卡里姆等创立优兔（YouTube）视频，用户拥有自由上传、搜索和评论的权限，实现了网络共享的“视”界。

优兔史上首个视频时长仅19秒，题名为“我在公园”，由其创办人之一卡里姆在2005年4月23日上传。在该视频中，卡里姆站在加利福尼亚州圣地亚哥动物园的大象前说：“这些家伙有好长好长好长的，呃，鼻子，好酷。”卡里姆的这一段视频短小精悍，记录的是自己生活中的事情，给那些喜欢拍摄视频、表现欲望强烈，而又希望引起大众关注和分享的人们提供了一个表现自我、快速分享、与他人交流互动的“新媒体”模板——微视频。优兔将上传的视频时长限制在10分钟内，一时间，时长小于10分钟的微视频风行全世界。

微视频网站避免了传统视频网站费用高昂、图像质量低劣、版权问题频发等问题，可以满足大众日益高涨的浏览、创作和分享个人生活微视频的愿望。有数据显示，全球排名前十的视频网站总访问量在2006年第一季度就增加了164%，优兔网站每天的浏览量突破1亿大关，这标志着网络视频时代的到来。截至目前，优兔是全球最流行的视频网站，用户每月视频观看总时长超过40亿小时，每分钟上传的视频总时长达72小时。优兔自2005年问世以来，已经发展成为一家原创内容提供商，不再只是专注于业余视频分享网站。2006年，社交网络及微博客服务网站推特（Twitter）问世，它允许用户将自己的最新动态和想法以及移动电话中的短信（推文）进行发布（发推）。由于其互动性和参与性强，信息传播速度快，故推特受到人们的欢迎。但由于推文字数受到限制，继微视频之后，一种即时传播，同时可交流的微博很快又风靡全球。

短短的30年时间，信息传输就实现了如下转变：点对点；点对面；全球信息交流、沟通和服务的平台和世界性的信息库；线下与线上、虚拟与现实世界的交叉；自由浏览、创作和分享视频；即时传播，同时交流。这些技术的不断更新和突破，使得共享、互动、开放、便捷、个性化的互联网发展新理念深入人心，引发了人类历史上的另一场革命——信息革命。在工业革命时代，由于信息传输，尤其是文字、图像信息传输受到距离和气候等许多不可控因素的限制，因此人们只能集中在工厂化的教育系统——学校中接受教育。在信息革命时代，技术正在把教育从学校转移到学校以外的各种场所，如家庭、办公室等。由于计算机、智能手机、平板电脑等网络设备的普及，网络接入速度越来越快，同步在线通信操作变得越来越简单，价格越来越低廉。视频承载的教育信息越来越丰富，越来越多的人在校外场所进行在线学习。在线学习给个人带来了均等的学习机会，学习不受围墙、分数和场所限制，只要你愿意，随时随地都可以学习；在线学习给学校带来了挑战，如果在网络上就可以接受个性化的、私人订制的、有利于多方面兴趣培养的良好教育，那么学校还能做什么?

面对技术的挑战，学校教育只能融合技术再发展。在高等教育领域，2001年美国麻省理工学院推出“开放课件”项目（OCW），旨在将该学校的所有课程资源免费发布在互联网上，实现优质教育资源的全球共享。2002年，联合国教科文组织召开了主题为“开放课件对发展中国家高等教育机构的影响”的论坛，首次正式提出“开放教育资源”（OER）这一概念。2012年，麻省理工学院和哈佛大学联合创建大规模开放在线课堂平台 edX，向所有互联网用户推出高质量的在线课程，即慕课。如今，继全球慕课平台“三巨头”Coursera、优达学城（Udacity）和 edX 之后，欧盟的 OpenupED、日本的 Schoo、英国的 FutureLearn、德国的 Iversity 等慕课平台不断涌现。通过互联网，任何感兴趣的人士都可以使用免费的、可检索的、开放存取的大学资源和课程内容。据研究，2012年之后，OER 和慕课领域的研究呈现出蓬勃发展的态势；研究者数量较多，以英美国家的作者居多，亚非拉国家的作者偏少；在线学习、数字化学习、技术、联通主义、在线教育、学习社区、教学法等备受关注。目前，麻省理工学院的所有课程均已上传至网上。在它的影响下，许多国家基础教育领域的教育工作者都尝试将在线学习与实体学校学习相结合。俄罗斯成立国家开放教育信息平台，在基础教育阶段，俄罗斯完成了中小学电子版教材认证工作并将“信息安全”设为中小学必修课程；日本中小学实现了教材电子化；丹麦 44% 的小学使用应用程序，帮助学生以创造故事的方式提高读写能力；美国 K-12 个性化教育机构 Altschool 通过技术平台推行个性化教育；一些国家还将机器人引入了教学。在线学习与实体学校学习相结合，在实践中诞生了一种颠覆性的教育模式——混合式学习模式（如图 6-1 所示）。迈克尔·霍恩和希瑟·斯特克在研究了美国 150 多个混合式学习项目后，概括出了混合式学习的定义，认为它包括在线学习、在受监督的实体场所学习以及一种整合式的学习体验等三个关键性部分。

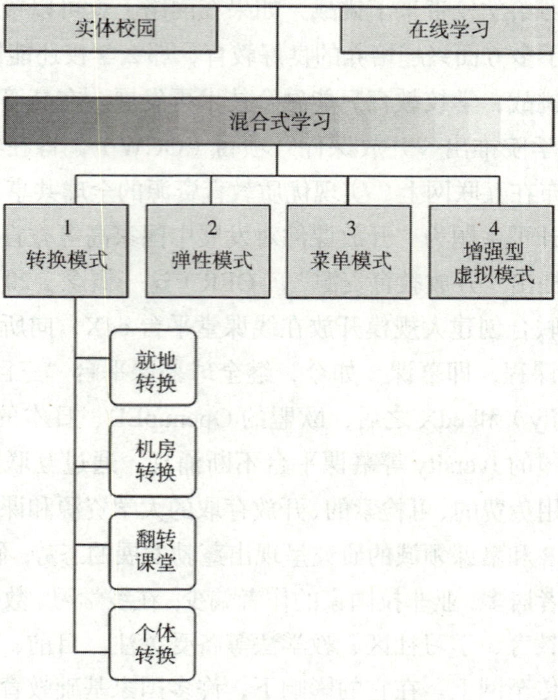

图 6-1　混合式学习模式

①在线学习。混合式学习是正规的教育项目，学生的学习过程至少有部分是通过在线进行的。在线学习期间，学生可以自主控制学习的时间、地点、路径和进度。

②在受监督的实体场所学习。学生的学习活动至少有一部分是在家庭以外受监督的实体场所进行的。

③一种整合式的学习体验。学生学习某门课程或科目时的学习路径模块要与整合式的学习体验相关。混合式学习有四种模式，如图 6-1 所示，其中转换模式中知名度最高的就是翻转课堂。无论哪种形式的混合式学习，课程和教学显然都在向网络转移。这就使网络课程的开发成为混合式学习的先决性条件。

（二）微课发展的现状

在国内教育领域，微课从最初的课例片段发展到在线微视频和微网络课程，仅仅经历了 3 年时间。

最早进行微课探索的是广东省佛山市教育局，其于 2010 年开展了课例片段展播活动。基于传统资源建设模式暴露出的“建设与应用脱节”“更新缓慢交互性差”“资源应用效率低下”等弊端，佛山市教育局系统化开展区域性微课建设实践并推广应用，推出了“短小”“情境化”“案例型”“便于应用”的资源类型——课例片段。这一探索被学界认为是我国对于微课的最初研究。山东省寿光市圣都高级中学的郑金明，可谓首个将微视频用于教学的教师。他在《生物学通报》（2011 年第 1 期）发表了《生物学实验显微视频制作》一文，探索了微视频的制作方法：将实验过程用摄像机录制下来，再用相关软件进行加工处理，制作成适用于实验教学的视频。文章从显微摄像机的制作、实验录像和视频编辑等三个方面详细介绍了生物学实验显微视频的制作过程。2011 年，国内只有少数几个地区（如广东佛山、深圳以及内蒙古鄂尔多斯等地区）的部分学校（如重庆市江津聚奎中学，江苏、浙江、上海等地的部分学校）探索微课教学。2012 年，随着“翻转课堂”“可汗学院”“电子书包”“视频公开课”“混合学习”等教育创新概念和实践在全球迅速走红，以在线视频为主要表现形式的微课（或微课程）迅速在全国中小学、职业院校、电大系统、普通高等院校甚至企业教育等领域全面展开。

自 2012 年教育部教育管理信息中心举办首届中国微课大赛以来，各省市也纷纷举办本地区的微课比赛。为了选拔出优秀微课参加省级比赛，数以千计的学校又举办了校级比赛。与此起彼伏的微课赛事对应的是国内关于微课的研究也兴盛起来。在中国知网，分别以“微课”“微课程”“微视频”等教育信息化的热门词汇为关键词，检索到的文献数量如图 6-2 所示。由图中我们可以看出，相关研究呈现了迅速增长态势。

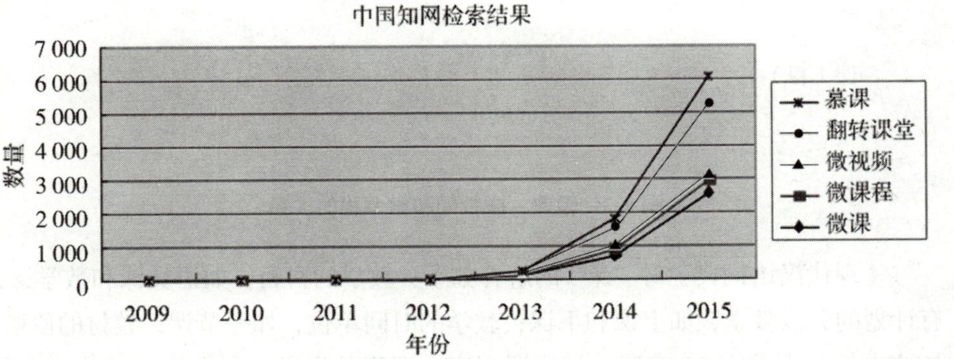

图 6-2　微课相关研究的文献数量

与此同时，国内涌现出很多服务于中小学翻转课堂教学的在线教育网站和微课平台。一些大型互联网公司，如腾讯、阿里巴巴、百度等，逐渐开始开发旗下的在线教育平台。在线教育平台是实现翻转课堂、开展在线教育和混合式学习的硬件保障。对教师而言，平台同样具备支持功能。教师可以在学习平台上通过获取平台自动生成的学生学习行为报告书来监督学生总体与个体在线学习行为（如观看视频时长、练习时长、讨论时长等），了解学生总体和个体知识的掌握情况；向学生推荐学习视频与相关学习材料，以及解答学生的问题等。如同黑板在工业革命时代对教育的重要性一样，在信息革命时代，在线教育平台必将成为一个必不可少的因素，影响和推动教育的发展。

微课的研究涉及微课的概念与本质、制作方法与原则、微课设计、微课评价、教师的专业发展等方面。

二、微课的内涵

可汗学院在全球范围内的走红，也将“微课”一词带入人们的视野。从广播、电视和计算机辅助教学，到今天的微课，教育传输技术都在不断发生着变化。与微课同时进入人们视野的还有“微视频”“微课程”等热词。从前面的介绍可以得知，微课、微视频和微课程三个名词几乎同时出现，相伴而行。那么，三者之间有什么关系？微课的内涵与要素是什么呢？

（一）微课、微视频与微课程

简单来说，把“课”和“课程”进行微视频化处理以后，就形成了“微课”和“微课程”。它们之间的关系如图 6-3 所示。

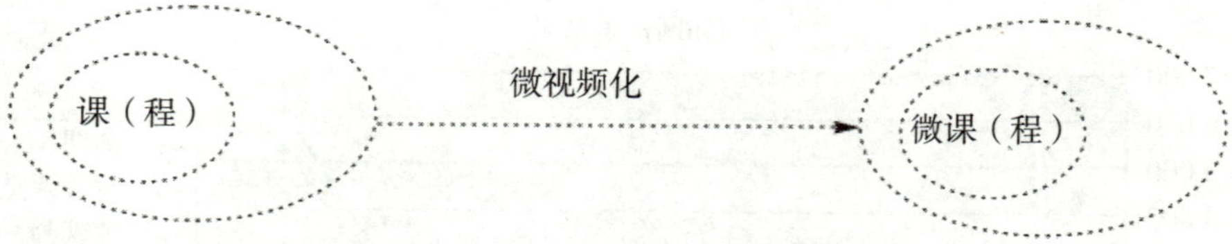

图 6-3　微课、微视频和微课程的关系

《现代汉语词典》对“课”的解释如下：教学的科目，如语文课和数学课；有计划的分段教学，如上课和下课；教学的时间单位，如一节课；教材的段落，如这本教科书共有 25 节课。相比课而言，课程的定义要复杂许多。施良方教授在分析国内外课程的定义后，提出课程即教学科目，课程即有计划的教学活动，课程即预期的学习结果，课程即学习经验，课程即社会文化的再生产，课程即社会改造。对照此定义，语文课也可以称为语文课程；数学课也可以称为数学课程。“课”即“课程”。把教学的时间单位累加起来，一节节的课就构成了课程。同样，教科书中的段落如果累加起来，所有的课就构成了一门课程。从这个角度来说，课程又可以看作课的集合。课程与教学密不可分。美国学者塞勒等人用三个隐喻揭示了课程与教学的关系：第一，若课程是一幢建筑的设计图纸，则教学是具体的施工；第二，若课程是一场球赛的方案，则教学是球赛进行的过程；第三，若课程是一个乐谱，则教学是作品的演奏。由此可见，课程目标的实现离不开教学过程和教学手段。

自有课程以来，人们一直在致力于教学手段和教育传输技术的更新。在传统课堂上，课程的教学要依赖教师的语言、手势等展开教学内容。在广播、电影和电视技术出现以后，陆续有人探索将电子化的技术应用于教育。例如，20世纪80年代出现的广播电视大学，其课程教学就应用到了广播和电视传播技术。但是，广播、电影和电视的制作成本十分昂贵，对拍摄技术、录音技术和后期制作技术都有非常高的要求，一般人很难掌握。

在计算机辅助教学技术普及以后，教师会利用多媒体课件开展教学。在多媒体课件中可以插入AVI、WMV和Flash三种格式的视频。AVI和WMV格式的视频可以直接插入，但文件容量很大。Flash文件的容量比较小，但必须有特定的控件支持才能播放。相对于电影和电视，虽然多媒体课件的制作成本要低很多，但是多媒体课件的文字、图片、音频和视频的兼容性较差，在大多数情况下，多媒体课件成了文字、图片、音频和视频等学习资源的静态的堆砌，无法同时记录教师的教学语言，而且课件的容量一般都比较大，携带不方便，也不利于上传和下载。一些精品视频课程，也因真实拍摄和录像是在传统课堂上完成的，且用时过长，无法吸引到更多的学习者。简言之，广播、电影、电视技术以及互联网技术出现以后，教育信息化得到了长足发展，但也遇到了信息化与教育不能深度整合的发展瓶颈。

优兔上线以后，其对一切浏览器和所有人开放的微视频网络技术使知识实现了可视化的传输。此项技术将1968年阿特金森和萨普斯等倡议的计算机技术促进学习引向了一个新的发展阶段，促使知识的传输形式和技术发生革命性的变化，预示着知识可视化时代的到来。优兔提供了一种全新的娱乐方式和教育方式，引发了视频、文化和教育方面的革命，因此被美国《时代》杂志评为2006年度最佳发明。优兔在教育方面引发的最著名的革命，便是由美国科罗拉多州落基山林地公园高中的化学教师乔纳森·伯尔曼和亚伦·萨姆斯以及萨尔曼·可汗主导的视频教育。

在这里，我们有必要了解一下优兔的网络技术。在优兔出现之前，互联网上还没有可以分享视频的网站。优兔网络技术实现了这一点，它集音频与视频、文章与图像为一体，支持各种格式的视频文件，兼容性强；利用计算机内嵌的FlashPlay播放器，在任何计算机上都可以直接播放；还可以在Linux平台上运行；并且还可以在除IE之外的其他浏览器上使用，且向一切浏览器开放；基本上不对用户上传和浏览视频文件做任何法律和道德之外的限制，向一切用户开放。优兔最大的特点是它具有社会化特性与良好的交互性，它可以显示影片观看的次数，提供指向影片的链接。优兔还针对视频内容提供很多选择，如评级、加入收藏、评论、与他人分享、观看相关视频、查看用户播放列表以及交友功能等。就在许多人热衷于拍摄和在优兔上分享个人视频的时候，伯尔曼、萨姆斯和可汗却将这些技术运用到了远程辅导学习上。他们利用当时流行的计算机录屏软件以及手写板等辅助工具，制作了最早的微型教学视频，并将其上传到优兔上，供异地的学习者通过浏览视频来学习课程。

在国内，早在2002年，就有人介绍过录屏软件。2004年，周建峰还提出利用录屏软件自助打造属于自己的视频教学网，但引起的反响并不大。直到优酷网播出《一个馒头引发的血案》以后，微视频才被广为人知。优酷网总裁古永锵第一个给出了微视频的中文定义：微视频，又称视频分享类短片，是指个体通过PC、手机、摄像头、DV、DC、MP4等多种视频终端摄录、上传至互联网，进而播放共享的短则30秒、长则20分钟的视频。其内容广泛形态多样，是包括小电影、纪录短片、DV短片、视频剪辑、广告片段等在内的视频短片的统称。这个定义中的微视频，包括微电影、微广告、微电视等多种形式的微型视频，视频所涉及的内容范围非常广泛。数年之后，微视频才慢慢走进学校，被运用在教学中，进而出现了教学微视频、微型教学视频等新名词，它们被用来指称区别于多媒体课件的、新型的、视频化的教学工具。

微型教学视频或教学微视频，常常被简称为微视频。微视频多用来指称区别于多媒体课件，为实现一定教育教学目标，由个人或组织开发的视频化的教学手段或过程。其内容多聚焦于某门课程中的某一个概念、知识点，教学重点、难点或教学实践活动（如实验、任务和项目学习）等。微视频、练习题、课程资源等组成了微课的学习资源系统。微视频的特点还体现在以下几方面。

①短，时长不超过10分钟。一般小学1～4年级的微视频时长不超过4分钟，5～6年级的不超过5分钟，初中的不超过7分钟，高中的不超过10分钟，大学的不超过20分钟。

②小，容量小，便于携带和复制。视频制作和应用成本低，学习者可以随时随地反复观看。

③精，内容精练。一个微视频着重对一个小问题或主题进行讲解或解释。

④快，制作周期短。相比电影和电视，其制作的速度要快很多。

微视频技术将教学手段视频化，与传统教学单纯依赖教师授课培养学习者的言语或逻辑思维能力不同，微视频营造了一个视觉化的教学与学习环境，能够激发和唤醒学习者的视觉思维。据阿恩海姆研究，在认知过程中人们对那些“视觉化”了的事物往往能增强表象、记忆与思维等方面的反应强度。视觉思维能传递言语、文字所无法表达的信息，具有直接性、形象性、丰富性、多变性和动态性的特点，能够有效激发学习者的想象力、创造力和思维力。

教学手段和过程的视频化，是否等于课程的视频化呢？在下结论之前，我们先回想一下传统教学中教师是如何上“课”的。课上，学生要聚精会神地听讲，与同学和教师交流、讨论；课下，学生还要认真完成教师布置的作业，在自习的时候，还会向教师提出问题；当学习进行到一定程度时，学校还会组织各种测验和考试，以测试学生对知识的掌握程度。教学手段和过程的视频化，仅仅体现了课程视频化的一个方面，另外还需要师生互动、评价、作业等网络化、可视化。有人会问，如果课程的教与学均在网络上进行，岂不成了在线课程？的确，微课（程）本质上就是一种在线课程。它既可以作为独立的在线课程，对学习者进行在线教育，又可以与实体中的课堂教育相结合，实现线上和线下双向联动混合式学习。

总之，课程的视频化比教学的视频化复杂得多。就教学视频而言，它能否体现教学目标，能否在短时间内突出教学重点，突破教学难点，能否吸引学生全神贯注地观看，着实要考量教师的教学能力、专业素养，甚至科学与人文素养。由此可见，微课看似“微小”，其实一点也不简单。

（二）微课的具体内涵

关于微课的内涵，有很多种说法。以下列举了一些比较常见的定义或解释。

微课是根据新课程标准和课堂教学实际，以教学视频为主要载体，记录教师在课堂教学中针对某个知识点或教学环节，而开展的、精彩的教与学活动中所需的各种教学资源的有机结合体。

微课又名微型课程，是基于学科知识点而构建、生成的新型网络课程资源。微课以“微视频”为核心，包含与教学相配套的“微教案”“微练习”“微课件”“微反思”及“微点评”等支持性和扩展性资源，从而形成一个半结构化、网页化、开放性、情景化的资源动态生成与交互教学应用环境。

微课的全称为微型视频课程，它是以教学视频为主要呈现方式，围绕学科知识点、例题、习题、疑难问题、实验操作等进行的教学过程及相关资源的有机结合体。

微课，它是一个微小的课程教学应用，是一种以 5 ～ 10 分钟甚至更短时长为单位的微型课程。它以视频为主要载体，特别适宜与智能手机、平板电脑等移动设备相结合，为大众提供碎片化、移动化的网络学习新体验。

微课是指以视频为主要载体，记录教师围绕某个知识点或教学环节开展的简短、完整的教学活动。

微课又名微课程，它是以微型教学视频为主要载体，针对某个学科知识点（如重点、难点、疑点、考点等）或教学环节（如学习活动、主题、实验、任务等）而设计开发的一种情景化、支持多种学习方式的新型在线网络视频课程。

微课是以阐释某一知识点为目标，以短小精悍的在线视频为表现形式，以学习或教学应用为目的的在线教学视频。

微课程是指时间在 10 分钟以内，有明确的教学目标，内容短小，集中说明一个问题的小课程。微课程除包括视频外，还包括录音、PPT、文本等，并包括学习清单和学习活动的安排。

微课是指为使学习者在自主学习时获得最佳效果，经过精心的信息化教学设计，以流媒体形式展示的围绕某个知识点或教学环节开展的简短、完整的教学活动。

微课是指为支持翻转学习、混合学习、移动学习、碎片化学习等多种学习方式，以短小精悍的微型教学视频为主要载体，针对某个学科知识点或教学环节而精心设计开发的一种情景化、趣味性、可视化的数字化学习资源包。

从以上定义可以发现微课的特点如下：第一，微课教学时间以 5 ～ 10 分钟甚至更短时长为主；第二，微视频是微课的核心，也是微课的主要载体；第三，支持碎片化、移动化、泛在化的网络学习；第四，具有跟踪、分析和评价网络学习得以实现的反馈和考核系统；第五，需要技术与学习平台支持。

在诸多定义中，将微课视为网络微型课程的定义较为流行，但此定义未能揭示出微课的本质。微课具有课程的普遍特征，又具有特殊的信息化教育特点。它是一种有计划、有指导的学习经验和预期的学习结果，其目的是使学生的能力得到提高，通过信息化技术与平台的支持，为学生呈现可视化的知识和经验，支持碎片化、移动化、泛在化的网络学习，同时还具有对网络学习进行跟踪、分析，使之得以实现的反馈和考核系统。

三、微课的要素

概括起来，微课的要素包括目标与管理、内容与设计、方法与形式、评价与反馈、技术与平台（如图 6-4 所示）。

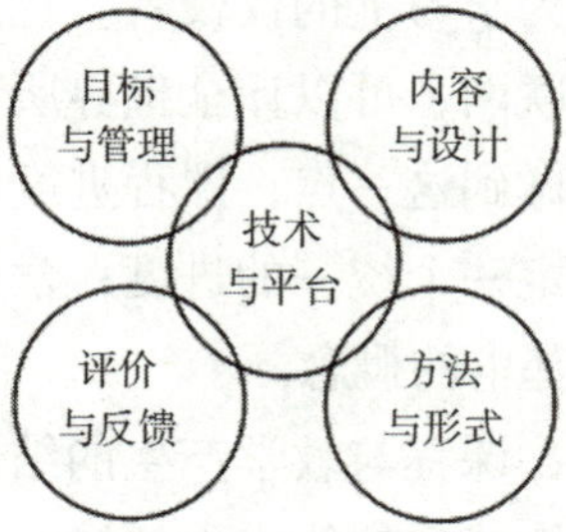

图 6-4　微课的要素

（一）目标与管理

1. 目标

微课虽“微”，但也需要清楚地定义课程与教学的目标。其目标是选择教学材料或内容、设计教学方法、设计教学过程以及进行课程管理和评价的标准。

如何才能达到这些设计目标呢？首先，我们要明确什么是目标。一般来说，目标是指通过实施一定的教育，学习者预期达到的结果或标准。目标是学习者有意识追求的对象，也是教育者想要实现的教育宗旨。其次，根据目标要求的主体不同，目标又可以分为若干层次，如国家层面的教育目标、学校层面的培养目标、课程专家层面的课程目标、课堂教学中教师层面的教学目标等。

那么，如何选择目标呢？课程与教学之父——美国著名教育家拉尔夫·泰勒在《课程与教学的基本原理》一书中指出，教育目标来源于以下五个方面。

①对学习者本身的研究。

②对当代生活的研究。

③学科专家对目标的建议。

④利用哲学选择目标。

⑤利用学习心理学选择目标。

可汗学院的课程不但在线上受到欢迎，而且被更多的学校引入实践，这与可汗学院在创立之始就树立的课程理念与目标有很大关系。可汗在辅导自己侄女的过程中，一直在思考为什么在标准化的课堂中孩子们不容易掌握知识，而辅以个性化的辅导后，他们却可以获得学业上的成功。在他看来，差生的产生是因为在他们没有完全掌握核心概念时，就不断地被迫跟着教师和大多数人的进度接受新知识。而事实上，每个人接受新知识的速度是有差异的。如果学生能够按照自己的进度学习，教师按照不同学生的进度给予个性化的辅导，最终每个人都可以掌握知识，成为学习上的佼佼者。正是基于这样的一个哲学思考和认识，可汗认为，通过互联网，可以让全世界所有人都能随时随地享受到免费的、高质量的教育。而要做到这一点，课程进度应该按照每个学生的不同需求来制定，而不是人为地规定一个统一的进度；学生如果想要掌握更高难度的知识，就必须深入理解最为基本的概念。

在传统的标准化课堂中，课程与教学产生的结果是多重的。比如，布鲁姆等人将教学目标分为认知、情感和技能三大领域，每一个领域目标又有从低级到高级的若干层次。以认知目标为例，它包括知识、领会、运用、分析、综合和评价六个层次。加涅认为，学习结果包括言语信息、智慧技能、认知策略、动作技能和态度。广义的知识理论认为，知识的学习包括陈述性知识、程序性知识和策略性知识。对于微课而言，课堂形式与教学形式发生了变化，当学生在线自主学习时，课堂是虚拟的，教学是可视化的、反复再现的；当学生参与教师的线下辅导时，课堂是现实的，教学是现场的、短暂的、不可复制的。那么，在学生自主的学习环境中，课程目标是否需要设定得与传统的课堂教学一致呢？

对基础教育而言，绝大多数的微课实际上依赖于或脱胎于国家课程。课程与教学目标的设立就需要参考或参照课程标准。因此，微课程目标是指根据教育理念、教育目标、课程理念或课程标准制定的一种教育教学目标，是学习者在学习结束时达到的要求或产生的变化。自新课标实施以来，基层教师、高校教师与教学专家已经习惯了使用“知识、能力、情感”三维目标模式，针对45分钟的教学时长来构建目标。当时长变为不足10分钟时，合理确立教学目标对每一个教师而言都是一种挑战。具体到每一节微课时，教师可根据微课主要的学习经验和有利于教学指导的形式去设计目标。比如，侧重于知识教学的目标，可将目标聚焦于知识的理解、掌握和应用；侧重于能力教学的目标，可将目标聚焦于能力的掌握；侧重于情感教学的目标，可将目标聚集于情感的体验、感受等。一系列微课的目标应形成一个目标系统，组成微课程的课程目标。

2. 管理

微课的出现使在线教育的发展上了一个台阶。但是，不可否认的是，微课虽然集中了在线教育的优势，但也不可避免地折射出在线教育的缺陷。在线教育的实践表明，注册课程人数虽多，但坚持到课程结束的人数却不多；学生开始激情满满，越到后期越提不起精神；在线教育的学习环境可以随意变换，缺乏学习氛围，缺乏同伴交往、交流以及来自学习主体之外的监督，这时学习效果往往比在教室学习的效果差。因此，微课的管理就势在必行。

与实体学校的管理不同，微课的管理更多借助于自动化的程序来实施。其管理是课程开发者利用微课的学习资源，如微视频、练习题等，借助管理手段和机制，实现课程目标的过程。微课的管理者可以由课程开发者担任，也可以由教师担任，甚至可以由家长担任。微课管理的手段与机制包括实名制注册、实时更新学习信息、自动形成学习报告、对学习进步者进行奖励或激励等。微课管理的过程如下。

①组建虚拟化的学习社区，允许课程开发者、实施者与学习者注册和登录。社区类似于现实生活中的学校，它能将学习者、教师和课程开发者组织起来，营造一个教育环境，这是实施管理的首要条件。

②为每位学习者建立学习档案。学习者的学习时间、学习次数、学习轨迹等组成了学习者的电子学习档案，它如同成长记录册一样，记录了学习者的学习过程和成长过程。

③根据课程学习的相同进度组建虚拟班级。传统班级是按照年龄分班的，相同年龄的人分在一起，未考虑学习者学习能力的差异和他们接受新知识的程度。

④根据学习者的学习进度进行分组。同伴的交流、对话与互动可以降低学习者的孤独感，活跃学习者的思维。

⑤实时监督学习过程。年龄越小的学习者的自控能力越小，实时监督可以督促他们在有限的时间里完成学习任务。

⑥完成学习效果反馈、分析与评价。学习效果的检测通常依靠教师收集学生的作业，向学生访谈教学情况来实现。微课可以及时收集一个班级、一个小组的数字化教学反馈信息，这样便于教师调整教学进度。

⑦建立激励、奖励机制等。微课的奖励虽是虚拟化的、非现实的，但也可以激发学习者的内部学习动机，激励学习者实现课程目标。

（二）内容与设计

1. 内容

课程目标拟定好以后，我们面临的一个问题便是确定课程可以提供哪些特定的教育经验或学习经验，以帮助学习者实现教育目标。传统教育中对教育内容的选择原则同样适用于微课。依托于线下课程而开发的微课，则可以参考线下课程进行内容的构建。由于在线教育突破了时间和空间的诸多限制，因此从理论上来讲，微课可以提供无年级限制、无难度限制、无语言限制的课程内容。但人们也需注意碎片化与系统化的统一、可视化与结构化的统一、基础化与多样化的统一、自主化与交互化的统一。

（1）碎片化与系统化的统一

通常情况下，微课的教学内容是针对某个问题、知识点（如重点、难点、疑点、考点等）或教学实践活动（如实验、任务、项目学习等）等而展开的。传统课堂中45分钟的知识容量，常常可以被分解为若干节微课。如果微课间缺乏联系，那么学习者获得的学习经验就是零散的、缺乏内在联系的、松散的、碎片化的，不利于学习者形成系统的知识体系。萨尔曼·可汗创立了知识地图，有效地解决了这一矛盾。知识地图中，每一个知识点对应一节或多节微课，知识点之间用直线连接，按照认知层级从简单到复杂的顺序有规律地排列起来，形成一个知识网络和微课网。越上位的知识，在垂直方向上排列的位置就越高。知识地图如同知识树一样，将碎片化的知识联系起来，形成了系统化的知识体系。知识地图相当于知识森林中的指路牌，给学习者指明了学习的方向，由浅入深，由下位概念到上位概念，循序渐进，最终让学习者掌握目标内容。此外，知识地图也有利于学习者自定步调和进度，进行自主学习。

（2）可视化与结构化的统一

在结构主义看来，每门学科都有它的基本结构，这是教师必须掌握的科学因素，应该成为教学的中心。基本结构包括基本概念、基本原理或基本规则，其教学有助于学生的理解、记忆和迁移。因此，微课的教学内容应展示学科的基本结构，不应脱离学科基本结构而一味追求内容的视听冲击效果。但在可视化思潮的影响下，一些微课变成了“微型视频”，充斥着具有强烈视觉感染力的图像式内容，如图片、视频、动画等，而忽略或忽视了抽象的逻辑符号所表征的知识，以及能够形成知识的猜想、归纳、概括、抽象等思维过程，脱离了微课本真的教育目标。

可视化，可以理解为通过动态或静态的图形、图像形式，把科学知识更为形象、直观、有效地传递给学生。图形、图像内容可以激发学习者的视觉思维，并在学习者的大脑中形成视觉意象。以“视觉意象”为中介，在观察、想象、构绘三者间的相互作用中进行创造性思维。视觉意象，即视觉表象，是一种非常重要的记忆编码和存贮形式，也是一种非常有效的记忆形式。我们都曾有过这样的经历，在茫茫人海中可以一眼认出儿时的玩伴，但却叫不出他（她）的名字，这其中发挥作用的就是视觉表象。

传统课堂中，由于受到教学环境和教学条件的限制，可视化教学内容的比例并不高。微课可以提供大量的可视化教学内容，那么当学习者的视觉感知形式表现为“看见”的时候，他们在视觉理解层面上是否“看懂”了呢？比如，有关花的结构的微课展示了自然界中各式各样的花，姹紫嫣红，绚烂多姿。当学习者观看时，生成的是视频描绘的花的表象，而不是一个“概括性”的花的概念。如果微课展示的是花的结构示意图，那么学习者生成的表象也是一个具体的示意图的表象，而不是一个“概括性”的花的概念。从概念学习的角度而言，学习者“看见”了花，却没有生成和理解关于花的一般性结构的概念，相当于他们并没有“看懂”。从知识传播学角度来看，知识可视化的视觉表征价值并没有得到充分体现，这就需要结构化知识或系统化知识来补充。

前面提到的知识地图以及概念图、知识网络图等，就是常见的将知识结构化和系统化的有效工具。知识可视化解决的是看见、看不见的问题，而知识结构化关乎的是看懂、看不懂的问题。微课的目标就是让学习者在数字化的学习环境中既“看见”知识，又“看懂”知识，实现可视化与结构化的统一。

（3）基础化与多样化的统一

在教育领域，我们经常提及教育内容，但很少有人能对它下一个定义。安德森指出，教育内容与传统意义上的教材是等值的。教材的实质是由学科领域的专家对“历史上共享的知识”所达成的一致，教材内容和知识是紧密相连的。在这样的情境下，内容与知识可以互相替换。郭晓明认为新课程实施以来，教材的功能便发生了变化，由学生的读本和教师的教本，即至高无上的真理的权威发布者和封闭僵硬的知识“冷藏库”，转变为引导学生思考和探究的活动指南，教师探究教学的蓝图和学习评价的平台；不仅教给学生学科知识，还引导学生领悟科学方法，促进其能力和情感领域的健康发展。一言以蔽之，教材在体现学科基础知识和基本结构的基础上，被赋予了多样性的教育功能。

诸多微课定义都在强调微课在阐释学科基本知识和基本结构方面的意义。微课一般选取教学中的某个问题、知识点（如重点、难点、疑点、考点等）或教学实践活动（如实验、任务、项目学习等）等基础性和结构性的内容，而开展可视化的教学活动。实际上，微课还可以促进学生的多样化学习，如可视化知识或可视化的教学过程带来的审美愉悦与可视化思维的发展，系统化教学过程引起的数理逻辑推理能力的提升等。

（4）自主化与交互化的统一

在微课的学习过程中，学习的进度、内容、步骤与方法等是由学习者自己根据实际情况拟定和选择的，与传统课堂中教师的主导和督导不同。从这个意义上来讲，微课的学习具有自主性，另外其也要兼顾交互性。交互，即学生与平台、学生与教师、学生与学生之间的交往与互动。倘若微课上线以后变成平台上的“摆设”，远离教师和学生的生活，那么微课距离消失也就不远了。在当代哲学中，“交往”是指主体间以语言或符号为媒介，以言语的有效性为基础，以达到相互理解为目的的活动。因此，微课的内容选择和设计既要考虑学生自主学习的便利，也要照顾到学生与平台、学生与教师、学生与学生之间的相互交流、相互理解，实现自主化与交互化的统一。

2. 设计

微课实践和研究表明，微课的制作并不仅仅是一个技术开发过程，更应是在先进教育理念支持和精细创意的教学设计方法指导下进行的一项创造性工作。微课的设计应遵循系统化、可视化和多样化的原则。微课的系统化原则有以下几种。

①全员参与，协同发展。作为在线教育课程，微课的开发不能仅仅由教师这一团队孤立地完成，还需要课程专家与管理部门人员、教育信息化建设的技术团队、课程效果评估团队等参与，他们要围绕共同目标，相互协作，共同发展。

②线上与线下整体考虑，无缝对接。微课开启了将传统课程数字化的先河，如何实现数字化？是将传统课程简单复制？是将传统课程进行电子化迁移？还是使微课与传统课程互为补充、相得益彰？从系统化的整体性特征考虑，人们应将线上课程（微课）与线下课程（传统课程）综合起来通盘考虑，实现无缝对接。

③资源关联设计，点面结合。当课程实现数字化以后，同样也面临着资源的数字化问题。数字化资源既要为教师的微课教学服务，也要为学生的微课学习服务；既要为课堂教学服务，也要为教学反馈、评价服务；既要为课程实施服务，也要为中小学生的课外实践活动服务。这就要求人们对课程资源进行关联设计，做到以点带面，点面结合。

作为视觉媒体作品，微课更应强调视觉艺术的审美愉悦和审美享受，不可粗制滥造。我国相关学者总结了以下几种可视化设计的原则。

①信息组块原则，促进深度学习。在设计教学内容时，尽量将材料中多元

表征信息设计成有意义的信息组块或信息块。

②时空邻近原则，减少注意力分散。该原则是指信息组块的设计应尽量使学习对象的同一表征在时间上同步或临近。

③一致性原则，避免冗余效应。对信息进行组块时，尽量使多元表征的信息结构与被表征的学习对象的结构成分保持一致。

④双通道原则，拓展工作记忆容量。在信息组块时，尽量使用“信息块”，因为它包含了“视觉表征 + 听觉表征”。

⑤标记性原则，增强选择性注意。人们运用标记技术（应用标题、字体、字号、颜色变化、箭头、图标、下划线、超级链接等）将学习任务的重点、难点、关键点等标记出来。

⑥多样化原则。作为传统课程在信息技术时代的补充，微课不能仅仅停留在对知识点的可视化教育上，而应基于能力、情感、价值观发展等进行多样化的开发。

不同层次的微课，其设计的目标与要求不同。在区域教育信息化层面为避免微课重复开发，有学者建议应组织名师和名校，构建优质资源互联互通、免费共享、知识系统化与数字化的微课平台；在学校层面，组织学科负责人构建微课建设方案、内容规划与范例；在学科层面，组织学科教师，结合各学科课程标准，构建微课教学设计目标、内容、方法与评估体系；在微课层面组织承担微课开发任务的教师，探索基于“微目标”“微课时”“微内容”“微评价”的微教学设计。教师的微教学设计与常规 45 分钟的教学设计流程相似：分析“微教材”与学生的“微学习心理”，编制“微目标”，设计“微过程”与“学习任务单”，设计“微作业与微习题”，撰写“微教案”，另外，还包括设计课件与拍摄脚本，制作“微视频”等。

（三）方法与形式

何为有效的教学组织学习经验？这里或涉及方法论的指引。虽然微课的课时缩短了，但微课并不等于“微讲座”，也不是“视频式课件”，而是需要教师在微课中对知识呈现的方法与形式进行认真的思考与精心的设计。比如，知识呈现的顺序、程序与效果，以及教学的科学性、逻辑性、顺序性、完整性、结构性、艺术性、愉悦性等。布鲁纳指出，依照知识结构的再现形式设计最佳的教学程序有三条基本的要求：第一，教材的呈现顺序要与学习者的认知发展阶段相适应；第二，要以经济有效的原则来安排教学顺序；第三，教学程序应明确学习的速度，要考虑认知的紧张度。对微课而言，其还需考虑知识呈现的艺术性与审美愉悦性。

微视频是微课的核心，其呈现形式应简洁且具有审美愉悦性。传统课堂教学中，黑板、教材和教师的语言组成了呈现教学内容的重要因素，这种呈现伴随着教师形象，其教学过程时常伴随着教师真人“在现场”。学生在学习过程中获得的审美愉悦是即时的，不会在大脑中反复地、完整地呈现。微课的微视频则不然。微视频中，教师形象缺席，讲课的声音却“在现场”。种种迹象表明，教师的声音越动听，讲的课越生动和幽默，就越能激发学生对微课的审美愉悦感，也就越能吸引学生的学习注意力。

（四）评价与反馈

微课能在多大程度上产生预期效果？微课是如何促使学生的学习行为发生变化的？前者涉及评价，后者关乎反馈。缺乏评价的课程如同电影和电视剧，难以形成课程学习的约束力；而缺乏反馈的课程，如同“僵尸课程”，会影响微课的教学质量与效果。传统课程中，无论是诊断性评价、形成性评价还是终结性评价，多数情况下都采取纸笔测试方法。从制定目标、实施评价到获得结果，需要专业人员花费一定的时间才能完成。而借助于计算机程序和在线学习平台，微课的评价可以与学生学习的过程同步，自动完成。图 6-5 显示了可汗学院的学习流程和学习评价过程。

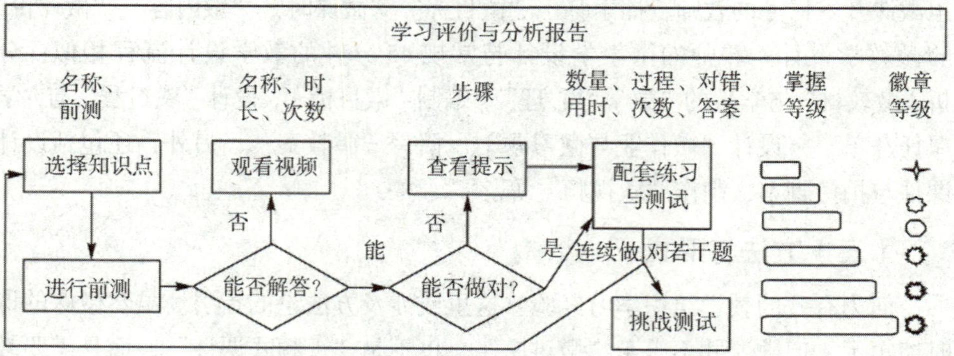

图 6-5　可汗学院学习流程及学习评价过程

可汗学院将学生对知识技能的掌握程度划分为 6 个等级：学习困难、需要练习、完成练习、第一级、第二级和掌握级。为了评定学生的掌握程度，可汗学院引入一种新的测评模式——连续正确前进模式，即学生在通过练习功能进行学习检测时，必须连续答对一定数量的题目（这个数量根据知识点的不同而有所区别，一般为选择题和填空题）才算达到掌握级，才能开始下一个单元的学习，或者参加该知识点的挑战测试。否则，平台将出现更多的测试题，直到正确率为 60% 时学生才可以进入更高等级。为了激励学生学习，可汗学院将对学生的奖励分为流星级、月亮级、地球级、太阳级、黑洞级以及挑战破解级 6 个等级，每一级奖章下都有相应的特别奖章。学生注册账号并登录后选择课程和相关知识点，平台根据学生的选择自动出现与课程内容相关的前测题。通过前测后，学生将进入个性化导航面板，进行知识学习（观看视频或完成配套的练习题与技能测试）。由于学习者的每一个操作都有记录，如观看视频的名称、时间长短和次数，做配套练习题与测试题的数量、过程、对错情况、花费时长、次数等，因此平台可以自动生成学习评价与分析报告，然后有针对性地为学生推荐相关的知识与技能。

利用信息化学习平台的交互功能，微课收集教学的反馈信息也相对容易。例如，从学生对课程内容的讨论中我们可以看到学生在哪些方面有疑问，还可以看到学生对知识点视频质量的评价意见等。学生的学习评价与分析报告详细地反映了学生的学习情况。

（五）技术与平台

与传统课程实施不同，微课需要一定的信息化技术作保障，需要一定的信息化环境条件作基础。

对教师而言，微课所需要的诸多技术中，最核心的就是微课设计与制作技术。一般来说，微课制作技术或程序包括以下几点。

①将 45 分钟内课堂教学中的教学内容细化，分解成单个的相互关联、难度分级的概念（知识点）网络。

②选择其中的一个知识点，设计 1～2 分钟的导入介绍和总结，它们将为这些概念的学习提供背景。

③完成教学设计过程，准备用于教学的图片、实验、视频等。

④设计教学课件，撰写微课录制脚本。

⑤视频录制可以由教师自己来完成，也可以由专业的信息技术人员来帮助完成。

⑥教学视频后期处理。

⑦设计配套的教学效果检测和学业评价，以帮助学生学习相关课程。

⑧将视频、作业等上传到课程管理系统中。

微课学习平台真正做到了向所有人开放，它不仅提供了一个无地域限制、无学校限制、无时间限制、无阶层限制的优质教育空间，也提供了微课运行所需的信息化环境条件。它既是微课程的贮存、检索和播放平台，又是学生的学习平台，还是教师开展教学评价、收集教学反馈信息数据的主要来源，其开发、维护和管理较为复杂，需要专业的信息技术人员参与。

借助技术与平台，未来有望营造信息化的教育生态系统。以往的教育信息化强调硬件设备而不注重硬件应用，硬件设备有时会沦为学校装点门面的摆件。而在微课中，信息技术不再是一个鹤立鸡群的、孤立的东西，而是像黑板和粉笔一样融入了日常教学。通过教师、学生与技术的共生关系，形成了良好的教育信息生态系统。传统课堂中，教学信息传播链是线性的，即由教师到学生或由学生反馈给教师，当课堂教学结束时，教学信息传播链也随之中断。学生能够获得的教学信息量的多少，取决于学生个人的记忆力和理解力。在微课中，教学信息传播链是非线性的，由于教学视频可以随时随地、反复地再现完整的教学信息，因而教学信息传播可以完整地、无误地被每一个学习者接收。也就是说，每一个学习者都可以获得完整的教学信息量。学生的学习行为和学习效果必然要发生根本性的变化。长此以往，这些作用和变化必然会映射在学生的学业成就上，促进学生学业成就的提升。

微课还有利于培养信息化时代的未来公民。未来公民最重要的思维就是人机合一。在教学中通过计算机、智能手机等电子产品的运用，可以使学生学会人和电脑的协同思维。在传统教学模式下，想把一个学习能力较差的学生的成绩提高一些，这几乎是很难的事情。有经验的教师都知道，要想改变学生基本的认识和思维结构也是很不容易的事情。但是，如果我们广泛地运用微课教学，学生就很容易处理复杂的事情。技术与人脑的协同会改变人的基本认知方式，使人变成一个内脑和外脑联合行动的人，使人具备人机合一的思维体系。人机结合使现代人更加聪明，以应对技术所改造的信息化时代工作和生活的复杂性。

第二节　微课设计

一、微课设计的理论与制作流程

微课是一种新型的网络教学模式，它使学科知识碎片化，内容简短，结构完整，既可用于课堂上的集体教学，又可用于课堂外的个别化教学，特别符合布卢姆的掌握学习理论。布卢姆认为，只要给予足够的时间和适当的教学，几乎所有的学生对几乎所有的教学内容都可以达到掌握的程度，学生学习能力的差异不能决定学生能否学习要学的内容和学习的好坏，而只能决定学生花费多少时间才能达到对学习内容的掌握程度。布卢姆在“所有学生都能学好”的思想指导下，以集体教学为基础，辅之以适当及时的教学反馈与指导，为每个学生提供合适的个别化帮助以及所需的额外学习时间，从而使大多数学生达到课程目标所规定的掌握标准。为此，在布卢姆的掌握学习操作程序中，将学习任务分成许多小的教学目标，然后将教程分成一系列小的学习单元，学习单元间有严密的知识逻辑关系。教师运用适当的教学方法组织教学，并为每个学习单元编制一些简单的诊断性测验，对学生学习过程进行生成性评价和反馈矫正（包括课后测验、单元形成性测验、补救教学、再次形成性测验等）。

在布卢姆的掌握学习理论中，“教学应面向绝大多数学生”“如果学生在学习上花了所需的时间，那么大多数学生能够达到掌握水平”“过程性评价与反馈矫正”等思想可以在微课中充分体现并能保障实现。在一般教学中，教师按照掌握学习理论，对每个学生进行个别化教学，并给予足够的学习时间完成掌握学习，显然需要耗费太多的时间和师资。但利用微课进行课内课外个别化学习和掌握性学习后，师资成本大大降低，学生课余有足够“需要的学习时间”，落后学生课下凭着“笨鸟先飞”和主动重复学习，达到“掌握学习”的目标，消除课堂集体学习的焦虑和压抑心理，激发学生的学习热情和学习兴趣，真正实现“绝大多数学生”教学质量的提高。

微课的实质是微型化的网络课程，而一门完整的网络课程（如慕课）也可以由众多的与知识相关的教学环节紧密联系的系列微课构成。因此，微课的设计与制作可以在掌握学习理论指导下，像网络课程开发那样进行系统的设计、制作，其流程如图 6-6 所示。

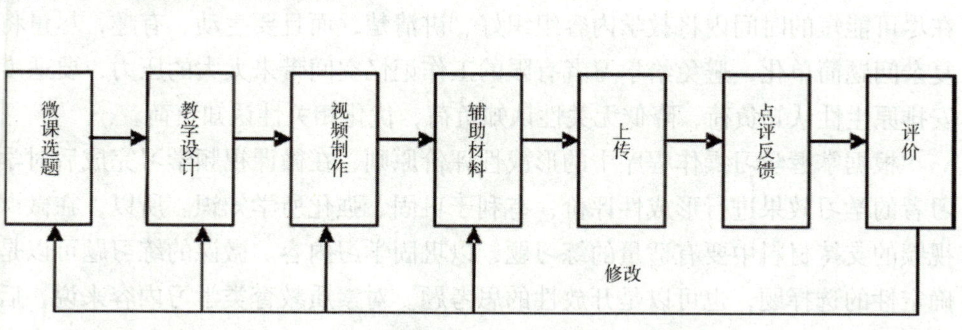

图 6-6　微课的设计与制作流程

（一）选题

微课针对特定的主题，如核心概念、单个知识点、某教学环节、教学活动等，教学目标明确，教学内容清晰，能够在很短的时间内讲解清楚，而且学习者很感兴趣，容易在短时间内掌握。因此，微课的选题要在众多的知识点或教学环节中提炼出重点、难点或兴趣点予以重点解答，微课内容可以是知识讲解、题型精讲、技能演示、总结归纳、知识拓展、教材解读、方法传授、教学经验交流等。

学习一般不像玩游戏那样有趣，在生活碎片时间里利用微课进行移动学习、泛在学习就要求微课选题实用准确，内容生动有趣，形式短小精练。就像在微博中不能长篇大论一样，微课不适合对过于复杂而又不能分割论述的学习内容进行讲解。因此，对于无关紧要、主题不明显、没有特色或对学习者没有吸引力的教学内容或活动，没有必要作为微课进行开发，那样起不到微课引导自主学习的效果，还会增加微课管理系统的负担和教学内容的冗余。

（二）教学设计

梁乐明在对国内外 36 门微课进行对比分析的基础上，提出了微课的设计模式。在该模式中，首先做前端分析，对微课的学习者特征、教学任务和学习内容进行分析，然后根据布卢姆的学习目标分类理论确定合适的学习目标，根据教学内容、教学环节、教学活动和方法确定合适的微课类型和组成要素。制定符合学习者特征、学习内容和教学形式的教学策略，设计教学视频的情景、案例、教学过程，以及相关的网络教学支持材料和评价、反馈机制等。

在进行微课视频或多媒体课件设计与制作时，要尽量减少学习者的认知负荷。认知负荷理论认为，影响认知负荷的基本因素是学习材料的组织与表现方式、学习材料的复杂性和学习者的先验知识。微课主题明确，内容短小，要求在尽可能短的时间内将教学内容组织好、讲清楚，而且要生动、有趣，尽量将复杂问题简单化，避免给学习者有限的工作记忆空间带来太大的压力，要适度安排原生性认知负荷，降低无关性认知负荷，优化相关性认知负荷。

根据掌握学习操作程序中的形成性评价原则，在微课视频学习完成后对学习者的学习效果进行形成性评价，有利于巩固、强化所学知识。所以，在微课视频的支持材料中要有适量的练习题，以巩固学习内容。微课的练习题可以是确定性的选择题，也可以是开放性的思考题。对素质教育类学习内容来说，后者更合适。练习题不宜太多，不要增加学习负担，让学习者有兴趣、有能力主动完成练习。

（三）视频制作

视频是微课的核心内容，大多采用流媒体形式呈现教学过程。微课程的教学过程要简短完整，包括教学问题的提出、教学案例或情景导入、教学内容讲解、教学活动安排、引导和启发学生开展协作学习与探究学习等。根据记忆的信息加工理论，只有受到注意的信息才能得到人脑的进一步加工，只有注意到的感觉记忆（瞬时记忆）才能进一步加工成为工作记忆（短时记忆）。因此，在微课中吸引并保持学生的注意是成功的关键。

根据微课的类型不同，可能有不同的教学主题导入方式，但它们都要快速准确，力求新颖、有趣，能够很好地吸引学习者。微课开头应开门见山地进入主题，或采用承上启下的语言引出主题，或设置疑问、悬念等引出主题；也可以从学习者熟悉的与生活相关的现象或很感兴趣的案例引入主题。但从吸引学生注意力和引起学生学习兴趣的角度来说，后者效果更好。比如，采用与教学主题密切相关而又有趣的案例、事件等，很容易引起学生的学习兴趣和注意，就像好的电影片头那样一开始就抓住观众的心，吸引观众继续看下去。

微课在讲解教学内容时要清晰、明确，沿着教学主题逐步展开突出重点，去除烦冗。教师在整个教学过程中，应有意识地采取恰当的措施保持学生对学习内容的注意力，而不被外界噪声等与学习无关的刺激所分心。因此，在微课中呈现的学习内容需要突出显示，引导学生顺利地将选择性注意转换为工作记忆，不要太多无意义的装饰，避免对主要学习内容产生干扰。

微课的收尾、总结要简洁明了，留出给学生思考、回味的空间。由于微课时间很短，学习内容少，往往都在学生的短时记忆中，适当而简短的总结可以使学生对学习内容加深印象。减轻学生的记忆负担，但也不是每个微课教学都需要对学习内容进行小结，留给学生思考、回味的空间更重要，教学视频外的支持材料更适合学习总结和拓展。

（四）辅助材料

微课除教学视频外还有相关的支持材料，辅助微课的视频教学通常包括微课教学内容简介、教学设计的教案或学案、多媒体教学素材和课件、教师课后的教学反思练习测试、学生的反馈及学科专家的点评等，但不是样样都要有，教师应根据教学目标、教学内容和教学活动等选择必要而又简明的支持材料，避免冗余、过多过乱、不是很紧密的辅助或拓展材料。

值得注意的是，在各类微课比赛中微课评价指标有不同的要求。比如，文字材料中要求有教师简介、教学内容说明等，在视频片头要求有标题、作者单位，在教学过程中要求有教师与学生镜头，体现教师风采及师生交互等。这些在微课的实际教学应用中不是必需的。因此，教师制作微课不应受微课比赛评价指标影响（为比赛而制作的微课另当别论）。

（五）上传与反馈

微课视频和相关材料制作完成后，要上传到相应的网络环境中。如果是参加微课比赛，应传到指定的网络平台，并且按规定的技术要求和规范调整视频分辨率和速率参数以及填报要求的参赛信息等。如果是为某课程或相关主题、领域的网络教学而制作的微课，应传到相应的网络平台，并按平台要求作出反馈。

目前，有关微课的网络平台还不是很多，有些是为微课竞赛制作并建立的网络平台，带有明显的评比色彩，有些是借助已有的网络学习平台支持微课的网络学习应用，而针对微课教育特点的网络学习环境还需要进一步研究、开发和完善。

（六）评价与修改

我们认为，微课的评价应从教育性、技术性和应用效果三方面通盘考虑。

微课的教育性包括教学目标、教学内容组织、教学策略和教学评价等。教学目标应明确，教学主题突出，针对的学习对象明确。教学内容组织有序，教学环节承接自然，安排合理恰当，知识单元相对完整，课程说明清晰。教学内容表现方式恰当，形式新颖。视频讲解深入浅出、生动有趣、画面美观、语言亲和、节奏恰当。配套的学习资源适量，不宜太多，与教学主题紧密结合，练习和思考题富有趣味性和启发性，能吸引学习者主动完成。

微课的技术性包括微课本身的技术性与艺术性和平台环境的技术性与共享性。视频制作应符合技术规范，如分辨率、码流速度等。视频、课件画面布局美观协调，文字、色彩搭配合理，符合学生认知风格，微课的支持材料也要符合相应的技术规范，相对完整，形式尽量多样化。微课平台的技术性包括一系列微课的有效组织、检索、访问、浏览、上传、评论等，并能提供学习指导信息提示学生之间和师生之间的在线或离线交互以及学生与媒体之间的交互，能够追踪记录学生个人学习过程，提供相关主题资源的推荐和推送等。

微课的应用效果受微课的教育性和技术性影响很大。微课的教育性好技术性强，微课的应用效果一般会比较好。具体表现在微课的点击率、点赞率、用户评价、作者与用户互动情况、收藏次数、分享次数、讨论热度等综合评价。

二、微课视频的制作方法

目前的微课以微视频为核心，因而微课视频的制作尤为重要，可以说微课视频的制作质量反映了微课的制作水平。有关微课视频的制作方法主要有以下五类。

（一）教学录像型

它将教师的讲课、演示示范等教学活动利用摄像机或录播系统拍摄下来制成教学微视频。教师的教学活动可以在教室、实验室、演播室、微格教室、实习场地、室外操场等场所展开；可以有学生听课或观摩，也可以无学生；可以使用黑板、白板、投影触摸屏、演示设备、器械、道具、模型等。出现在视频镜头里的教师要求形象好，口齿伶俐或身体健捷，最好是教学名师或权威专家等，否则教学效果会受一定的影响。这种微课视频制作简单，但要求主讲教师备课充分，教学环境安排恰当，学生配合自然，工作量较大，如视频公开课、百家讲坛等教学视频均由国内著名专家、学者讲授，制作精良。

（二）屏幕录制型

它利用 PPT、多媒体课件、计算机软件或工具等教学或辅助教学材料在计算机屏幕上展示，教师对着计算机显示的教学材料讲解教学内容，或者教师直接利用鼠标、手绘板或触摸屏等在计算机显示器中书写教学内容，然后利用计算机录屏软件将屏幕显示的教学内容、教师的书写和点评、教师讲解的声音录制下来，实现微课教学过程的视频录制。

屏幕录制型微视频制作方法简单、方便，几乎没有技术门槛，很容易在普通教师中推广，但微课质量参差不齐，难以保证。为了提高这类微课视频的制作质量，该类视频录制最好在学校的录音室、电教室或家中比较安静的房间内，选择合适的时间，避免环境嘈杂。教师的讲解要流畅、亲切、自然，避免咳嗽、过多停顿、读错别字、方言或口音过重、翻书等杂声，最好能写出讲解词，请人或自己在幽静的环境中播读录音，然后在计算机中播放，配合精制的 PPT、多媒体课件或计算机软件等，将计算机屏幕显示的教学内容与教师的书写、点评操作和播放的录音一并录制下来，制成微课视频。

（三）多媒体讲解型

它利用方正奥思、PPT 等多媒体工具将文本、图形图像声音、动画、视频等多媒体元素同步讲解展示教学内容，再直接转换或利用录屏软件录制成多媒体课件自动讲解的微课视频。

这类微课视频的质量由多媒体课件的质量决定，通常画面清晰，讲解流畅，声画同步，效果良好。教师可以事先写好解说词，然后自己或请人提前录制，再经过编辑去除噪声、错误等，避免实时录像或录音时解说紧张干咳、不连贯、发音错误等现象。这类微课视频画面清晰、美观，制作有一定的难度，可用于制作较高质量的微课。

（四）动画讲解型

动画是按时间排列的序列图像。教学的讲解声音就是教学过程的时间轴。根据教师讲解的声音在时间轴恰当的位置呈现教学内容的文本、图像、表格、数据或连续变化的序列图像，则形成一段教学动画，其可以转换为微课视频。制作知识讲解型微课可利用二维动画制作软件，这样就可以制作漂亮的动画型微课视频。事实上，任何有趣、过程性的讲话录音都可以制作成生动有趣的动画片，如 Flash 动画。同样，将一段有意义的教学讲解录音做成动画型微课教学视频配以必要的教学文字，更能生动形象地讲解教学内容，教学效果更好。这类微课视频画面清晰、生动、漂亮，但制作难度较大，需要的绘画素材较多。

（五）视频剪辑型

优秀的微课视频应该像电视教学短片那样综合使用各种影视拍摄技巧与后期编辑手段完成制作。

在视频中一般包括教师或主讲人的讲解、示范或演示活动，体现了教师的教学风采和主持、引领性的教学活动，也常常包括师生互动、实验操作、实训实践等教学活动，但更多的是显示教学内容的 PPT、多媒体课件演示动画、计算机操作截屏等，通常添加字幕特技效果等，综合利用远近景别、多机位拍摄等手段。这类微课视频效果好，但制作难度大，制作成本高，通常需要专业的策划、拍摄、动画制作、后期编辑甚至配音配乐等。如果从制作精品微课的角度考虑，不仅微课需要一流的教学设计，教师还应有一流的微课视频制作水平。

此外，还可用手机视频拍摄教师在白纸上书写与讲解的教学内容、用课堂录播系统录制教师授课与计算机屏幕等方法制作微课视频，但做出来的微课视频质量不高。这一方法在微课开始推广阶段不妨推行，但当微课建设达到一定规模、微课制作达到一定水平后，应提倡制作高水平、高质量的微课，以便获得学习者的认可和兴趣。如果海量的微课制作水平不高、应用效果不佳、管理不到位，这势必吸引不了广大的学生，将丧失微课在网络教育中应用的优势，那样微课将成为网络资源垃圾。

二、微课设计和应用的关键问题思考

（一）微课的开发和应用方向

要回答在教学中到底什么情况下需要微课，我们应当首先分析清楚教学模型的基本类别。因为教学模型决定了教学活动的安排，而教学活动的安排直接决定了人们是否需要微课，需要什么类型的微课。所谓教学模型是指教学目标及与之相匹配的教学模式的总和，它是决定教学过程安排的核心依据。现有的教学模型可以划分为讲授型、自主与协作型和智慧型三种。

1. 讲授型

讲授型就是教师讲解知识，安排学生做题（卷或实践操作），学生学会的是知识和技能。这样的做法的好处是教师容易完成任务，可以大规模批量化教学生。但问题是该方法很难个性化，有的学生可能跟不上，有的学生还吃不饱。按照这种教学模型开展教学活动时，课堂教学主要分为教师讲解、提问和回答、学生做题或实践操作等活动。如果教师教学水平很高的话，按照这样的教学安排，需要他做的都能很好地完成，教师根本不需要任何形式的微课。如果教师水平有限，那么教师一方面可以通过微课资源学习别人的教学方法，另一方面有些问题讲解不到位时可以直接利用微课资源讲解。在这种情况下，微课主要的用途是提升教师的教学水平和用课堂教学片段替代教师讲解。

2. 自主与协作型

自主与协作型是指学生以自主、协作的方式学会知识，并能够做题或实践操作，教师更多的是组织、指导、引导和评价等。这种教学模型的好处是学生可以个性化学习，在学会知识的同时，培养其独立和合作学习的能力。但是，按照这种教学模型开展教学活动的困难是显而易见的，有些知识通过教师的讲解，学生理解起来可能都存在困难，如果变成了学生自己学，尽管有教师的组织、指导和引导等，但是在常规教学条件下完成就更困难了。正是由于这方面的原因，按照自主与协作教学模型开展教学活动时，到了不好理解的知识点时，基本上都是由教师讲授为主了，而教师统一讲授的方式无法实现个性化。因此，对于重点、难点知识，让学生能够根据需要个性化地选择教师讲解的话，微课是较好的实现途径。此外，通过微课还可以参考其他学生是如何完成学习任务的。除了学生学习之外，教师也可以通过微课了解其他教师是如何组织、引导和指导学生开展自主与协作学习活动的。

3. 智慧型

智慧型教学模型是指通过任务或问题驱动，让学生在解决问题或完成任务的过程中自己发现原有知识解决不了的点在哪里，构想出应有什么样的知识才能够解决这些问题，自己归纳、总结并验证出这些知识，能够在解决复杂问题的过程中选择合适的方法解决问题，并梳理出与已有知识之间的关系，形成解决问题的完整方法体系。按照这样的教学模型开展教学活动，难度就更大了。首先遇到的问题就是如何给出任务或问题，大多数情况下全体学生以统一的形式给出问题或任务是有局限性的。最好是能够按照不同领域背景和不同认知水平分类给出问题或任务，但这在常规教学条件下几乎是不可能的。利用信息技术手段，通过多媒体方式给出问题或任务，并通过微课加以说明，学生就很容易理解并选择问题或任务。对于构想知识、归纳总结并验证知识，学生自己做就更难了，有些知识在常规教学条件下几乎是不可能的，借助信息技术条件是可行的途径，但是学生自主完成这一过程时随时随地需要教师指导，而教师无法满足每一个学生的个性化需要，微课应是更好的解决办法。对于教师而言，其更需要借助微课学习如何组织学生开展智慧型教学活动。

需要说明的是，学生自主学会知识的活动无论是课前在家里完成，还是在课堂上完成，教学模型是一样的，所需要的微课资源也是一样的，不同的只是活动安排的时间和地点而已。我们建议对义务教育阶段的学生，应倡导尽可能将课程的学习任务在课堂上完成，而不是转移到家庭。

（二）微课资源设计和制作的思路与原则

由于微课的主要用途是帮助学生开展自主、个性化学习，以及帮助教师提高教学能力，因此微课资源的设计与制作应统筹规划、设计和制作，并按照两种不同用途分别集成应用。

为帮助学生开展个性化学习活动，微课中的微视频资源与课堂实录不同，它不是一节课的完整视频，而是针对一个基本知识点有针对性的视频（音频）。通过这样的视频（音频），学生能够完整地学会相关知识。

对于学生学习而言，微课的用途可以分为两种，一个是课后复习、巩固和深化，另一个是课前预习或课上自主、个性化学习。为了方便学生的使用，一般情况下，微课是以一个知识点为单位统筹设计和制作的。

在课堂上，要讲清楚一个知识点，大多数教师累计需要讲解 10 至 20 分钟。对于复习而言，10 至 20 分钟的微课，使用起来并不是很方便。对于新知学习而言，让学生集中 10 分钟以上的注意力自己独立学习也是有难度的。因此，教师在设计和制作微课时，应尽可能将时间控制在大多数学生能够集中注意力完成的时间内。一个知识点的讲解或活动过程展示应控制在 10 分钟以内，5 分钟以内最好。

从使用方式上看，复习时，学生最喜欢的就是一个知识点的哪个点不会，就能够找到一个单独的讲解或活动过程展示微视频。这样的微视频时间最好在 3 分钟以内，几十秒或 1 分钟左右最好。这样做，新的问题又出现了，那就是微视频资源太零碎了，再配上相关的资料，学生很难使用。因此，人们需要将这些碎片式的微课以一种有序的方式集成，让学生可以很方便地选择。最好的集成办法是以知识点文本为基础，将这些资源进行连接集成为新型的交互式电子书，学生可以根据需要有针对性地选择微视频及配套资源学习；也可以通过知识导图方式连接，形成一体化的微课资源包，以方便学生选择所需要的微视频及配套资源进行学习。

学生学习所用的微课资源，可以分为两种类型，一种是教师讲解型，另一种是学生学习过程展示型。

前者是将过去教师一言堂的讲解，颠覆为学生根据需要自主选择有针对性的讲解，主要是颠覆课堂统一讲解方式；后者是让学生观摩并学会别人如何通过自主、协作学习开展相关知识的学习活动的。

教师讲解型的微课资源，根据教师讲解的方法不同，可以分为结果讲解式、来龙去脉讲解式、智慧讲解式等。结果讲解式就是教师讲清楚知识是什么，如勾股定理的定义、用它解题的过程等。来龙去脉讲解式就是教师不是仅讲解知识是什么，还要讲清楚为什么要有这样的知识，它是怎么来的，主要的用途有哪些等。智慧讲解式就是教师先给出生活中的实际问题或任务，然后分析利用原有知识解决问题或完成任务时解决不了的点在哪里，构思出应有什么样的知识才可能解决该问题或完成该任务，归纳、总结出知识是什么样的，知识的应用方法有几种等，并梳理出知识与原有知识之间的关系，组合起来讲解问题的边界条件，并给出典型的案例问题。通过问题或任务驱动讲解过程，教师给学生展示出发现问题、构想知识、归纳和验证知识、梳理知识体系以及组合应用的过程，让学生在学会知识的同时，掌握思考、聪明起来的方法。当然，这样的讲解如果由好的学生完成也是可以的。

学生学习过程展示型微课资源，是将学生的学习过程录下来，让其他学生学习的资源。那么，到底什么样的学习过程对于学生学习是有用的呢？首先我们分析一下学生的学习过程有几种类型。学生的学习过程可以分为听讲、问答、做题（卷）、实验操作、探究活动等。听讲、做题（卷）、问答等过程录下来，对于学生学习而言没有什么参考价值。实验操作、探究活动过程展示视频及配套资料对于学生学习是很有用的，学生不仅需要这些资源，还需要操作过程、探究活动过程的相关说明。这些相关说明可以是学生介绍的微视频，也可以是教师介绍的微视频。

除了学生学习的微课资源之外，也可以设计和制作教师提升教学水平所需要的微课资源，即教师培训微课资源。为学生准备的微课资源可作为教师提升用的学习资料。

归纳起来讲，应设计和制作的微课资源包括知识讲解和活动过程展示微课资源，知识讲解微课制作说明和活动过程安排说明微课资源等。大多数情况下，在一节课中教师并不一定是按照每一个点严格地分段讲解或组织学生自主与协作学习，因此简单地将课堂实录切割为微课视频，并不一定能够满足学生的学习需要，需要人们统筹设计和有针对性地制作。

微课的微视频可以制作成两种类型，一是视频画面中有教师或学生，另一种是没有。不管哪种类型，最好是利用交互动画、工具软件、PPT、网页、Word 等讲解。如果教师需要在画面上动态书写时，可根据实际环境选择电子白板、交互电视、手写板、平板电脑等完成。录制设备可以选择手机、平板电脑、“电脑 + 录像头 + 麦克”、录像机、录播教室等。人们可以利用专用的编辑软件或通用软件进行编辑制作。

从前面的讨论中我们不难看出，对于学生来讲，通过微课主要是实现个性化听讲、观摩活动过程和学习活动完成方法等。对于教师来讲，通过微课主要是学习教学方法、为学生提供优质讲解和观摩资源等。

教师教学水平高低是微课资源优劣的关键，但是如果仅将教师在传统教学条件下的讲解录制下来，教学效果也不是最佳的，最好是录制教师利用信息化手段讲解的视频。教师应首先研究信息技术支持下的教学模型如何创新，根据教学模型设计教学过程，在此基础上设计、制作和应用微课。

第三节　微课在机车专业教学中的应用

微课是一种融合了计算机技术和网络技术的新型教学模式，利用微课开展教学工作，不仅能够丰富课堂教学内容，还能增强学生的学习兴趣。下面仍以机车专业教学中的机械制图课程为例来讲解微课在机车专业教学中的应用。

一、在机械制图教学中应用微课的意义

机械制图课程包括制图的基本知识与技能、投影基础、基本几何图形和轴测投影、组合体、机件的图样画法、标准件与常用件、零件图以及装配图几大模块，以强化学生看图能力和画图能力为主，培养学生的思维意识，锻炼学生的绘图技能，使学生通过本课程的学习可以了解机械制图标准和相关规定，掌握正确的投影法基础理论知识及其实际操作应用技巧，如点、线、面、体（切割体、组合体等）的投影绘图方法，熟练绘图工具和仪器的操作流程，可以独立完成平面图形分析及绘制，确保学生能够将机械制图理论知识合理应用于手动绘图实践中。现阶段，机车专业机械制图课程教学更加注重对学生知识与技能的提升，将强化学生的专业技能作为该课程教学的重点，但在实际教学中，由于机械制图课程知识理论性偏强，学生通过短时间的学习无法完全理解和消化重难点知识内容，导致课堂教学质量不高，影响学生的学习效果。而微课教学作为一种创新型教学方式，以视频教学为主要形式，按照课程标准规定，围绕学生进行精细化教学，通过记录课堂教学过程帮助学生巩固训练，不仅能够起到查缺补漏的作用，还能满足学生的个性化学习需求。

微课以课堂教学课例片段为教学核心，其有别于传统单一化的教学方式。利用微课进行机械制图课程教学能够突出教学主题，使教学内容更加具体，让学生明确微课教学目标，引导学生掌握正确的学习方法，可以有效提高机械制图课程教学效率。机车专业教学方式改革持续进行，使微课教学模式在专业课程教学中得到广泛应用，其在机械制图教学中也具有一定的运用价值，具体体现在以下几方面。

一是微课具有灵活性，应用微课规划教学可以培养学生的自主意识。线下课堂教学有规定的教学时间，在有限的教学时间内，对于难以理解的机械制图知识，学生可能存在记忆混淆或是理解盲区，导致学生学习效果不高。而微课教学主要通过视频开展教学活动，对课堂教学内容进行记录和保留，以短时间的教学使学生保持注意力，增强学生的课堂学习效果。同时微课有着移动播放功能，传播形式较多，学生可以利用手机等移动设备随时观看教学内容，加深学习印象，引导学生结合自身实际情况进行自主学习，培养学生养成良好的自主学习习惯。

二是微课具有多样性，借助微课开展教学能够提高学生的学习兴趣。微课教学与传统的灌输式教学存在着明显差别，利用微课进行机械制图教学，可以改变以往的说教式教学模式，借助网络资源搜集与教学内容相关的素材，将典

型范例引入微课教学中，通过举例说明使复杂的问题变得简单化，增强学生对理论知识的理解。微课教学在传统课堂教学基础上进行创新，不仅丰富了课堂教学内容，也实现了趣味课堂的有效构建，充分调动学生的学习兴趣为学生学习机械制图知识创造一个良好的课堂学习环境。

三是微课具有直观性，利用微课进行教学能够强化学生的认知理解。应用微课进行机械制图教学，通过移动网络播放教学视频，能够将理论知识以图形转换或者实验展示的方式表现出来，突破了课堂教学的局限，使理论知识变得生动形象化，强化学生对机械制图知识的理解，如一些点、线、面位置的变化可以通过微课呈现出来，便于学生理解和学习，提高机械制图教学效率。

四是微课具有针对性，通过微课集中训练可以增强学生的学习效果。微课教学模式是基于计算机技术和网络信息技术形成的，主要针对某一部分知识做重点讲解，以集中化讲解和训练，强化学生对重难点知识内容的理解，使学生容易记忆和接受。同时利用微课开展有针对性的教学，使学生在反复观看教学视频的过程中，明确机械制图不同类型题的解题思路，掌握正确的学习方法，增强机械制图知识学习效果。

二、微课在机车专业机械制图教学中具体应用分析

（一）通过微课教学导入新课内容

机械制图课程教学比较复杂，且知识内容具有较强的理论性和逻辑性，给学生学习带来了一定的难度。为了解决这一教学问题，教师要合理利用微课开展机械制图教学任务，以视频教学方式吸引学生的注意力，借助微课完成课程知识导入，通过创设微课情境教学模式，打造趣味教学课堂，使学生积极参与到课堂学习中，为学生营造一个良好的课堂学习氛围，增强学生的课堂学习体验效果。例如，在教“制图的基本知识和技能”时，教师要明确本节课的教学目标，引导学生了解《机械制图》和《技术制图》的基本规定，掌握绘图工具的操作技巧，学会平面图形尺寸标注标准及具体画法，基于课程教学目标开展教学工作，教师可以利用微课为学生创设学习情境，为学生展示绘制图样范例，如等分圆周和多边形画法、椭圆画法、线段连接的作图方法以及斜度、锥度等常用几何图形的基本制图方法，使学生初步了解几何图形画法后，导入新课内容，调动学生学习的积极性，保证课堂教学工作顺利进行。

（二）利用微课进行理论知识讲解

机械制图课程要求学生掌握一定的理论知识，利用微课进行理论知识讲解能够将理论知识直观的表现出来，强化学生对理论知识的理解，帮助学生掌握准确的学习方法和解题思路。录制微课教学视频的教师一般都具备较强的专业技能，可以结合学生实际情况，并且考虑到学生之间的个体差异性进行有目的、有计划地课程讲解，抓住学生的薄弱点进行重点讲述，锻炼学生的理解能力和学习能力，使学生掌握扎实的机械制图基础知识。例如，在教“点、直线和平面的投影”模块时，教师可以借助微课将本节课的学习目标呈现出来，使学生明确投影法的基本知识及点、线、面的投影规律等重难点知识，帮助学生制订合理的学习计划，让学生掌握点的三面投影和规律，理解点的投影和该点与直角坐标的关系，并且熟悉直线和平面的三面投影，明确特殊位置直线和平面的投影特性，为后期实践作图打好知识基础。

（三）运用微课总结重点难点知识

机械制图课程的重点难点知识较多，在有限的课堂学习时间内，部分学生不能完全掌握重难点知识及解题思路，需要学生加强巩固和反复学习，加深对机械制图知识的学习印象。为了加强学生对重难点知识的把握程度，要求机车专业教师在机械制图课程教学中合理应用微课，通过微课制作思维导图，着重讲解重难点知识，为学生复习和巩固提供帮助。例如，在教“标注件与常用件”时，教师可以利用微课将基础知识与重难点知识分开教学，对重难点知识做详细讲解，使学生掌握螺纹的规定画法及标注，学会螺纹紧固件的装配连接画法以及直齿圆柱齿轮规定画法，加强对学生螺纹连接制图训练，提高学生的理解能力和学习能力。学生可以结合自身需求搜索微课视频，对重难点知识进行巩固学习，以有效提高学习效果。

（四）应用微课开展作图实践活动

机械制图课程不仅需要学生掌握基本理论知识，还要求学生能够将理论知识运用于实际制图中，以此强化学生的理解能力和实践能力。而实现这一教学目标，就要机车专业教师结合学生的实际情况进行分析，利用微课开展作图实践活动，可以打破课堂教学时间的限制，采用理论知识讲解与手工制图实践相结合的方式，使学生学会机械制图技巧，培养学生的实践兴趣，提高微课教学质量。例如，在教“专用图样识图”时，教师可以在开展课堂教学活动前为学生录制制图过程，如钣金展开图、焊接图、管路图等制图方法，以管路图制作为例，教师在完成基本管路图制图方法及布置图作用等教学内容后，通过课堂教学实验为学生演示管路图制作过程，引导学生借助计算机进行实践操作，锻炼学生的手工制图能力。

布置作业是课堂教学的重要环节，也是巩固学生基础知识的有效方法。在机车专业机械制图教学中，教师利用微课布置课后作业，不仅创新了作业布置方式，还能够有效调动学生完成作业的积极性，激发学生学习的主动性和创造性，培养学生自主学习的习惯。同时教师可以搭建网络信息交流平台，通过平台讲解学生的作业习题，并展示学生作业完成情况，帮助学生改正学习中存在的问题。例如，在教“机件的图样画法”时，教师可以借助微课教学使学生理解并掌握机件基本视图、向视图、局部视图、斜视图等理论概念，明确各个机件图的常规画法，引导学生正确读识机件的表达方式，使其学会绘制机件视图。在完成基础知识教学内容后，教师通过微课为学生布置相关网上练习作业，并在规定的时间验收，对学生的错题进行有针对性的讲解，帮助学生掌握正确的解题方法，提高微课教学效果。

微课能够突出教学侧重点，利用微课开展机车专业机械制图教学工作能够有效提高教学效果。为了实现微课教学作用最大化，要求教师在明确教学目标的前提下，采用微课教学方式导入新课内容，注重将微课理论知识与实践教学结合，积极开展手工作图实训活动，增强学生对重难点知识的理解，通过微课布置相关练习，加强学生对基础知识的巩固，培养学生形成良好的学习习惯。

第七章　机车专业信息化教学模式——线上线下混合式教学

第一节　线上线下混合式教学模式概述

一、混合式教学模式的概念

混合式学习的内涵是多种学习方式的结合，如将使用传统媒体（黑板、粉笔等）的学习方式与使用多媒体的学习方式相结合；自主学习与协作学习相结合等。

互联网技术的发展赋予了混合式学习新内涵：混合式学习通过将传统学习方式与网络化学习方式的优势结合起来，在发挥教师引导、启发、监控教学过程的主导作用的同时更好地体现了学生作为学习主体的主体性、积极性、创造性。混合式学习新内涵在原有内涵上提出新结合即在传统学习方式与网络化学习方式相结合，学生主体性与教师主导性相结合。

混合式教学是混合式学习理论指导下线下传统课堂教学与线上网络学习相融合的一种教学模式。混合式教学结合了传统教学和线上教学的优势，既保证了传统教学中师生面对面的教学与交流，又能实现学生的网络自主学习及实时在线教学反馈与交流，提高教学效率。美国教育部的一项研究表明，相比单一传统面授教学和单一线上学习，二者相结合的混合教学更有效。

混合式教学在移动互联网时代更具“混合”特性，互联网技术不断发展使传统课堂和线上课堂不断融合，传统课堂正在不断放大和延伸，一些开放式学习云平台应运而生。

随着大量网络课程的推出，以慕课、小规模限制性在线课程（SPOC）为代表的“线上”教学模式开始受到大量学生的青睐，这给传统面对面的授课模式带来了巨大的挑战。单纯的“线上”教育模式缺乏人与人情感上的交流、教师面对面个性化的指导、教师和学生及学生和学生之间的即时讨论等，不能完全取代传统的教学模式。将商业领域的O2O模式引入教学，做“线上”和“线下”教学模式的整合，这已成为当前教学改革的方向。

O2O是一种商业运营模式，也是一种思维方式，将这种思维方式运用到教学模式的改革中，能够给学生和教师带来全新的体验。“O2O教学模式”就是一种将线上教学与线下教学相结合的新型教学模式。其中，线上教学通常包括大规模开放在线课程、小规模私有在线课程、线上讨论、其他线上活动等形式；线下教学则包括课堂教学、实践教学、线下讨论、其他线下的交流活动等。

传统的授课过程往往由教师进行支配和主导，仅是教师讲授，学生听的单一授课方式。而O2O课程则通过聘请具有一定教学管理经验的教师建立线上虚拟班级，将授课内容拓展到课外（线上），学生通过网络平台上的微课、在线视频等新媒体，自主学习重点知识，利用课堂时间（线下）组织互动学习小组进行探讨、交流，以便完成知识的消化吸收，从而强化学生的自主学习能力，更好地促进学生协作沟通能力和创新能力的提升。高校构建的O2O课程体系能够打破传统课程的时空局限、翻转传统课堂教学中的“教”与“学”、颠倒师生的主体地位，使O2O课程的开设具有开放性、体验性、前瞻性。O2O课程体系的设计具有完备的要素，人们要围绕课程目标、课程内容、课程要求3个方面对原有的课程体系进行解构，跳出学科体系的藩篱，对知识点进行模块化设计，精心择取、凝练、组织教学内容及其他环节，将各知识点进行重构、衔接，从而构成该课程完整的知识体系，将学习从存储知识的过程向应用知识、创造知识的过程转变。

“以学生发展为中心”的课程目标重点是要培养学生的自主学习能力、创新能力及协作沟通能力。

①对学生自主学习能力的培养。教师可将教学内容中的知识点录制成微视频，学生利用网络多媒体设备或移动通信终端等进行自主学习，对于学习过程中出现的重点难点问题，学生可以通过暂停、多次回放和反复观看视频等多种功能加以解决，提升学生的自学能力。

②对学生创新能力的培养。教师在录制微视频时要创设与教学内容相符合的教学情境，让学生在客观情境中获得具体感受，且教师在设计多媒体教学视频时要巧设疑问，使学习活动能够成为发掘问题、剖析问题、解决问题的过程，进而发挥学生的创造性思维，克服传统教学模式“满堂灌”的局限性，激发学生的创新意识。

③对学生协作沟通能力的培养，教师在制作视频教学内容时，可在知识点讲解后增加测验题，针对学生的学习效果进行检测并及时得到反馈。

此外，学生可以组织互动学习小组进行探讨与交流，对测验中存在的问题进行解答，并在良好的互动过程中分享自己的学习经验和成果，这有助于提升学生的协作沟通能力。

O2O 教学是以线上为主导，线下为主体的教学模式。O2O 教学是线上教学和线下教学的有机融合。线上教学主要用于介绍一些基本的知识点，还用于完成部分练习题，线上教学在整个教学过程中起到了主导作用；线下辅导用于解决难点问题，查漏补缺，升华知识，线下教学在整个教学过程中起到主体作用。只有将线上和线下结合起来，才是 O2O 的精华所在：一方面可以弥补线上教学在与学生沟通、交流等方面的不足；另一方面也可以弥补线下教学需要消耗大方面人力、物力、财力且受时间和空间限制等方面的缺点。

O2O 教学的关键点在于培养学生的学习主动性，O2O 教学的一个重要环节是线上教学：要求学生通过线上自主学习视频、动画等方式掌握基本的知识点或者完成部分练习题。要完成这个环节，一个重要点在于学生的学习主动性。只有学生拥有较高的学习主动性，才能自主完成线上学习（当然也跟线上教学视频的质量、趣味性等方面有关）。培养学生的学习主动性，在线上和线下两个环节中都应该注意。首先，在线上环节中，需要增强教学视频的质量、趣味性、引起学生的好奇心；其次，在线下环节中，也需要通过鼓励、引导等一系列措施，引起学生的好奇心和学习主动性。

O2O 教学更适用于培优而非补差。由于每个学生的学习能力和智力程度都不相同，所以每个班级都会存在学习成绩非常优异的学生和相对而言较差的学生。鉴于 O2O 教学极其需要培养学生的学习主动性，其在学生培优方面的效果要优于补差。这是因为，优秀的学生更有学习主动性，能更好地完成线上学习；补差的学生自制力相对较差，需要老师或者家长的监督才能顺利完成线上教学。因此，O2O 教学更适用于培优而非补差。

O2O 线上教学非常适合中等水平学生的课前预习，对于课堂教学而言，学生的预习是非常重要的，预习可以让学生提前进入学习状态，对需要学习的内容重点和难点有大致的了解，这样学生就能够做到在课堂上有针对性地听课，提高听课效率。O2O 线上教学非常适合学生的预习：首先，其涵盖视频、音频等多媒体元素，相对于直接翻看书本文字资料会更加直观；其次，其不受时间和空间限制，只需要有电脑联网就可以完成观看；再次，普通中等水平学生学习能力和学习主动性都处于中等状态，想通过线上教学完全掌握知识点比较困难，但通过预习来辅助学习了解基本知识重点和难点是比较适合的。

O2O 教学线上环节适用于入门但不适合升华，对于很多课程的前期基础部分，是相对而言比较容易且具有一定的趣味性的。O2O 的线上教学环节在结合视频和动画完成这部分内容时具有一定的优势。这也是当前 O2O 产品很多出现在幼教和早教上的一个重要原因，比如幼儿的围棋教学和英语教学就很多采用了基础知识线上教学和后期升华知识点线下教学。对于大学本科的教学，根据课程的不同，O2O 教学的适用程度不同。对于文科类课程（如管理类）和部分工科类课程（如交通类）比较适用于课程入门，可以在线上采用视频，仿真等方式来演示；而理科类的课程（比如数学）一般会比较难以适用。

二、混合式教学的内容

（一）混合教学模式与传统教学模式的区别

混合教学模式并不是简单的互联网技术与教育行业的两者相加，而是利用信息通信技术以及互联网平台，让互联网与教育行业进行深度融合，创造新的发展生态。混合教学模式作为一种新型教学模式，与传统教学模式有明显不同，主要体现在以下几方面。

1. 时空的转换

基于“互联网 +”的教学模式打破了教学活动的时空限制，视听传输技术和在线学习系统使学习不再受到时间和空间的限制，教学活动可以在任何地点，任意时间进行。传统教学模式主要在教室完成授课，以教师讲授为主，同时结合板书、PPT 等教学方式完成知识的传授工作。基于“互联网 +”的教学模式则完全打破了时空的局限性，师生可以随时随地展开交流，课堂上他们亦可通过网络进行教学内容的深度扩展，由此达到课内外一体化的教学目的。

2. 角色的转变

传统教学模式的主角是教师，教学内容以教材结合讲义为主，教师在课堂上占据完全主导地位，学生被动接受，积极性和参与性不足。在传统课堂上，教师将时间和精力主要分配在课程知识的讲授与传递上，学生忙于记忆和初级层面的理解，师生没有足够的时间和精力进行互动交流，对知识深层次的理解和应用、新知识的创造等教学目标难以实现。基于“互联网 +”的教学模式则更多地站在学生的角度，通过各种信息技术和工具引导学生自主学习，激发学生的学习主动性和积极性，提高学生的参与程度。

3. 教学组织管理的改善和网络平台的应用

由于信息技术的迅猛发展，尤其是智能手机以及无线网络的普及，高校学生对于手机的利用可以说是达到了前所未有的程度，无论是课上还是课后，学生都以手机为主要接收信息的工具，与其禁止学生在课堂上使用手机，不如利用手机为教学服务。同样，由于无线网络的普及，便捷式计算机亦可随时随地接入互联网，这也给新型教学模式带来了极大的便利。教师可以利用各种网络平台，与学生进行一对一、一对多甚至是多对多的线上教学。简单地说，基于“互联网 +”的新型教学模式就是要在现有的互联网大范围普及的背景下，彻底转变固有的教学模式，利用信息技术和手段，应用各种网络平台，对教学方式方法进行大刀阔斧的改革。

（二）基于“互联网 +”的教学组织与管理

1. 开发 O2O 教学模式

近年来，慕课、翻转课堂等新型教学模式的兴起，都是O2O教学模式的实践。基于“互联网+”的教学模式改革并不是要完全抛弃传统的教学管理和组织方式，在传统的课堂教学中，诸如人才培养方案、教学大纲、课程标准、授课进度计划、多媒体课件、教学案例、实训任务书、授课素材、自学材料等教学资源均已在多年的教学实践中得到开发及完善。O2O 模式的应用，是要在线下资源已经非常完备的条件下开发线上资源，并同时做到线下线上一体化，也就是课内外一体化教学模式的延伸和拓展。基于“互联网 +”的教学模式改革的根本在于利用互联网的信息技术优势，使学生能够随时随地接触到课程的知识点，因此改革的首要任务就是完善线上资源，可采用诸如微视频、微课、网络课程直播等授课方式，在教学资源的共享方面，可利用各种手段，包括教学平台、网络平台、微信群、QQ 群等。同时，教师还可以通过创建微信公众账号，将课堂重点和拓展学习材料以文字、图片、短视频等多种形式发送到每名学生的手机微信之中，督促学生进行课后复习及拓展学习。O2O 教学模式的最大优点是学生可以依据自己的时间，合理安排学习内容，制定个性化的学习方案，并通过微信、QQ、微信公众号等渠道与教师实时互动，获得充分的学习指导及帮助。

2. 创建新型的考核和评价机制

基于“互联网 +”的教学模式改革必然会使学生有更多的时间在课堂外进行自主学习，如何掌握学生的学习进度、检验学生的学习效果以及如何进行课程考核都是改革必须要面对和解决的问题。教师要根据课程的特点，按照课堂讲授、个人作业、小组项目分别进行测试。理论教学采用原始的试卷模式；个人作业要综合学生完成的各项作业中体现的创新性、连续性和最终的课程总结给出成绩；小组项目要根据学生的自我评价与同学评价，以及进行的口试答辩和论文报告等项目给出最终成绩。与传统教学等考核评价机制不同的是，新型的考评机制更为重视检验学生自我学习的成果，无论是个人作业还是小组项目，在最终成绩中所占的比重都大为提高，相应的，增加网络测试的频率和难度，平时成绩分阶段给出，这就要求学生在学习的过程中始终保持连贯性，不能有丝毫懈怠。基于“互联网+”的教学模式改革，对学生的考核评价不再局限于一门课程的学分是多少和考试成绩高低，而是将学习的全过程纳入考核评价体系，也就是从结果型导向向过程型导向转变。考察学生的学习动机、学习过程和学习效果三个方面，主要考察的重点是学生是否培养了查找信息、获取知识的能力，是否培养了团队学习的能力，是否能够将理论与实践结合，是否已经具备知识创造的能力等。只有具备了这些能力，才能真正培养出高素质和应用型人才。

（三）新型教学模式构建原则

第一，一个中心，从原有教学模式以教师为中心转变为以学生为中心。以教师为中心往往忽略了学生的学习体会，从而影响了学习效果。而以学生为中心，从学生的需求出发，将学生切实放在学习主体地位，根据学生的学习习惯、学习兴趣、学习接收程度等考量教学内容和教学方法，采用边学边考、通关考核、互相答疑等方式，提高学生学习的主观能动性和参与度，从而提高教学成效。

第二，两条主线，实体课堂和网络授课同步进行、各取所长。将授课内容做成“微课”，放置于网络平台上供学生学习。课程微课化，能够提炼精华，突出重点。要将小问题穿插于微课视频中间，并能够自动判题，类似游戏通关设置，激发学生的参与度和积极性；设立互动社区，在社区内学生提出的难疑问题在很短时间内就会有人回答，或者系统会弹出标准答案；设有在线试题库，由浅入深，系统自动批改，并提出下一步学习建议。实现学生个性化学习和自主学习，并实现系统反馈提升学习效果。实体课堂以辅导、答疑、现场讨论等形式开展，一改以往只以教师讲授为主的固有模式。教师要重点监测学生的课堂活跃度、提问的次数和难度、分析学生学习状态，以此调整网络教学内容，两种授课互相促进。

态势分析法，即 SWOT 分析法是一种重要的战略管理技术，代表分析组织优势、劣势、机会和威胁。它是美国哈佛商学院教授安德鲁斯于 20 世纪 60

年代首先提出来的，该方法的重要贡献在于用系统的思想将这些似乎独立的因素相互匹配起来进行综合分析，使得企业战略计划的制订更加科学、全面。把它引入护理教学中，同样适用于对一些教学方法的适时跟踪，能够为更加科学、全面的服务教学，提供指导。而目前线上线下混合式教学作为比较热点的新一代教学技术，受到教育领域各方面关注。线上线下混合式教学模式，一方面要求教师利用传统的课堂设计传播知识，另一方面要求教师能把目前较新的互联网信息技术应用在教学中，让信息与教学相结合，充分发挥教师在教学过程中的引导、启发作用，从而能够激发学生自主学习能力，最终达到提高教学效果的作用。我们传统的教学是人与人、面对面的教学方式，而线上线下混合式教学结合了网络技术，并与网络学习完整统一的结合在一起，实现了在线与实时交流的互动，集中了学生、教师、主题、学习材料和情境多种要素，构建协同的混合式课堂，建设了良好的教学环境，从而通过学生自我学习和互动达到相应的学习目的，最终形成目标最优化的教学模式。

教学过程中，需要任课教师安排线上学生自学与线下教师课堂教学的不同教学内容，对部分简单的、基础性理论知识利用微视频、上传课件等教学资料的方式让学生自主学习相关内容，而对一些实践性较强、理解难度较大的内容则作为线下课堂教学，它增加了教师工作量的同时，也提高了对教师业务水平的要求，需要教师能够详尽的设计教学，选定可操作性、实践性强的教学内容。线上线下混合式教学模式需要任课教师建设线上教学资源库，完善的线上教学资源库包括教学资料、教学案例库、网上作业与考试系统、师生教学交流平台及软件等，教师需要具有一定的网络技能，或者工作单位具有相应的网络资源及基础网络硬件设施。同时线上线下混合式教学模式需要加强学生考评机制，完善以智能手机为载体的软件的签到、提问、答题、评分、结果分析、考核等功能。

《国家中长期教育改革和发展规划纲要（2010—2020 年）》中详尽指出："信息技术对教育具有革命性影响，必须予以高度重视"随着技术的进步，特别是目前信息技术的高度发展，线上线下混合式教学在一线教学过程中发挥着重要的作用，通过课程设计，高效传递知识的过程中，人们把传统教学的优势和互联网教学的优势相结合，将信息技术与课堂教学相融合，充分发挥教师在教学过程中引导、启发和监控的主导作用，激发学生的积极性与创造性。在"互联网 +"背景下，线上线下混合式教学模式促使教育部门更加偏重网络教育资源向学校教育的渗透。相关的微课、慕课、翻转课堂等教学方法被广泛应用。

线上教学模式的开展，需要相关专业的网络技术与人力的支持，而传统不具备网络专业知识的教师很难胜任，因此我们需要教师跨专业进行网络知识的培训与合作，学习网络资源的制作、上传与维护。相关单位应该加强网络假设，为线上线下混合式教学提供基本的硬件基础。

（四）混合教学模式内容标准

1. 与传统教学高度相关

线上教学的辅助功能应体现为课前预习、课中辅助（如大学体育理论课的教学）、课后复习，因此教学内容的选取与传达都应与传统教学紧密相关并注意呈现时机。另外，线上教学内容还应注意系统性，老师需要在传统教学精心备课的基础上梳理出一条具有逻辑性的脉络，将线上教学内容依据实际教学进度和这条脉络以小段呈现，这也是专门性教学平台与普通网络资源的重要区别。

2. 从教师的角度为出发点，选取能够开阔学生眼界的专项内容

教师根据所教项目，为学生提供更广泛、深入的专业技能信息。例如，国内外各种级别的竞赛信息、基础技术、高难技术、国民政策等，筛选正能量的励志故事启发学生心智，从而弥补传统教学内容的单一、枯燥。

3. 站在学生的角度，选取能够满足学生需求的内容

教师通过课内外交谈、问卷调查、期中期末反馈、科研成果阅读等方法了解当今学生的心理特点与需求，选取可以激发学生兴趣的内容来引导其养成正确的生活作息和课外锻炼。

4. 具有科学性

在推送线上教学内容之前，需先确保内容的科学性，教师应有高度的责任感，为传授的知识负责，激发学生对线上教学的信任。

（五）实现方式

1. 稳固教学重心

教改的关键在于明确教学重心，使传统教学与线上教学优势互补，功能最大化。这就必须明确两者在教学中的地位，就当前中国高等教育而言，传统教学的主体地位是不可动摇的，线上教学只是一种辅助手段，两种教学不能等同甚至颠倒。明确了教学地位，也就决定了接下来教改的重心所在。与此同时，人们也不能忽视线上教学，只是明确了线上教学要服务于传统课堂，体现其辅助性功能。两种教学分工明确。而线上教学其主要任务就在于传授核心知识体系，传统教学就在于帮助学生树立、践行核心价值观，做到知行合一。面对这

一现代技术下的产物——网络课程教学，我们要清醒地意识到其所隐含的诸多风险，积极地研究对策，处理好名校名师线上教学与本校普通教师教学的关系，既要更新教学内容，同时也要运用现代网络技术来为自身教学服务，厘清慕课、虚拟课堂与传统现实课堂之间的关系。无论是传统实体课堂还是虚拟的线上教学，新颖的教学内容才是教学效果提升的关键所在。传统课堂是宣扬社会主义核心价值观的阵地，肩负着培养社会主义接班人的任务。传统课堂效果的好与坏，是生成而非既成。教学内容相同，但主讲教师不同，所产生的效果也是不一样的。同样的老师，面对不同的学生所产生的教学效果也不一样。因此，传统课堂的魅力应注重师生间面对面的交流沟通，授课魅力与学生莫逆之心融为一体，让学生身临其境地体验这场入心、入脑、入灵魂的教学情境。

传统课堂必不可少，但优质的线上教学内容也可作为教学补充。实现两者的优势互补，使传统的课程教学由课堂延伸至网络，由校内延伸至全国。慕课的引入须遵循课程教学规律，这样才能使各高校学生共享线上优质教育资源，完善丰富思政教育形式，形成便利的自由自主学习方式，最终实现在生活中广泛自主学习的新常态。

2. 落实教学保障

建立有效的保障机制是混合教学模式的重心所在，而线上教学只能作为一种辅助手段，当前线上课程学习很大程度上取决于学生自身的自觉性。鉴于此，整个教学过程必须丰富多彩，趣味十足，这样才能激发学生的学习热情，吸引学生参与教学。教师可以创设情境教学模式，通过叙事、活动、模拟等环境使学生身临其境，在轻松愉悦的环境中体验教学，融情于学，唤起学生的内心共鸣，提升教学魅力，使学生自主学习，使学生在线上平台学习中更加的自律。除此之外，人们要研究网络技术，对学生线上学习过程实行全程监控，关注慕课技术的开发，保障网络开放的程序，完善线上课程保障手段，如确认学生身份信息，短信、微信提示学习任务等，保障慕课教学效果。总之，学生的自律和技术保障的他律是整个混合式教学的保障体系。

3. 提升知识素养——理性编排教学内容

教学内容作为整个课程教学的核心要素，其编排得是否合理将直接影响教学效果。人们要基于知识要点的整体完整性特点，以及时间长短，合理切割视频内容，遵循课程逻辑思维特点，合理编排视频顺序，使学生可以身临其境的游戏式学习。把线上教学引入课堂教学中，对于教师而言需要不断地提升自身学术素养，拓展学术视野，丰富教学素养，深入学生，了解其思想特点，兴趣爱好，并接触与学生相关的信息，与教学融为一体，增添教学魅力吸引力。除此之外，教师要熟练使用网络技术，应主动了解网络技术使用的关键点，掌握其基本操作技能，最大程度发挥线上教学功能。

三、混合式教学模式的特点

当代大学生具有一定的自学能力，追求自主和个性，一方面单纯依赖传统课堂的教学会因为教学方式陈旧、信息获取慢等，无法引起学生的兴趣；另一方面，由于信息社会带来的各种诱惑比较多，学生的自控力较弱，单纯依靠慕课等网络教学很容易将原来的“满堂灌”演变成“机灌”。

O2O 教学模式一方面能够满足学生主体的需求，具有线上教学的灵活、自主以及重现属性，另一方面能够实现教师教书育人的双重目标，具有线下教学的生动、个性以及互动属性。从计算机专业教学的角度来看，O2O 教学模式具有以下几个显著特点。

（一）师生间的多向交流性

O2O 教学模式中师生之间的交流方式是多样的，可以在线上，也可以在线下，同时还可以从线下到线上，再从线上到线下等。该教学模式通常借助分组讨论、实验、竞赛等活动，在学生与学生、教师和学生之间形成 1 对 1、1 对多或多对多的交流机制。在这种交流过程中，教师的角色也会发生微妙的转变，再也不是知识的单向传播者，而是与学生平等的、合作学习的参与者，同时是互动教学的设计者和组织者；学生也会从这种学习交流过程中找到自主式学习和合作式学习的乐趣，从而提高学习的主动性。该类教学不限制学生人数，且人数越多越能发挥其互动、互评功能，而传统课堂可容纳的学生是有限的，同时也避免了教师的重复劳动。该类教学还实现师生角色的重新定位，从而使课程教学的主体得到明确。首先，教师不仅能够通过慕课形式对基础课进行讲解，还可以在线下为学生答疑解惑，对学生进行指导，充分体现教师教书育人的价值。其次，教师在教学过程中，可以通过教学情境对学生进行教学的引导，使学生结合情境进行思考，彻底弄清楚一个知识点或者解决一个关键性的问题。

（二）学习资源的丰富性

在传统的计算机专业课教学过程中，教师通常是一套 PPT 走天下，课堂上教学内容陈旧，实践课的内容与现实情况差距大。O2O 教学模式可以利用线上大量的慕课、微课以及与授课内容相关的动画和影视，为学生提供丰富的、先进的、优秀的学习资源，还可以录制知名专家和学者的讲课视频、实践高手的操作录像等，使优质资源与学习者无缝对接，更好地实现教育的普惠性。所有学生都能享受“名校名师”的优质教育资源，真正体现了教育的公平性。授课过程透明化，质量可监控，可追溯；学习效果透明化，学生的提问、教师的反馈等可统计，可追溯。实现了师生之间、学生之间的高度互动，学生的表达和思辨能力得到锻炼与培养。

（三）教学内容的灵活性

O2O 教学模式要求对课程内容进行重组，一方面要求进行细粒度划分，使其适应线上学习，使成人的学习变得更加灵活，没有实体课堂的时间限制，只要在规定的平台上进行注册，学生就可以随时随地想学就学，碎片化的知识点为成人学生提供了更加灵活的学习方式，其中包含的一个个短视频，与人们能够集中注意力的有限时间相匹配；另一方面要求高内聚、低耦合，教师能够根据线上学习效果灵活调整线下学习内容，比如教师可以在线下通过交流，了解学生线上学习的效果，学生已经掌握的内容可以删减，学生有困难或疑惑的内容则可以作为重点进行讲授，这在一定程度上能够提高教学效果，并且因为快节奏的生活方式和大城市通勤路线拉长等因素，人们属于自己的“整块”时间越来越少，而独自一个人吃饭、赶路的时间却越来越多。因此，人们可以充分利用碎片时间学习碎片化的知识点，自主安排学习进度，高效利用学习时间，有效解决了工学矛盾。实践证明成人学生更期待随时学习、移动学习的碎片式学习方式。

（四）教学形式的多样性

O2O 教学模式中可以采用的教学形式多种多样，包括观看线上视频、参与线下讨论、课堂重点讲解、课堂练习、案例分析、头脑风暴、上机实践等方式。所谓教无定法，是指教学形式可以根据学生的状态、需求、个性以及教师的教学风格来确定，百花齐放，形式各异。正是由于教学形式的多样性，O2O 教学模式不但能吸引学生的注意力，还能烘托学生和教师以及学生与学生之间的互动氛围，提高学生自主学习的参与度。更多地以“学生为中心”来构建教和学的环境，要求教师的角色从“传道授业”的讲授者向以“解惑”为主的引导者转变，学生通过自主学习、反复学习，与老师和其他同学互动交流而获得知识。从而培养了学生学习的主动性、自觉性和创新性。线上教学虽然具有突出的优势，但是其不能完全取代传统的线下教学，而只能是对线下教学起辅助的作用。而且学生在长时间的学习中，不仅难以集中精力，还容易产生枯燥乏味的情绪，课堂教学的质量和效率难以保证。因此混合式教学可使学生的注意力更加集中，其通过课程内容的分割，在时间安排、形式搭配、互动设计等方面进行了一定的组织编排，能提高课程教学的互动性，使教学变得灵活有趣。学生可以在线上学习后，通过线下的学习对知识加以巩固，从而得到更为理想的教学效果。

第二节　线上线下混合式教学模式在机车专业教学中的应用

如何深化教学改革，做好疫情结束后的教学衔接，是每位承担一线教学任务的教师所需要思考的。对线上线下混合式教学进行探索和实践，可以进一步深化教育教学改革，推动人才培养模式创新，促进信息技术与教学深度融合，提升教学质量和教师教学水平，培养学生自主学习能力和实践操作能力。

一、线上线下混合式教学模式在机械基础课程中的应用

机械基础课程是机车专业重要的专业基础课程之一，该课程综合性强，既包括机械原理和机械设计内容，又包括工程材料、液压与气压传动等内容。课程理论性和实践性都比较强，知识点零碎，难度比较大，学生学习积极性不高。而且课堂教学模式越来越不能适应学校的教学需求，难以满足学生的学习需要，主要表现在以下几方面。

第一，学情变化。目前许多学校以分批次的方法进行招生，不同招生渠道生源的学习基础、学习能力参差不齐，采用统一的教学进度、传统单调的教学方法已无法适应学情变化。

第二，“满堂灌”的讲解。传统课堂上学生处于被动接收信息的地位，师生课堂互动少，学生对知识点接受效果差。

第三，大班授课。机械基础课程往往采用大班授课的形式，同时听课的学生人数为 100 名左右，无法保证每位学生都能参与教学活动。

第四，考核方式单一。传统的考核方式以期末的卷面成绩为主，导致学生课堂听课不积极，往往在考前进行突击复习以应对考试。因此，采用线上线下混合式教学模式是机械基础课程教学改革的必然选择。

（一）教学内容重构

按照职业岗位标准与工作任务要求，人们将教学内容按照知识点进行整体

优化，实施新的内容设计与布局。基于超星学习通的混合教学模式的课程教学内容以项目为导向，根据课程内容与培养目标进行知识重构，形成新的、以项目教学进行的教学内容，设计了机车上常见的机械传动、机械零件、机械工程材料、液压与气压传动、量具的使用与测量和公差与配合，共六大任务。教学实施以任务为驱动，每个项目设计三到五个任务，每个任务按照项目知识点设计，是一个相对独立和完整的工作过程。例如，机械传动形成了常见四杆机构、齿轮传动、轮系传动、带传动和链传动五个任务；机械零件形成了支撑零部件、机械连接及螺旋传动、联轴器与离合器、机械润滑和机械密封五个任务；量具的使用与测量形成了钢直尺、内外卡钳塞尺、游标卡尺、螺旋测微器五个任务；公差与配合形成了基本术语、孔轴结合的极限与配合、几何公差、表面粗糙度四个任务等。

（二）教学模式的设计

线上线下混合式教学，线上以超星学习通平台为主，线下以“车钩拆装实训室”+“电机电器检修实训室”+“机车车库”为主，线上线下相互交织，各有侧重。“超星学习通”平台以知识点为中心，按照任务学习的知识目标、技能目标、素质目标，制作课件、教学视频、微动画、习题等课程资源，重在课前基础的学习，辅以问卷调查、研讨答疑、测验等环节，调整教学策略；课中以线下“车钩拆装实训室”和“电机电器检修实训室”课程项目任务完成为核心，辅助线上提问、讨论等环节，实现对常见机构、常见传动和机械零件的认知，重在设计教学内容。学生线下在“机车车库”完成机车上机械结构实践分析报告以及使用量具对机车零部件测量作业等，辅助线上上传分析结构和测量实物视频，通过教师完成对作品的评价，重在理论和实践结合，技术的活应用。三个阶段学习，实行过程性、多元化评价。

（三）教学内容的实施

在教学中，教师要遵循“以学生为主体，理论实践相结合”这一教学原则，通过问题引领、生活常识、岗位需求、任务驱动、实践应用实现线上线下混合式教学，完成课前学生自主学习、课中任务实施、课后实际应用三个阶段。

1. 课前自主学习

教师在课前要充分发挥在线平台优势，以知识点为核心，利用在线平台中丰富的素材资源，让学生进行课前自主预学。学生通过超星学习通平台查看老师上传的项目任务书，根据导学完成平台教学资源的学习，进行资料查阅，拓宽知识点，完成问卷、讨论、测试的内容。当遇到的知识难点或疑难问题时，可通过研讨答疑模块和教师互动解决。

2. 课中任务实施

教师以播放视频、小组课前讨论研讨、问卷调查统计等形式进行课题导入，利用学习通平台测试统计功能，反馈课前知识掌握情况，针对认知差异个体现场纠正，培养学生求实求真的精神。

学生利用“车钩拆装实训室”和“电机电器检修实训室”的车钩连接装置、直流电机、交流电机和电空接触器等相关设备对每个任务中相关知识点进行深入学习，挖掘机车内部结构，分组进行讨论比较，将课程的知识点全部融入机车专业中。以专业需求为出发点，实现机械基础课程与机车专业深度融合，在提高教学质量的同时，提高了学生分析、解决实际问题的能力，这对于以专业能力培养为目标的高职教育来说，具有巨大的优势和发展潜力。

3. 课后实际应用

学生利用“机车车库”实践中心对东风 4B 型内燃机车和韶 4 改型电力机车车上、车下、车内的各零部件之间的连接和运动进行研究分析，找出其中任意一种传动方式，加深对机械传动的认知，完成整个项目分析，将选取的零部件传动方式研究分析的作品展示，拍摄视频上传学习通平台，供教师评价。

二、线上线下混合式教学模式在机械制图课程中的应用

机械制图是工科类高等院校机械大类专业的必修基础课程之一，同时也是机车专业的专业基础课程之一，一般开设在大一上学期，它作为机械行业的通用语言，是从事相关工作所需要的必备技能，也是学生在大学期间进一步学习其他专业课程的重要基础。学习机械制图，要求学生有一定的空间想象能力，随着多媒体设备的普及，如今的机械制图课上教师一般通过语言描述、板书、课件等手段授课，配合动画、视频和实物展示来培养学生的空间想象能力。这相较传统授课模式已有了很大进步，但仍有不足。一方面教具数量有限、图片和动画灵活度不够、板书示范绘图过于耗时等；另外一方面陈旧的教学手段无法与后续课程很好衔接，并且也很难激发学生对专业领域主动探索的兴趣。因此，充分利用高速发展的信息化技术和疫情期间线上教学的经验进行线上线下混合式教学，是机械制图教学改革路上一个值得深入挖掘探索的方向。

（一）线上线下混合式教学设计思路

传统的线上线下混合式教学采用线上自主学习，线下辅助指导的形式进行教学。这种教学模式使学生在更加有效利用时间的同时也可以训练学生自主学习的能力。如何在利用丰富的多媒体信息化资源的同时让传统的“板书教学”以另一种形式进入线上课堂，并且不浪费线下教学学时重复授课而是充分进行作图实践，让学生真正做到“看得懂、想得通、画得好”，是当下混合式教学设计的重要思路。一般从以下三个方面对机械制图课程进行线上线下混合式教学设计。

首先，教学前期分析与准备，除最基本的分析教学内容确定教学目标、确定教学重点难点之外，人们还要充分了解当前所面临的新形势、新环境、新需求。教师的教育理念以及教学方法都要做到与时俱进，这样才能更好地与新时代环境背景下成长起来的学生进行沟通和交流。

其次，线上与线下教学设计，二者分别代表学与练，要做到理论与实践相结合，线上线下衔接自然，二者融会贯通。线上部分主要涉及课前回顾设计、新课导入设计、教学内容设计、教学互动设计、课堂练习设计和课后总结设计。例如，用直播软件进行线上教学会有延迟，教师则需要有效地进行互动设计来规避延迟所导致的时间损失。同时也可利用丰富的网络资源倡导学生课前预习、课后拓展，做到真正的以学生为中心展开教学活动。线下部分主要包括线上教学回顾、布置，并说明作图作业内容、指导作图方法以及对作业进行评价与分析。线下教学是线上教学的延续，教师要通过线下作图实践环节来巩固线上所学理论，利用实物教具、多媒体课件辅助学生理解点、线、面、体在二维图纸和三维空间里不同的表现形式，然后通过对学生作业的展示、分析与评比来激发学生主动学习、竞争学习的积极性。

最后，进行客观有效的教学评价。教学评价与反思不仅仅是教师对学生学习成果的评价，也包含学生对教师课堂教学表现的评价。通过学生的评价进行反思是教师锻炼专业技能、提升教学水平的重要手段之一，在不断的反思中查漏补缺，优化和完善教学设计，升级教学理念，在每一次教学实践中都要尽己所能做到最好。

（二）教学前期分析与准备

在开课前进行教学分析与准备工作是教学活动能否顺利展开的必要条件。人们一般从以下几个方面进行教学分析与准备。

1. 对课程分析与准备

机械制图作为机械类专业基础课程，经历过多年的沉淀和优化，对于课程体系、教学过程和考核方式等已经形成了一套相对完善且统一的标准。教师在课上所使用的每个教学经典案例都能充分涵盖所需的理论知识，然而过于注重传统与经典，则会忽略高速发展的现代技术需求，老旧的经典案例已与时代脱节，有些课上所用的测绘工具甚至已经被淘汰。在新工科理念的指导下，培养新工科人才更应注重专业知识与产业需求的契合程度，从而使其适应新一轮的科技革命。对于课上教学内容，应摒弃陈旧案例，多引进新的技术案例、新的产品案例，从而激发学生对专业的热情，主动探索学习，使学生对本专业产生归属感、自豪感和使命感。

2. 对学生分析与准备

我国正处于高校扩招、高等教育大众化快速发展的历史阶段，同时也处于新型冠状病毒肺炎肆虐的特殊时期，即将步入大学校园的2021级学生身上不可避免地存在着历史特殊性。长时间的居家隔离使得有部分学生的高考冲刺阶段只能通过临时组织的线上教学和线下自学来完成，有些地区学生受疫情反复的影响还经历了复学又隔离的阶段，这对于高三考生来说势必会造成心理上和身体上的双重压力，影响了复习效率和高考发挥。新生入学后，或将面临以校园为单位的封闭式学习，这与学生所憧憬的大学校园生活产生冲突。面对这批经历了特殊时期的学生，教师在进行教学准备的时候需要针对他们普遍存在的心理素质差、基础薄弱等问题而有所调整。

（三）线上与线下教学设计

线上线下混合式教学的宗旨是线上学、线下练。采用一节线上、一节线下的形式穿插授课。线上教学中课堂讲授是主要的教学方法，在教学过程中教师应特别注意课程安排要从简单到复杂，使学生逐步掌握投影理论知识，建立空间概念，完成由物画图到依图想物的转化，达到让学生熟练地运用“形体分析法”和“线面分析法”识读机械图样的教学目的。本课程在教学中必须注重以识读为主，识读和绘图相结合，以绘图促识图的原则。由于本课程实践性较强，在线下教学中，必须充分注意讲和练的结合，制图教学与生产实习相结合，要尽量利用与本专业有关的零部件图例或实物组织作图实践。

线上教学设计，以相贯线为例。两立体相交称为相贯，其表面产生的交线称为相贯线。多数情况下，相贯线是闭合的空间曲线或折线，在日常生活中往往被人所忽略，因此初次接触的学生很难直接想象出它的空间形貌。为了便于学生理解，在导入新课的过程中教师可以利用CATIA软件创建三维模型，让课件上的例图“动”起来。在建模的过程中，学生可以更加直观的理解相贯线的形成机理，有利于对相贯线画法的学习。同时，教师运用CATIA软件辅助教学，也会激发学生对该软件的兴趣，为后续《CATIA基础》课程的学习作铺垫。关于相贯线画法的讲授，因为线上教学的局限性，无法采用传统板书的形式示范画法，因此可以使用手写板辅助教学，让课件变为黑板，摆脱线上教学无法板书的桎梏。课堂互动方面，教师利用钉钉平台的“弹幕”“连麦”等功能，可以随时解答学生提出的问题，同时也可以把控学生听课状态。学生课后复习可以利用钉钉平台实用的回放功能，这是线下教学所无法比拟的，学生可以针对自己薄弱的部分随时查看教学视频，加深学生对知识点的理解与记忆，从而达到教学目标。

线下教学设计以学生动手作图为主，训练内容根据前一节线上教学所学内容，配合习题集进行练习。线下教学需要注意的是切忌占用过长时间重复理论知识，适当复习有助于巩固知识点，但要避免重复教学。为激发学生主动学习的积极性，线下教学除基础训练之外，还可以以分组的形式互相批改同学之间的图纸，然后利用多媒体设备展示在大屏幕上由小组成员来点评，指正错误的过程也是一个学习的过程。这种互动模式，是将发言权由教师转交给学生，以教为学，有助于学生培养自学能力、表达能力、合作能力。

（四）客观有效的教学评价

教师可利用钉钉平台签到功能、直播观看时长统计功能、线上提交作业功能对学生的课堂表现情况和作业任务完成情况实施线上教学评价；线下部分则通过课堂作业完成情况进行教学评价。评价的目的是为了督促学生完成学习任务、激励学生主动学习，适当的鼓励政策可以使学生获得成就感，增强学生学习的自信心。

机械制图这门课程需要学生在学习的过程中进行大量的作图实践，线上线下混合式教学的模式正是根据这一需求，合理的规划教学时间，线上理论精简干练、易学易懂，线下课堂把更多的时间留给学生提高作图能力，使学生真正做到看得懂、想得通、画得好。教师在利用先进的信息化教学手段的同时也不能忽视最基础的专业能力培养，让学生得到全方位、多角度的锻炼，为国家新工科建设输送更多基本功扎实、专业素质高的人才。

参考文献

[1] 瞿堃，钟晓燕．教育信息化概论［M］．重庆：西南大学出版社，2012.

[2] 宋灵青，谢幼如，王芹磊，等．走进翻转课堂［M］．北京：北京师范大学出版社，2019.

[3] 高东璇，周大翠，雷雄．汽车发动机实验信息化教学的探索与实践［J］．西部皮革，2019，41（24）：157-158.

[4] 张家声，王小辉．教育信息化 2.0 建设中的人才培养策略漫谈［J］．中国教育信息化，2020（18）：79-82.

[5] 黄燕．基于移动学习的 O2O 翻转课堂设计及应用［J］．湖北开放职业学院学报，2019，32（24）：143-144.

[6] 张雪清．微课在“互联网 + 差异化教学”中的实践与应用［J］．教育信息化论坛，2020，4（1）：32-33.

[7] 邓子阳．线上线下混合式教学模式在《机车安全设备》中的研究与应用［J］．湖北农机化，2019（21）：65.

[8] 李作奇．高职铁道机车专业混合式教学课程设计与教学资源开发研究［J］．科技创新导报，2019，16（14）：214-215.

[9] 苏选庚．铁道机车专业实践教学策略［J］．湖北农机化，2020（6）：102.